ソーシャルワーク論Ⅰ

基盤と専門職

木村容子
Yoko Kimura
小原眞知子
Machiko Ohara
編著

法律文化社

はじめに

常に社会は変化し，我われの生活や人びとの意識等も変化する。日本における社会問題には，少子化や高齢化に伴い生じている課題が山積し，世界規模においても貧困，紛争，気候変動，感染症等などこれまでになかったような数多くの課題に直面している。人びとの生活上の困難やニーズは複合化・複雑化し，多様であり長期に及んだりもする。その一方で，一人ひとりを重んじ，それぞれの人が自分らしく生きる意識の高まりや，それを実現させていくために社会全体で取り組んでいく動きも増してきたと感じる。

日本においては，2016年に「地域共生社会」の実現が掲げられ，それに向けて包括的な相談支援体制や住民主体の地域課題解決体制の構築が目指されている。社会福祉士・精神保健福祉士への期待や求めが高まっており，それらの養成カリキュラムも改正された。ソーシャルワーク専門職として，ソーシャルワークの必要性と有効性を示し，その専門性を確立していくことで，社会にその存在意義が認められ，専門職としての社会的責任を果たしていかねばならない。

本書は，このような動向を踏まえ，ジェネラリストソーシャルワークの視点から，ソーシャルワークの理論を体系的に理解できるように構成した。ソーシャルワーク理論の体系や構造，ソーシャルワークの専門価値や専門機能，ソーシャルワーク理論の形成，そして総合的包括的支援を取り上げている。社会福祉士・精神保健福祉士の新カリキュラムでいう「ソーシャルワークの基盤と専門職」の範囲である。『ソーシャルワーク論Ⅱ』では，ソーシャルワークの各種方法論と実践理論を概説し，新カリキュラムでいう「ソーシャルワークの理論と方法」の導入にあたる内容を提供する予定である。

本書の出版にあたり，にこん社・北坂恭子氏には大変ご尽力いただいた。また，法律文化社様には，ソーシャルワークに関するテキストを刊行する機会を，私どもに与えてくださったことに深く感謝する。関係者の皆様に心から感謝を申し上げる。

2022年12月

編著者

目　次

Ⅱ部　ソーシャルワークの現在・過去・未来

Ⅲ部　ソーシャルワークの専門的価値について知る

Ⅰ部
ソーシャルワークの枠組み

■第 1 章■
ソーシャルワークとは

学習のポイント

1　社会福祉におけるソーシャルワークの位置づけについて理解する。

2　ソーシャルワークの理論とは何かについて理解する。

3　ソーシャルワークの理論と実践との関係性について理解する。

4　ソーシャルワークの専門性について学ぶ。

5　ソーシャルワークにおける構成要素について知る。

ソーシャルワークと社会福祉，社会保障の関係

読者の中には，「ソーシャルワーク」と「社会福祉」や「社会保障」はどのような関係にあるのか，同じ概念なのか，そうでないのかについて疑問に思っている人もいるだろう。ソーシャルワークとは何かを捉えていくにあたり，まず，「ソーシャルワーク」と「社会福祉」「社会保障」との関係性について見ておきたい。

これには諸説あるが，わが国においてよく紹介されているもののうち，フリードランダー（Freidlander, W. A.）とアプテ（Apte, R. Z.）[(1)]を取り上げる。彼らの社会福祉（social welfare）と社会保障（social security），ソーシャルワーク（social work）の定義は次のとおりである。

社会福祉（social welfare）：

人びとの福祉と社会秩序の機能の基盤として認識される，社会的ニーズを満たすためのサービス提供を強化し保障する，法律，プログラム，手当，サービスから成るシステムを指す。

社会保障（social security）：

病気，失業，労働者の死亡，高齢化や障害による，その人が自己を守ることができない依存や不慮の事故に対し，立法により提供される保護プログラムを指し，社会保険や公的扶助，保健福祉サービス等により保証されるものである。

ソーシャルワーク（social work）：

人間関係における科学的知識や技術に基づく専門職サービスのことであり，個人や集団，地域が社会的あるいは個人的満足と自立が得られるよう援助するものである。

この三者の関係性について，「社会福祉」は上位概念，すなわち，「社会保障」と「ソーシャルワーク」を包括した概念として捉えられている。「社会福祉」は，制度・政策としての「社会保障」と専門家による専門的サービスの「ソーシャルワーク」から構成されるものとして位置づけられている。

三者の関係性について，もう一つの捉え方を示しておこう。岡田[(2)]によると，「社会福祉」は，社会保障制度を中核とする社会福祉政策として構想され（広義の社会福祉），国・地方自治体・民間によるサービスの制度的体系として展開され（狭義の社会福祉），「社会福祉実践」はそれらを現実化する活動であると説明している。岡田のいう「社会福祉実践」は，ソーシャルワーカーや福祉労働者，ボランティア，住民・消費者を含む活動である「広義のソーシャルワーク」のことであり，その中の専門職的実践を「狭義のソーシャルワーク」として捉えている。社会福祉に社会保障は内包されているものの，社会福祉とソーシャルワークの関係性においては，ソーシャルワークを社会福祉の下位概念として捉えるのではなく，社会福祉サービスは運営と同時に開発されねばならないものであり，むしろソーシャルワークが先行しさえするものであると主張し，ソーシャルワークの先行性・自発性・積極性・創造性について論じている。

ソーシャルワークの理論と実践の関係

◻ ソーシャルワークの理論とは

「理論」とは，『広辞苑 第七版』によると，「科学において個々の事実や認識を統一的に説明し，予測することのできる普遍性をもつ体系的知識」「ある問題についての特定の学者の見解・学説[(3)]」を指す。ソーシャルワークの理論には，ソーシャルワークの構造に関する理論と，ソーシャルワークを展開するための方法や技法を指す「ソーシャルワーク方法論」(social work methods) や，生活の中で起こっている現象を説明し，どこに，何に着眼し実践を展開するのかを示し，実践の根拠となる「ソーシャルワーク実践理論」(social work practice theory) がある。

「ソーシャルワーク論」(social work theory) という言葉は，概して上記ソーシャルワークに関する理論全般を指して使われている場合が多いように見受けられる。ここでは，ソーシャルワークに関する理論を整理立てたものを一例として示す（表1-1）。

ソーシャルワークの構造に関する理論としては，ソーシャルワークの目標・目的や，ソーシャルワークの意義，ソーシャルワークの専門性，ソーシャルワークの定義，ソーシャルワークの構成要素，ソーシャルワークの価値，ソーシャルワークの機能などを示すものである。ソーシャルワークの定義は，ソーシャルワークの目標・目的や意義，ソーシャルワークの価値等に基づき，ソーシャルワークとは何かを定義づけているものである。

ソーシャルワーク方法論には，**ミクロレベル**☞（個人や家族，小集団等）の方法であるケースワークや，グループワーク等がある。ケアマ

☞ ミクロレベル
本書第2章第3節参照

表1-1　ソーシャルワーク論の体系

<table>
<tr><td colspan="4">ソーシャルワークの理論（ソーシャルワーク論）</td></tr>
<tr><td colspan="4">ソーシャルワークの構造に関する理論
〈ソーシャルワークとは何か，その構造を示す〉
ソーシャルワークの目標・目的　ソーシャルワークの意義　ソーシャルワークの専門性
ソーシャルワークの定義　ソーシャルワークの構成要素　ソーシャルワークの価値　ソーシャルワークの機能 など</td></tr>
<tr><td colspan="2">ソーシャルワーク方法論
〈ソーシャルワークを展開するための方法や技術〉</td><td colspan="2">ソーシャルワーク実践理論
〈事象を捉える／実践の方向性・拠り所となる〉</td></tr>
<tr><td>ケースワーク
ケアマネジメント
グループワーク
コミュニティワーク
ネットワーク
ソーシャルアクション
スーパービジョン
コンサルテーション など</td><td>援助関係形成技術
観察技術
アセスメント技術
面接技術
アウトリーチ
記録技術
評価技術 など</td><td>システム理論
バイオ・サイコ・ソーシャルモデル
医学モデル　生活モデル
心理社会的アプローチ
問題解決アプローチ
危機介入アプローチ
エンパワメントアプローチ
解決志向アプローチ など</td><td>生態学理論

ストレングスモデル
機能的アプローチ
課題中心アプローチ
行動変容アプローチ
ナラティヴアプローチ</td></tr>
</table>

出所：筆者作成。

ネジメントは，ソーシャルワークの一方法というよりは，ソーシャルワークの関連技法として位置づけられ説明されていたりもするが，厚生労働省の社会福祉士養成課程カリキュラムではとくに他方法論と区別なく並列して示されている。

メゾレベルの方法論の中でも地域を対象とした方法論としてはコミュニティワークやネットワーク，コーディネーション等があり，メゾレベルといってもサービスを提供する社会福祉機関・施設・団体等組織を対象とした，スーパービジョンやコンサルテーションといった方法論もある。ソーシャルアクションは，権利を擁護するための方法論であるが，これは個人を擁護するミクロレベルから，集団，地域，社会とメゾ及び**マクロレベル**にわたる方法論である。

ソーシャルワークを展開するための技術に関しては，（ソーシャルワーカーと**クライエントシステム**との）援助関係形成技術や観察技術，アセスメント技術，面接技術，アウトリーチ，記録技術，評価技術等がある。

ソーシャルワーク実践理論にはさまざまな学問に基づく実践理論，実践モデル，実践アプローチが数多く存在する。表1-1では，厚生労働省の社会福祉士養成課程カリキュラムに示されているものをあげている。厚生労働省の社会福祉士養成課程カリキュラムでは，人と環境との交互作用に関する理論として，システム理論，生態学理論，バイオ・サイコ・ソーシャルモデルが示されており，ソーシャルワーク実践モデル及びアプローチとして，医学モデル，生活モデル，ストレングスモデル，心理社会的アプローチ，機能的アプローチ，問題解決

☞ メゾレベル
本書第2章第3節参照

☞ マクロレベル
本書第2章第3節参照

クライエントシステム
クライエントとは，「依頼人」「顧客」の意味があり，ソーシャルワークにおいてはその援助を受ける対象者等を指す。クライエントシステムという場合は，その援助対象者を対象者のを取り巻く環境（家族や集団，組織，地域等）を一つのシステムとして援助対象と捉える概念である。

図１－１　ソーシャルワーク専門職のグローバル定義の構造

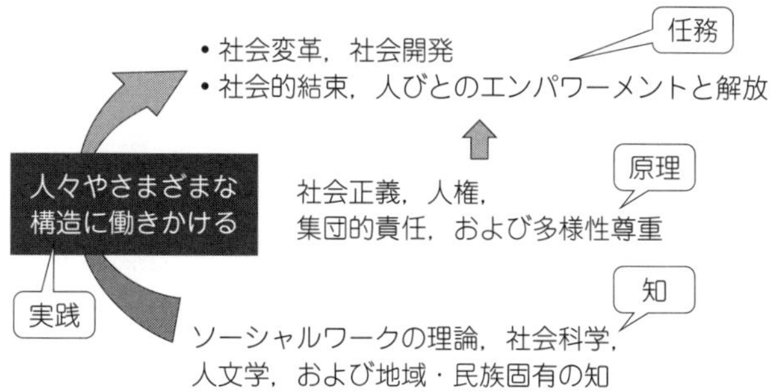

出所：筆者作成。

アプローチ，課題中心アプローチ，危機介入アプローチ，行動変容アプローチ，エンパワメントアプローチ，ナラティヴアプローチ，解決志向アプローチがあげられている。

◻ ソーシャルワークの理論と実践の関係 ――「ソーシャルワーク専門職のグローバル定義」から

ソーシャルワークの理論と実践はどのように関係しているのだろうか。2014年，国際ソーシャルワーカー連盟（IFSW）総会及び国際ソーシャルワーク学校連盟（IASSW）総会で採択された「**ソーシャルワーク専門職のグローバル定義**」（以下，「グローバル定義」）の構造から，その関係性を見て取ろう。

グローバル定義は，以下の通りである。(4)

> ソーシャルワークは，社会変革と社会開発，社会的結束，および人々のエンパワメントと解放を促進する，実践に基づいた専門職であり学問である。社会正義，人権，集団的責任，および多様性尊重の諸原理は，ソーシャルワークの中核をなす。ソーシャルワークの理論，社会科学，人文学，および地域・民族固有の知を基盤として，ソーシャルワークは，生活課題に取り組みウェルビーイングを高めるよう，人々やさまざまな構造に働きかける。

この定義は，「中核となる任務」「原理」（原則）「知」「実践」という４つの中核概念から成る（図１－１）。

冒頭の，“社会変革と社会開発，社会的結束，および人々のエンパワメントと解放を促進する”という「中核となる任務」を果たすために，“社会正義，人権，集団的責任，および多様性尊重”の諸「原理」に基づき，“ソーシャルワークの理論，社会科学，人文学，および地域・民族固有の知”といった「知」を使って，“生活課題に取り組み**ウェルビーイング**を高めるよう，人々やさまざまな構造に働きかけ

☞ ソーシャルワーク専門職のグローバル定義
本書第３章参照

➡ ウェルビーイング
1946年のWHO（世界保健機構）憲章の草案の中で，健康の定義にある言葉であり，個人の権利や自己実現が保障され，身体的・精神的・社会的に「良好な状態（well-being）」を意味する。「グローバル定義」にあるように，現在ではソーシャルワーク実践の目的となる概念でもある。

る”「実践」を展開していくのである。

各中核概念を説明する注釈の言葉を使って言い換えれば，ソーシャルワークにおいて大切にすべき根本的な考え方を指し，ソーシャルワークを動機付け，正当化する「原理」（原則）に基づき，複数の学問分野をまたぎその境界を超えていく広範な科学的諸理論及び研究に依る「知」を，人々がその環境と相互作用する接点へ介入する「実践」に適用することで，ソーシャルワークの「中核となる任務」を果たしていくということである。

さらに，「実践」の注釈には，ソーシャルワーク実践は，さまざまな形のセラピーやカウンセリング，グループワーク，コミュニティワーク，政策立案や分析，アドボカシーや政治的介入など広範に及び，介入のミクローマクロ的，個人的－政治的次元を一貫性のある全体に統合すること等が述べられている。

3 ソーシャルワークの専門性

ソーシャルワークの専門性はどのような要素から成り立つのであろう。北島[(5)]は，バートレット（Bartlett, H. M.）のソーシャルワークの共通基盤と全米ソーシャルワーカー協会（National Association of Social Workers；NASW）の「ソーシャルワーク実践の分類基準」（1981年）を踏まえ，「専門価値」（value），「専門機能」（function），「専門知識」（knowledge），「専門技術」（skill）からなるソーシャルワークの専門性を示している（図1－2）。

図の右側は，NASW が掲げるソーシャルワーク実践の目標である。①人々に対しては，人々の発達能力，問題解決能力，対処能力を増進することと，②制度に対しては，人々に資源やサービスを提供する効果的で人道的な制度を促進すること，③人々と社会資源，サービスや機会を提供する制度と結びつけること，④社会政策に対しては，その発展と改善に貢献することである。これらを実現する上でのソーシャルワークの専門性として，図の左側に，専門価値，専門機能と専門知識，専門技術がある。

「専門価値」とは，前述のグローバル定義でいえば，「原理」（原則）といった，ソーシャルワークの中核となる大切な考え方を指す。専門価値には，理念，原理・原則，倫理が含まれる。

「専門機能」とは，ソーシャルワークの目的の達成に向けた種々の

図1－2　ソーシャルワークの専門性

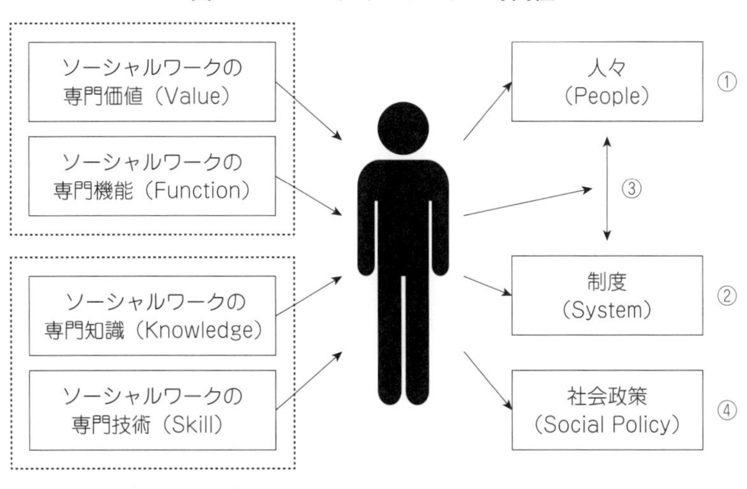

出所：北島英治（2008）『ソーシャルワーク論』ミネルヴァ書房，38，61，の図をもとに筆者加筆修正。

働きかけを指す。それぞれの働きかけには担っている役割があり，各働きかけは相互に関連し合っている側面もある。

「専門知識」については，前述のグローバル定義に見るように，ソーシャルワークの理論，社会科学，人文学，および地域・民族固有の知といった広範な科学的諸理論が含まれ，ソーシャルワーク方法論やソーシャルワークの実践理論を形成する。

「専門技術」とは，ソーシャルワークの方法や技法を熟練して用いていく能力を指す。[(6)]

専門機能は専門価値に基づくものであり，専門価値と専門機能はどのような専門知識と専門技術を実践に応用していくかを方向づけるものである。逆にいえば，専門価値や専門機能は，一定の専門知識と専門技術を駆使して具現化されるものといえる。

4　ソーシャルワークの構成要素

ここでは，ソーシャルワークを構成する要素として，「クライエント」「ニーズ」「ソーシャルワーカー」と「社会資源」について取り上げる。ソーシャルワークは，生活する上での困り事や生活課題のある人々（クライエント）に対し，ソーシャルワークの専門職である「ソーシャルワーカー」が，クライエントの生活上の困り事や生活課題にある「ニーズ」を満たしクライエントのウェルビーイングを実現しようと，クライエントに働きかけたり，クライエントを取り巻く環境に働きかけたり，あるいはクライエントとクライエントを取り巻く環境との相互作用の接点に介入するものである。クライエントを取り巻く環境に関する働きかけとして，「社会資源」を活用，調整，開発することがソーシャルワークの一つの特徴でもある。

回 クライエント

人は，社会の中で生活を送っていく上でさまざまな出来事に出会い，困難にも大なり小なり多かれ少なかれ遭遇する。クライエントとは，英語の client のことで，「依頼人」「顧客」といった意味がある。ソーシャルワークにおいては，ソーシャルワークの対象となる人を指し，「当事者」「利用者」「コンシューマー（消費者）」といった言葉も使われている。

しかしながら，2014年の「グローバル定義」を受け，日本ソーシャルワーカー連盟（旧社会福祉専門職団体協議会）によって2020年に改定されたわが国の「ソーシャルワーカーの倫理綱領」においては，「クライエント」を，「『ソーシャルワーク専門職のグローバル定義』に照らし，ソーシャルワーカーに支援を求める人々，ソーシャルワークが必要な人々および変革や開発，結束の必要な社会に含まれるすべての人々をさす」と，注釈において定義している。

加えて，ソーシャルワークの場合，「自ら来談し，支援を依頼して来た人」だけでなく，ソーシャルワークの観点（グローバル定義や倫理綱領）に照らし，社会正義や人権，集団的責任や多様性尊重が損なわれているとの認識によって動き出す場合（介入・アドボカシー・アウトリーチ等）もある。このことから，日本ソーシャルワーカー連盟は，クライエントという呼称は，「専門職として対象を認知した場合の用語」として用いると説明している。[(7)]

クライエントは，生活上の困り事・生活課題を抱える個人であることもあれば，生活上の困り事・生活課題を抱える当事者とその家族である場合もあるし，当事者集団であったり，地域住民であったり，地域にある機関等を含めた地域である場合もある。あるいは，生活上の困り事・生活課題を抱える人々に対し，サービスを提供する機関等や，その従事者に不具合があれば，その機関や従事者に働きかけていく場合もある。このように，個人だけでなく，個人の生活上の困り事・生活課題の解決や軽減に影響を与える（与え得る）人や機関等をクライエントシステムとして捉えることもある。

□ ニーズ

ニーズとは，人間が社会的存在として社会生活を営むうえで，個人にとって必然的かつ社会自体の存続のためにも欠かすことのできない基本的要求をさす。身体的，心理的，経済的，文化的，社会的なもので，生存のため，ウェルビーイングのため，自己実現のために求められるものである。社会福祉やソーシャルワークの対象として，そのニーズの充足や何らかの社会的サービスを受ける社会的判断や認識と結び付けて捉えられ，生理的，心理的・人格的な欲求といった人間の基本的欲求とは異なる意義があるものである[(8)]。

ブラッドショー（Bradshaw, J.）は社会的ニーズ（social need）を，①規範的ニーズ，②感じられたニーズ，③表明されたニーズ，④相対的ニーズの4つに分類して説明している[(9)]。

①　規範的ニーズ（normative need）

専門家や行政職員，研究者等が特定の状況におけるニーズとして定義するものであり，「望ましい」基準が定められ，実際に存在する基準と比較される。ある個人，あるいは集団が望ましい基準に足りていない状況であれば，ニーズがあると認識される。

②　感じられたニーズ（felt need）

クライエントの視点から捉えたニーズである。要望（want）と同義であり，ニーズがあると本人が感じているニーズのことである。感じられたニーズは，その人が利用できるサービスを知っているかどうかや，困っていることをさらけ出したくない等々といった，その人の認識や状況によって影響を受けるものと考えられている。

③　表明されたニーズ（expressed need）

これも，クライエントの視点から捉えたニーズである。クライエントが感じているニーズ（「感じられたニーズ」）が，例えばサービス利用の申請といった行動によって表されたニーズのことである。

④　相対的ニーズ（comparative need）

サービスを受けている人々と同様の状態状況で困っている人がいるとすれば，彼らにもサービスを受けている人々と同様のニーズがあると考えるというニーズである。

また，クライエントのニーズは，４つの観点①生活の全体性，②生活の個別性，③生活の継続性，④生活の地域性で捉える必要がある[(10)]。

①　生活の全体性

ニーズは身体的・心理的・社会的状況が互いに密接にかかわり

合って生じているので，それを認識し，その関連性のもと，生活全体から捉えていく必要がある。

②　生活の個別性

クライエントの生活は身体的・心理的・社会的状況が異なっており，個々の複合するニーズはクライエントの身体的・心理的・社会的状況によって大きく異なる。**ステレオタイプ**に捉えるのではなく，他の人とは異なる個別的な，独自のニーズを捉える。

ステレオタイプ
行動や考え方が固定的・画一的であること。多くの人に浸透している固定観念や思い込みのこと。

③　生活の継続性

クライエントの現在のニーズは，過去の生活とのかかわりの中で生じている。また，それはクライエントの将来への希望や展望によって変わってくるものでもある。クライエントの過去の状況が現在にどのような影響を与え，また将来への希望がどのような生活状況に投げかかるかを見通していくことが求められる。

④　生活の地域性

クライエントのニーズは，それぞれが生活する地域の特性（たとえば，社会資源の充実度等）によって，ニーズの捉え方やニーズの解決方法が異なってくる点に留意する必要がある。

回　ソーシャルワーカー

ソーシャルワーカーについては，「グローバル定義」を踏まえソーシャルワーク専門職の中核的な価値と原則を遵守する使命を示した，IASSWの「ソーシャルワークにおける倫理原則のグローバル声明」(2018年）において，下記のように解説されている。

ソーシャルワーカーという概念は，ソーシャルワークの教育者，学生，研究者，実践者を含むものとして使われている。また，ユースワーカー，コミュニティ開発実践者，児童福祉従事者，保護観察官，社会福祉行政職員など，異なる文脈において様々な呼び方をされるが，**ソーシャルワーカーのあらゆる職種**を含む。ただし，これらの職種がソーシャルワークとは分離および独立しており，独自の倫理綱領がある場合を除く。

ソーシャルワーカーのあらゆる職種
本書第５章参照

これに基づき，2020年に改定されたわが国の**ソーシャルワーカーの倫理綱領**では，ソーシャルワーカーとは，「本倫理綱領を遵守することを誓約し，ソーシャルワークに携わる者をさす」と注釈において定義づけている。

ソーシャルワーカーの倫理綱領
本書第12章参照

この注釈の意味するところは，ソーシャルワーカーとは，ソーシャルワークに携わる実践者をはじめ関係する者を広く捉えた概念であること，ソーシャルワーカーの職種や職種名が多様であることを踏まえた上で，ソーシャルワーカーと他専門職との境界を，ソーシャルワーク専門職としての倫理綱領を遵守する職種である，ということである。

実践において，ソーシャルワーカーは，自身のパフォーマンスの質だけでなく，自らの所属機関等の影響を受ける。ソーシャルワーカーの多くは，公的機関，民間機関・施設・団体・事業所等に所属している。所属機関等には，機関としての，あるいは法律に基づく，運営する事業の理念・趣旨や目的等がある。そのなかで業務にあたる上で，ソーシャルワーカーは，良くも悪くも所属機関等の影響を受ける。

先に紹介した，「ソーシャルワーカーの倫理綱領」(2020年改定）では，各ソーシャルワーカーは，クライエントに対する倫理責任，社会に対する倫理責任，専門職としての倫理責任のほか，組織・職場に対する倫理責任を負っており，各ソーシャルワーカーが所属する組織・職場が最良の実践を行う責務の認識と遂行，組織・職場内における倫理綱領の理解の促進，同僚などへの敬意や組織内アドボカシーの推進，倫理的実践の推進を図っていくことが求められている。

また，ソーシャルワーカーはクライエントとの関係においても，互いに影響を及ぼし合っていることに対する認識をもたねばならない。人と環境の相互作用という点で，ソーシャルワーカーはクライエントを取り巻く環境の中の一つのシステムである。ソーシャルワーカーとクライエントとの，互いに対等なかかわりと信頼関係を築いていくことで，クライエントとの間に良好な相互作用が生じ，これが共に協働し，クライエントのニーズを解決・軽減へと導くパートナーシップへとつながっていくのである。

□ 社会資源

社会資源（social resources）とは，「ソーシャル・ニーズを充足させるために動員される施設・設備，資金や物資，さらに集団や個人の有する知識や技能を総称していう[(11)]」。白澤は，社会資源をその内容やそれらの特性を次の①～③の３つの分類軸によって捉える枠組みを提示している（図1－3）[(12)]。

① クライエントのどのような**サービスニーズ**に対応する社会資源なのか

この分類軸には，人が社会生活を維持していくためのサービスニーズとして，(1)経済的な安定を求めるニーズ，(2)就労の機会を求めるニーズ，(3)身体的・精神的な健康を求めるニーズ，(4)教育や文化娯楽の機会を求めるニーズ，(5)居住の場に対するニーズ，(6)家族や地域で

サービスニーズ
クライエントがどのような社会資源・サービスを求めているのかという具体的なニーズのこと。

図1-3　社会資源の枠組み

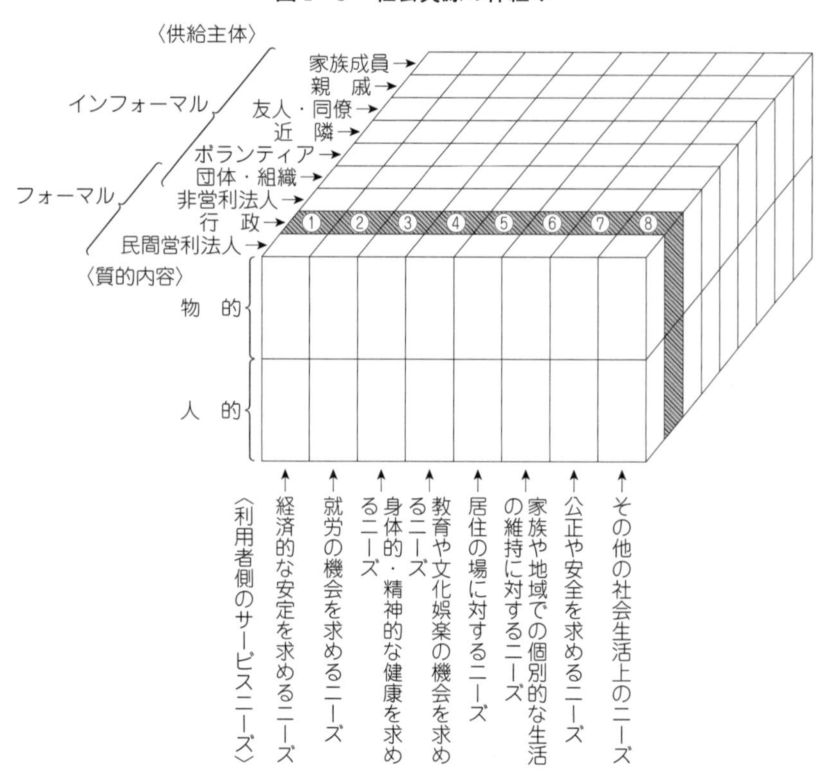

出所：白澤政和（2018）『ケアマネジメントの本質――生活支援のあり方と実践方法』中央法規出版，208.

の個別的な生活の維持に対するニーズ，(7)公正や安全を求めるニーズ，(8)その他の社会生活上のニーズがあげられている。各クライエントにあるサービスニーズに応じた，物的あるいは人的資源（下記③参照）を，フォーマルな，あるいはインフォーマルな供給主体である社会資源（下記②参照）を，単独で，あるいは組み合わせて提供していくのである。

②　誰が社会資源を提供するか

この供給主体に関する分類では，大きくフォーマルなものとインフォーマルなものとに区分される。この二者間の区分は不明瞭な面もあるが，概して，フォーマルなものとしては，行政のサービスや職員，民間非営利法人のサービスや職員，民間営利法人のサービスや職員，制度化された当事者組織や相互扶助団体等がある。インフォーマルなものとしては，家族成員，親戚，友人・同僚，近隣，ボランティア，明確に制度化されていない当事者組織や相互扶助団体等がある。

③　社会資源の質的な違い

社会資源の質的な違いによる分類としては，物的資源と人的資源がある。物的資源には金銭や物資，施設や設備，制度等が含まれ，人的資源には知識や技能，愛情や善意，情報や地位等が内包されている。しかしながら，たとえば現物給付のサービスでは，物的資源によるサービスだけでなく，相談や介護・家事といった人的資源も含まれるという側面もある。

ソーシャルワーカーは，クライエントのニーズに応ずる社会資源が存在するのであれば，クライエントの生活上の困難や生活課題を解決・緩和するに役立ち得る社会資源を調整（コーディネート）し，クライエントと結びつけて社会資源を提供する。そのためには，ソーシャルワーカーは地域社会に存在するフォーマルな供給主体及びインフォーマルな供給主体，あるいは物的社会資源・人的社会資源を把握しておく必要がある。かつ，これら社会資源を組織化し，ネットワークを構築しておくことで，社会資源を有機的に結びつけ，効率的に提供できるようにしていくことが求められる。一方で，クライエントのニーズに応じ得る社会資源が存在しても，利用要件や利用規定等の制限によりクライエントのニーズを満たし得ない場合や，そもそもクライエントのニーズを満たし得る社会資源が存在しない場合などがある。そのような場合には，社会資源を改善・開発していくことも求められる。

📖さらに知りたい人のための推薦図書

北島英治（2016）『グローバルスタンダードにもとづくソーシャルワーク・プラクティス――価値と理論』ミネルヴァ書房.

▷2014年にIFSW・IASSWで採択された「ソーシャルワーク専門職のグローバル定義」に基づき，「人」そのものを見ること，「その人がその人らしくあり続けられるための社会整備をする（社会正義）」ことが，専門職が行うソーシャルワークであり，これを「グローバルスタンダード」としてソーシャルワークの本質を解説している。

白澤政和・岩間伸之編（2011）『（リーディングス日本の社会福祉４）ソーシャルワークとはなにか』日本図書センター.

▷戦後の日本におけるソーシャルワークに関する文献を４つの時代区分に基づき選定し，「ソーシャルワークとは何か」を系統立てて学ぶことができる。第１部「ソーシャルワークのわが国への定着」，第２部「ソーシャルワークの領域別展開」，第３部「統合論とソーシャルワークの新たな視点」，第４部「ソーシャルワークの深化と拡大」で構成されている。

注

（1）　Freidlander, W. A. and Apte, R. Z. (1974) *Introduction to Social Welfare* (*4th ed.*), Prentice-Hall, 4-5.

（2）　岡田藤太郎（1976）「ソーシャルワーク――社会福祉の一般的および専門的実践」岡田藤太郎・秋山智久・酒井慈玄他『社会福祉――思想・制度・実践』啓林館.

（3）　新村出編（2018）『広辞苑　第七版』岩波書店，3101.

（4）　IASSW, IFSW (2014) Global Definition of the Social Work Profession, International Association of Schools of Social Work, International Federation of Social Workers.（＝2015，日本社会福祉教育学校連盟・社会福祉専門職団体協議会定訳『ソーシャルワーク専門職のグローバル定義』国際ソーシャルワーク学校連盟・国際ソーシャルワーカー連盟.）

（5）　北島英治（2008）『ソーシャルワーク論』ミネルヴァ書房，37-38；57-62.

（6）「技術」と同義語あるいは別概念として用いられている言葉に「技法」「技能」といった言葉もある。佐藤（2001）は，「技法」とは「方法の一部として用いられる手段」をいい，「技能」とは「技法を熟練して用いる能力であり，知識の効果的活用能力」をいうと説明している（佐藤豊道（2001）『ジェネラリスト・ソーシャルワーク研究』川島書店，215.）。

（7）　日本ソーシャルワーカー連盟（2020）「改定『ソーシャルワーカーの倫理綱領』の見どころ～変更したポイントから～」38.

（8）　Barker, R. L. (2014) *The social work dictionary* (*6th ed.*), NASW Press, 287.

（9）　Bradshaw, J. (1972) A taxonomy of social need, McLachlan, G. (ed.), *Problems and progress in medical care*, Oxford University Press, 71-82.

（10）　白澤政和（1999）「社会福祉援助方法の枠組み」白澤政和・尾崎新・芝野松次郎編『社会福祉援助方法』有斐閣.

（11）　三浦文夫（1988）「社会資源」仲村優一・岡村重夫・阿部志郎他編『現代社会福祉事典（改訂新版）』全国社会福祉協議会，225.

（12）　白澤政和（2018）『ケアマネジメントの本質――生活支援のあり方と実践方法』中央法規出版，204-221.

■第2章■

ミクロ・メゾ・マクロレベルにおけるソーシャルワーク

学習のポイント

1　人と環境システム間の相互作用および交互作用を理解する。

2　一般システム理論を理解し，人と環境をシステム的視点を学ぶ。

3　ソーシャルワークの実践の射程の広がりをシステムから理解する。

4　エコシステム的ソーシャルワークを理解する。

5　ミクロ・メゾ・マクロレベルのソーシャルワーク実践を理解する。

ソーシャルワークの射程と独自性

□ 人と環境との相互作用／交互作用

☞ クライエント
本書第１章第４節も参照

ソーシャルワークとは，ソーシャルワーカーである専門職者が，**クライエント**☞（個人，家族，グループ，地域住民，市民）に対して，社会生活機能（social life functioning）の維持・向上を目的に援助することである。すなわち，その人の望む生活（生きる）を支援することが目的の一つである。これは個人の自己実現の支援，QOL の向上，そして人々のウェルビーイングの向上のために，人々と環境との関係の調整を種々のソーシャルワーク機能を用いて実践していくことになる。このように，ソーシャルワークは，その発展のプロセスにおいて，個人と環境との相互作用（interaction）あるいは交互作用（transaction）するものを対象に捉えてきた。そこへ援助介入することが，ソーシャルワークの独自性の一つとして認識されている。

歴史を遡れば，リッチモンド（Richmond, M. E.）は，クライエントの抱える問題の原因を個人要因と環境要因を含めた視点から捉えている[(1)]。また，ホリス（Hollis, F.）[(2)]は，ソーシャルワークの視点は「人と状況の全体関連性（the person in his situation configurations）」で捉えられ，単なるクライエントの内面だけに着目するのではなく，状況の中の人，すなわちそれを取り巻く環境との関連性に注目している。

ピンカス（Pincus, A.）とミナハン（Minahan, A.）は「人びとと彼らの社会環境にあるシステムとの相互作用」として，力動的な相互関係に基づいてソーシャルワークのシステムモデルを提示している[(3)]。バートレット（Bartlette, H. M.）は「人びとと環境の相互作用」の中で人の生活を捉えている[(4)]。ジャーメイン（Germain, C. B.）とギッターマン（Gitterman, A.）によれば，人のもつニーズ，能力，行動様式，目的と，環境のもつ特性との「人と環境の適合（fit）」に目を向け，その水準を向上させるために，個人の変化，環境の変化，あるいは人と環境の関係の変化を生じさせることにより適応を図っていくとしている[(5)]。このように，発展してきたソーシャルワークの実践は，システム理論を背景に全体的，包括的な状況の理解の枠組みが提示されるようになった。

□ 一般システム論とソーシャルワーク

ソーシャルワークにおいてシステム理論の重要性を指摘したが，ここでは，人と環境システム間の，相互作用および交互作用を理解する基本となる，①一般システム理論，②生態学理論，③エコシステムを理解し，人と環境の相互作用・交互作用をを学びたい。

①　一般システム理論

一般システム理論はベルタランフィ（Bertalanffy, L. V.）によって提唱された理論であり，生命現象に対する機械論を排して唱えた理論である。すなわち，この理論では，有機体を一つのシステムと見なしている。その特徴として，(1)細胞が器官の，あるいは器官が生物体全体の要素として充てられ相互に作用し合いシステムを構成していること，(2)そのシステムが解放系であり定常状態にあること，(3)細胞集団あるいは器官集団が各個独立したものではなく個体内で階層構造を持つ，としている。[(6)]

このように，この一般システム理論は，自然科学・社会科学の異なる分野でも発展していった。一般システム理論は生物学や工学などから発展し，社会科学にも援用されてきた。ここでは相互に作用しあう要素の集合をシステムとしている。そして，その要素から構成された全体は，個々の要素にはみられない特性をもっている。各々のシステムは，相互に作用し，影響を及ぼし合う仕組みがある。

②　生態学理論

生態学理論は生物学から発展し，生物と環境の相互作用により双方が影響し合うとしている。特に物事の調和のために，相互に適応する過程に焦点をおくとしている。このような考え方がクライエントシステムと物理的・社会的環境システムにおいて生じる影響性を説明することができる。

③　エコシステム

また，エコシステムの理解をするためには，サイバネティックの考え方も重要になる。これは，アメリカの数学者ウィーナー（Wiener, N.）によって提唱された。一般には，生物と機械における通信，制御，情報処理の問題を統一的に取り扱う総合科学とされている。ウィーナーは対象を，ある目的を達成するために構成されたシステムとして捉え，それは，ある組織だった構造をもつものであり，その結果として目的に合致した動きをするものとしている。対象の動きに注目する場合，対象がどのような物質で構成され，どのようなエネルギーを利用しているかは問題ではなく，情報をどのように伝送し，どのように処理し，その結果を用いてどのように制御しているかが重要である。

このような考え方は，ソーシャルワーク実践において人間は環境を受け入れ，制御し，働きかける機能があることを示している。すなわち，人は環境の変化に応じて独自の適応性を備えた有機体であり，その能力を持っていると捉えている。

ソーシャルワークは，この一般システム理論と生態学理論から着想を得て，人とその物理的・社会的環境の相互関係を理解するためにエコシステムの考えを導入した。[(7)(8)] 人とその環境との接点，あるいは人と環境が交わるところにおいて，交互作用が生じることにより，様々な現象が生じる。この交互作用（transaction）は多数の変数からなる全体について捉えるシステムの作用である。人と状況の現象における関係の特質は単なる相互作用（interaction）ではなく，その状況下で他の様々な相互作用から影響を受けたものに作用することになり，これは複雑なものになる。

回 社会システム理論とソーシャルワーク

さて，一般システム理論を社会学で発展させたのが社会システム理論である。創始者のパーソンズ（Persons, T.）は社会を行為のシステムと捉えた。その中で，行動有機体システム，人格システム，社会システム，文化システムという４つのシステムが相互に関係しあって，人間の行為を生み出しているとした。その中でも社会システムを構造と機能を結び付け理解している。すなわち，すべての社会システムには構造があり，それは安定の部分である。機能は構造の安定に寄与する部分であり，これらが相互に作用しながら，社会全体を生命体のようにひとつの自己維持をするシステムとして捉えた。

ルーマン（Luhmann, N.）は，生物学者のマテゥラナー（Maturana, H. R.）やヴァレラ（Varela, F. J.）のオートポイエシス（自己産出）論に影響を受け，自己再生産的な生命体として扱い，それを社会システム理論に応用した。その概念には「意味」という要素を取り入れ，社会システムは，「意味」による秩序付けを行う行為のコミュニケーションがあるとした。これにより，人々の行為やアイデンティティーが成立するとしている。このような社会システム理論には，以下のように特徴がある。[(9)(10)]

・システムとは，複数の要素が互いに相手の同一性を保持するための前提を供給し，相互に依存し合うことで形成されるループである。
・システムは自己の内と外を区分（境界維持）することで自己を維持する。

・システムは複雑性の縮減を行うことで安定した秩序を作り出す。すなわち，あるべき状態を予期し，その状態に適合しようとする。
・ひとつのシステムはそれを孤立したものとして認識すべきではない。システムは外部環境が存在する場合に意味を持ちうる。
・システム間の相互依存関係や，システム間の内外を区別する境界維持や，安定した秩序を作り出すものであり，その状態に適合（fit）しようとする。
・ひとつのシステムは，外部環境が存在する場合に意味を持ち得るものとなる。

以上のように概念の整理をしたが，これらはソーシャルワークの視点や理論，アプローチなどにも取り入れられている。

ソーシャルワークの視点と実践領域

□ エコシステム的視座から捉えるソーシャルワーク実践

前節では，ソーシャルワークは，人とその物理的・社会的環境との相互関係を理解するために，**メタ理論**（metatheory）として一般システム理論と生態学を応用している。メタ理論とは，何らかの理論のさらに前提となる理論のことであり「理論の理論」とよばれる。この２つのメタ理論により，複数のものが組織，生物など有機的に結びつき循環しながら一つのシステムとして形成するしくみ，つまり人と環境の交互作用に着目しているのである。これにより，多くの変数が相互に関連する全体方法を把握する概念にエコシステムが導入され，積極的にソーシャルワーク理論の中に取り入れられた。このことからソーシャルワークには，人々が多様な社会構造の中で相互に関わり合うシステムに対して介入する枠組みが，提起された。

メタ理論
メタ理論(metatheory)とは，何らかの理論のさらに前提となる理論のことであり「理論の理論」とよばれる。一般システム理論はその一つである。

その中でもジャーメインらの**生活モデル**は，人の生活家庭をその人の生活空間，生活時間，生活環境（社会環境）における様々な要素との間で取り交わされる，たえることのないやり取りの過程で捉えることになり，環境との間の関係性（relatedness）に着目するモデルである。

生活モデル
一般システム理論と生態学理論を学問的基盤として，問題を人と環境との生活空間内での不適応の交互作用から生じるものと捉え，人と環境を一つのシステムとして統合的に把握するモデルである。

生活上の課題は，人と環境の交互作用の中での調和が崩れることでおこり，その場合その関係性の中での生活の営みは，環境からの要求に応答することが難しく，生活ストレス（life stress）が発生する。これに対しては，対処（coping）が求められ，適応（adaption）が可能と

コンピテンス
優れた成果を創出する個人の能力・行動特性のことである。

なることから，クライエントの**コンピテンス**を高めることが重要であるとしている。

このモデルは，実践対象を構造・要素・時系列変容から捉えており，視点，複雑・多様で捉えることの難しい対象理解を促進させたことにより，ソーシャルワーク理論の発展に貢献した。そしてこのモデルは，エコシステム的視座において1980年代に提唱されて以降，中核的モデルとして理解されている。

拡張するソーシャルワークの実践領域

社会福祉の増進を目指すために，ソーシャルワークには個人，組織，社会，世界に対して，ミクロ，メゾ，マクロレベルの効果を出すために用いる知識，技術がある。1981年に全米ソーシャルワーカー協会（National Association of Social Workers：NASW）で示されているように，「社会福祉実践とは，以下の４点に示す専門職として責任がある。①人々が発展的に問題を解決し，困難に対処できる能力を高めるよう，人々（people）にかかわる，②人々に資源やサービスを提供する社会制度（システム）が効果的で人間的に機能するよう推進する，③人々に資源やサービスや機関を提供する社会制度（システム）と人々をつなぐ，そして④現在の社会政策（social policy）の改善と開発にかかわる。」として捉えられている。[(11)]

実践は様々な現場や抱える課題によって領域が異なる。例えば人生の発達段階を軸として，乳児，子ども，青少年，成年，高齢者等による捉え方もあれば，問題領域や福祉六法に関連する領域，家族に関連する虐待，DV やホームレス等で捉える場合もある。介入の種類として，ケースワーク，グループワーク，コミュニティーワーク等でも捉えられるし，施設や機関の種類として，学校，刑務所，福祉事務所，病院，施設等でも捉えられる。

クライエントを「人―環境」の交互作用と捉えると，クライエントは様々な環境システムとの相互作用の中で，生活課題が生じていると捉えることができ，ソーシャルワーカーはその接点に介入をすることになる。個人の抱えている生活課題に対して，個人に焦点を当て，その人の対処能力を高めることによって，環境側面の圧力や制限に対応でき課題解決を図ることや，一方，環境側面の変化や改善を図るための環境志向に焦点を当てる場合もある。

従来のクライエントの概念を，クライエントシステムの文脈で捉えると，ソーシャルワークは様々なレベルのクライエントシステムでの対応があると考えられる。ソーシャルワークは，その時々の社会の情勢やそれを受けて生じる人々の福祉ニーズや，その時々の学問の動向からも影響を受け発展してきた。2014年のソーシャルワークのグローバル定義から見ると，ソーシャルワークは，人々の生活課題に取組み，ウェルビーイングを高めるよう，人々と様々な構造に働きかけることであるとして，さまざまな学問がその基盤にあることが明記されている。

また，その中核となる任務は，社会変革・社会開発・社会的結束の促進，人々のエンパワメントと解放とされ，従来よりも，マクロを強調している。これほどまでに，大胆にシステムの広がりを持ち，幅広い支援に射程をおいた専門職は他にはない。

さて，一般的に国際化（internationalization）は国家レベルであり，国境や国家の領域が強調されるが，**グローバリゼーション**は，国家間を越えた「地球規模」と捉えている。ソーシャルワークは，地球規模の交互作用を捉えつつ，そこから波及する国家，社会，地域，家族，個人の影響を見据えている。ソーシャルワークの取り扱う問題は，地域，社会，そして各国レベルで解決できるものから，世界全体の努力，連携によって解決できる問題まで，幅広いものである。

このソーシャルワーク実践は，問題・課題やニーズの捉え方によってもソーシャルワーカーとクライエントが選択するターゲット，目標，介入計画などが異なってくる。ソーシャルワークにおけるクライエントとは，ミクロレベルの個人，夫婦・家族，小集団，メゾレベルの組織，機関，マクロレベルの地域・社会，国，世界，地球までもその範囲として捉える。これらは社会システムの連続体で捉えられる（図2－1）。

グローバリゼーション
地球規模で複数の資本，情報，人の交流や移動が行われる現象のこと。自国と他国の関係性を表す「国際化」とは異なり，国境のない世界を意味する。

□ バイオ・サイコ・ソーシャルから捉えるソーシャルワークの視点

2020年に**ソーシャルワーカーの倫理綱領**が改定された。これは昨今の，社会環境の変化に伴うソーシャルワーカーが遵守しなければならない倫理的内容に変化が生じたことや，ミクロだけではなく，メゾやマクロを射程に入れた，援助に関連した倫理的配慮が必要になってきたことも理由のひとつである。この倫理綱領の原理の中に，「全人的存在」が明記されている。その意味は，「ソーシャルワーカーは，すべての人々を生物的，心理的，社会的，文化的，**スピリチュアル**な側面からなる全人的な存在として認識する」である。

これをエコシステム的視座から捉えなおすと，環境という概念も幅広く深い。他方，一人の人間を認識する場合，様々なシステムのレベルから捉えるモデルとして，バイオ・サイコ・ソーシャルモデル（以

ソーシャルワーカーの倫理綱領
本書第12章参照

スピリチュアル
スピリチュアリティの概念は多様である。これは，人間がよりよく生きる（QOL）ために必要な要因であり，それが健康に大きく影響するとWHOでは捉えている。

図２－１　拡張するソーシャルワークの実践の射程

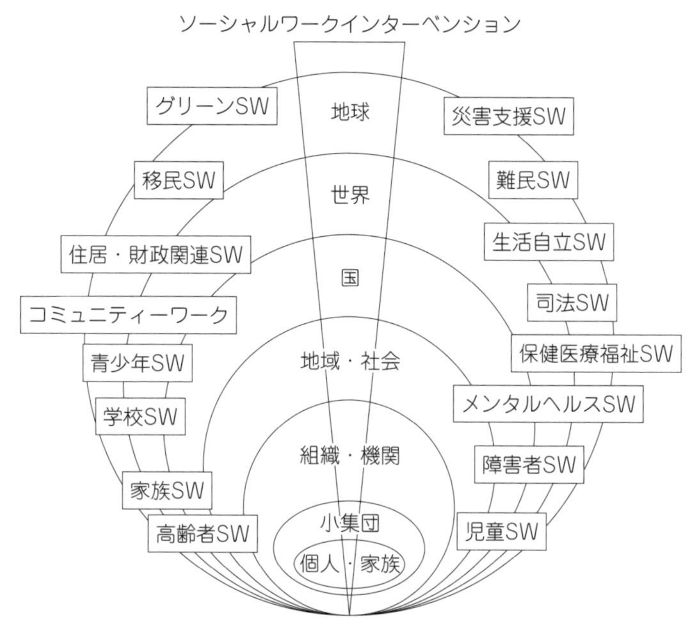

出所：小原眞知子（2019）小原眞知子・木村容子編著『ソーシャルワーク論』ミネルヴァ書房，23.

下，BPS モデル）がある。エンゲル（Engel, G. L.）の BPS モデルは，ベルタランフィの一般システム理論を自身の考えに援用している。一般システム理論では生物学，物理学，心理学，社会科学などが互いに同じような問題と考え方から，統一的な科学が構想できる理論として位置づけている。

これに対して，エンゲルは，分子，細胞器官，細胞，組織，臓器器官，神経系，二者関係，家族，地域，文化，国家，生物圏など，生物，心理，社会の各システムは，別のシステムに影響を及ぼし，またあるレベルでの変化は別のレベルにも影響を与えるというシステム論の考え方から，円環的に作用していることを提示している。従来の生物医学モデルから，医師は心理社会的問題に関わる必要がないという考え方に対して戒め，「**医学モデル**は患者，患者の生きる社会的文脈，疾患のもたらす害悪に対処するために社会が作り出したシステム，すなわち医師とヘルスケアシステムを考慮に入れる必要がある。これにはバイオ・サイコ・ソーシャルモデルが必要である[(12)]」としている。

この考え方は，ソーシャルワークはクライエントのおかれている困難な状況を把握するために，医学領域でも適用されているバイオ（bio）／サイコ（psycho）／ソーシャル（social）という３つの側面に分けてクライエントの状況や環境を把握する必要がある，というもので

医学モデル
医学における「予診・診断・治療」のモデルである。脆弱性や病理的側面を診断し治療することを，ケースワークに当てはめ「インテーク・スタディ・社会診断・社会処遇」に置き換え診断的ケースワークとされた。これらのモデルの総称である。

ある。すなわち，BPS モデルではそれぞれの要因がそれぞれに独立したものではなく，相互に関連し合い複合的に作用しあって困難な状況をもたらしていると捉える考え方である。BPS モデルでは，この３つの側面からの課題解決を図ることが望ましいとしている。

BPS 視点を用いたソーシャルワーク，例えば，バイオの側面には，健康状態や ADL，IADL の状況，能力などが含まれている。サイコの側面には心理状態や意欲，意思の強さ，嗜好，生活やサービスに関する満足度などが含まれている。ソーシャルの側面には，家族や親族との関係，近隣関係，友人関係，住環境や就労状況，経済状況，利用可能な社会資源などが含まれている。このモデルでは，クライエントの弱い部分・不利な状態にのみ目を向けるのではなく，クライエント自身の能力や意欲，嗜好，利用可能な社会資源などのストレングスの観点も重視するところにも特徴がある。クライエントの意欲を高め動機づけをする支援を大切にし，クライエント自身によるセルフケアやセルフマネジメントを可能とすることや，多様な社会資源を活用することで支援を展開していくことになる。

3 ミクロ・メゾ・マクロレベルのソーシャルワーク

回 人と環境とソーシャルワーク実践

これまで学んだように，ソーシャルワークの対象は幅広く，実践の範囲，対象の規模なども広範である。実践領域も，子どもから高齢者と多岐にわたり，障害，貧困，司法，医療等と幅広い。個人や家族が抱えている生活課題に対して，利用者個人や家族に焦点化したミクロレベルの実践がある。そこには彼らが生活している地域社会があり，関わりのある学校，職場，住民，自治体など地域のシステムから影響を受けており，それを対象にメゾレベルの実践が行われる。また，これらには制度・政策が深く関わっていることからそれを対象としたマクロレベルの実践も考えらえる。ミクロ・メゾ・マクロシステムからの影響性や関係性を複合的に捉え理解し，効果的な実践につなげることが求められる。ミクロレベル，メゾレベル，マクロレベルのソーシャルワークの定義は，必ずしも研究者の間での合意があるわけではないが，支援対象のサイズの大きさと支援方法が直接的か間接的なのかの相違がある。(13)

発達心理学者のブロンフェンブレンナー（Bronfenbrenner, U.）

は，人間の発達過程を，個人と環境との相互作用によって形成されるものとした。特定の発達経過は，その人物の周囲にある両親，友だち，学校，職場，文化などから受ける影響の結果であるとして，人間の発達について，生物生態学的システム理論（bioecological model）を打ち出した。そして，子どもの発達に影響を与え得る環境要因には，その子どもの直近にいる人々，組織，文化など，数多くの異なるレベルがあるとしている。

そのシステムには時間の影響，すなわち時の経過の中で起こる特定の出来事や文化の変質なども説明に盛り込まれている[(14)]。この中で，ブロンフェンブレンナーは，５つのシステムを示している。①マイクロシステム，②メソシステム，③エクソシステム，④マクロシステム，⑤クロノシステムである。

①　マイクロシステム

生態系理論の最も影響力のあるレベルとして，家族や学校など，発達に影響する子どもにとってもっとも直接的環境としている。

②　メソシステム

子どもの両親と教師の間，または学校の仲間と兄弟の間の相互作用など，子どものマイクロシステム間の相互作用が含まれている。また，メソシステムは，個人の個々のマイクロシステムが独立して機能するのではなく，相互に関連しており，互いに影響を及ぼしているとしている。

③　エクソシステム

様々な社会構造が組み込まれており，それ自体には子どもが含まれないがマイクロシステムに影響を与えるシステムとして，近所，親の職場，親の友人，マスメディアなどが含まれる。これらが子どもに間接的に影響を与えるとしている。

④　マクロシステム

文化的要素が社会経済的地位，富，貧困，民族性などが子どもの発達に影響するものである。これには，社会経済的地位，民族性，地理的位置，文化のイデオロギーも含まれる。

⑤　クロノシステム

主要な人生の移行や歴史的出来事を含む，発達に影響を与える生涯にわたって発生するすべての環境変化を含み，たとえば両親の離婚，住み慣れた場所からの転居など生活の移行も影響するシステムとしている。

ソーシャルワークの領域においてパアト（Paat, Y. F.）は移民の子どもの発達に関して，この理論の利点を検討し，子どもたちの生態を理解することで，これらの子どもたちへのソーシャルワークサービスの提供を強化するのに役立つとしている[15]。

□ 4つのシステムモデル

これを，具体的なソーシャルワーク実践で捉えるモデルとして，ピンカスとミナハン[16]は，ソーシャルワーカーとクライエントの力動的な相互関係にもとづいて，以下の4つのシステムモデルを提示している。

① チェンジエージェントシステム（change agent system）

クライエントに変化を起こすために動員されるソーシャルワーカーとその所属機関や施設とそれを構成している職員全体などのシステム。

② クライエントシステム（client system）

個人，家族，グループ，組織，地域社会など，ソーシャルワーカーが支援する対象となるシステム。

③ ターゲットシステム（target system）

ソーシャルワークの目標達成のために働きかけなければならない標的（ターゲット）となる個人，家族，グループ，組織，地域社会などのシステム。

④ アクションシステム（action system）

ソーシャルワークの目標達成のために，ターゲットシステムに働きかけるソーシャルワーカーや活動に参加する人々や資源のすべてのシステム。

これらは，ケースワーク，グループワーク，コミュニティーオーガニゼーションに見られるような援助の対象と目的を一致させるのではなく，ソーシャルワークの実践の対象や標的となる対象を個人，家族，グループ，組織，地域社会システムとして捉え，これらを連続性のある一体的なものとしながらも，4つのシステムを巧みに活用して，ソーシャルワークを効果的に行う。

このようにソーシャルワークは，個人，家族だけではなく，グループ，組織，地域社会などは，どれもがソーシャルワークの対象となり，ミクロレベルからマクロレベルまでを包含している。ここでは，それぞれのレベルにおけるソーシャルワークの特徴として，ソーシャルワーカーの役割と機能を提示して理解を深めたい。石川はこの4つのシステム（少し表現が違うが同じ分類）を3つの実践レベルで分析し，以下のように示している。（表2-1）

表２－１　４つのシステムからみた３つの実践レベル

	ミクロレベル 利用者や個人	メゾレベル グループ，組織，地域社会	マクロレベル 制度・政策，社会意識
ワーカー・システム	ワーカー個人やワーカー仲間（個人レベルでの専門職知識や技術の向上など）	ワーカーが所属する組織，専門職団体等の働きかけ等（専門職による会議等も含む）	専門職団体のあり方，国家資格化，国際ソーシャルワーク等
クライエント・システム	利用者や家族へのアプローチ（従来のクライエントとその家族に対する支援，援助）	利用者の自助グループや同様の課題をもつ団体の組織化等	患者・利用者の全国団体の組織化等
ターゲット・システム	ターゲットとなる利用者以外の友人，知人，隣人，他専門職への働きかけ等	ターゲットとなるグループ，専門職団体や組織，地域の自治会等への働きかけ等	ターゲットとなる制度・政策，政党，専門職団体，国民の意識への働きかけ等
アクション・システム	アクションを起こす利用者以外の友人，知人，近隣，他専門職への働きかけ等	アクションを起こすグループ，専門職団体や組織，地域社会への働きかけ等	アクションを起こす政党，政治家，専門職団体への働きかけ，国民の意識改革のためのSNSの利用等

出所：石川久展（2019）「わが国におけるミクロ・メゾ・マクロソーシャルワーク実践の理論的枠組みに関する一考察――ピンカスとミナハンの４つのシステムを用いてのミクロ・メゾ・マクロ実践モデルの体系化の試み」『Human Welfare 関西学院大学』25-37.

◻ ミクロレベルのソーシャルワーク

ソーシャルワークのミクロレベルの実践は，クライエント個人と家族が直面する困難な状態，生活課題を対象とする。その場合，望ましい解決の目標，方向性を共有し，社会資源を活用しながら，あるべき目標に向かって，クライエントの取組み能力を高めるように協働していく。その際にクライエントの人と環境の交互作用に焦点をあて，人が環境に能動的に働きかける対処能力を高めると同時に，環境に応答性を強化するように，両者の相互作用の改善のためにソーシャルワークを展開する。

個人や家族を対象として支援する場合には，ソーシャルケースワークなど直接援助が主となる。地域社会には，生活に何らかの困難を抱えている状況であっても，なかなか援助機関に連絡できない人や，サービスを利用したいが相談するところがわからない，福祉のお世話になるのは，世間体が悪いという意識を持つ人，家庭で虐待されている児童や家族内での暴力があるが，SOS を出せない人もいる。ひきこもりの状態が続き，近隣住民も様子がわからないなどもある。また，一人暮らしで食事の準備ができず適切な栄養が取れていない高齢者などは，生命にかかわることになる。

このような個人，家族を把握することは不可欠である。このケースの発見で重要な機能を果たすのが，**アウトリーチ**である。ソーシャルワークではこのような地域に存在する課題を見つけだし，支援につな

アウトリーチ
接近困難な人に対して，要請がない場合でも積極的に出向いていく援助のこと。生活上の問題や困難を有しているものの，福祉サービスの利用を拒む場合にも積極的に働きかけることである。

げる機能を発揮することが求められる。クライエントの生活課題を多面的・総合的な理解を行うために，情報の収集と分析を行うアセスメントは援助の要とも言われている。人を理解するためには，対象となっている人の理解だけではなく，その人を取り巻く環境を理解し，双方の影響性を把握することが求められる。その人に影響を与えている家族，職場や学校など，その人が関わってきた集団，組織，地域社会などの環境とクライエントがどのように作用して影響を与えているのかを把握する。

特に，家族に関する情報は**インテーク**や**アセスメント**においても不可欠である。家族をシステムとして理解し，家族員が一定の相互連関関係（つながり）を持ち，全体として家族を構成しているという観点から，家族の様々な出来事，問題，困難などを理解していくことになる。続く**プランニング**にも個人や家族と環境の双方の相互作用を考慮した支援方法を考えることができる。適切なアプローチを用いた支援の実施，**モニタリング**，終結，と援助展開を進められる。

回 メゾレベルのソーシャルワーク

ソーシャルワークのメゾレベルの実践は，グループ，小集団組織，地域住民，地域，自治体，当事者組織，治療グループ，学校，職場，近隣など非常に範囲が広く，ミクロとマクロの間にあるものすべてを含めたものを対象とする。しかしながら，メゾの定義については，ミクロとマクロの中間に位置し，両方にまたがる概念であり，未分化な部分があるということから，明確な定義が難しいという見解が示されている。[(17)]

近年の施策の動向にみられるように，現代の生活問題の多様化などに対処することを目的として，ソーシャルワークは，ミクロ，メゾ，マクロとして分割している方法論の統合化を進め，地域を主体とした福祉が推進されてきた。地域共生社会の実現が政策目標と掲げられ，[(18)]対象の包括性，および公民協働に基づく支援体制の構築を目指して，その要にソーシャルワークを位置付けている。

地域包括支援センターや社会福祉協議会などは，コミュニティワークとしてメゾレベルの実践の場になっている。地域でのソーシャルワークでは，住民，自治会，町内会などの地域組織等に働きかけ，組織化を図るだけではなく，地域における生活課題を抱える住民ニーズを調査等により明確にし，住民主体と住民の連帯を促進し，問題解決を総合的・包括的に行っていく。

インテーク
ソーシャルワークにおける援助過程の構成要素の一つで，相談機関に来所した人や相談者のいる場所に出向いて行う初回面接の最初の段階である。受理面接と呼ぶこともある。

アセスメント
ソーシャルワークにおける援助過程の構成要素の一つであり，ある課題の解決のための方策を決定するために，情報収集し，分析統合する段階である。

プランニング
ソーシャルワークにおける援助過程の構成要素の一つで，アセスメントに基づいて，実際の援助活動を行う計画を策定する段階である。

モニタリング
ソーシャルワークにおける援助過程の構成要素の一つで，援助が計画にそって進んでいるか，また問題解決のためになされた介入が実際に解決に有効であるかどうかを見極める段階をいう。

ビネット2-1  高齢者世帯のソーシャルワークの事例

田中太郎さん75歳，男性は軽い脳梗塞を発症し，救急車で急性期病院に搬送された。急性期治療を終え，リハビリテーションを終えた。太郎さんは68歳の美智子さんと二人暮らしである。妻の美智子さんはこれまでも体力に自信がなく，生活全般は夫の太郎さんに頼ってきた。

太郎さんは軽度の麻痺が残ったものの，自分のことは時間をかければできるようになったので，妻の美智子さんのためにも長年住み慣れた自宅に早く退院したいと思って，早期退院をした。退院後は妻の美智子さんが，一生懸命に太郎さんの身の回りの世話をしてきた。

退院して１か月過ぎた頃，美智子さんは非常に疲れやすくなり，自信がなくなってきた。また，月に１回の通院があるが，太郎さんを一人にして通院するのも気が引けていた。今後も一人で太郎さんの身の回りの世話と日々の生活ができるかとても不安に思っていた。近所との付き合いもしなくなり，近隣の友人とも会うことがなく，家に二人きりでこもることも多くなってきた。

美智子さんは，このままではいけないと思い，古くからの友人である民生委員の山本さんに相談してみた。以前から田中さん夫婦を心配していた民生委員の山本さんから，同市内の地域包括支援センターを紹介された。それをきっかけに，美智子さんは思い切って紹介された機関に電話したのであった。

□ マクロレベルのソーシャルワーク

ソーシャルワークのマクロレベルの実践は，地域社会，国家，国際システム，制度や政策などが含まれており，社会全般の変革や向上を指向している。マクロレベルには，差別，抑圧，貧困，排除等の社会不正義をなくすように，国内外に向けて社会制度や一般の人々の社会意識に働きかけることである。マクロレベルには，制度や政策を策定する権力をもつ国や自治体といったフォーマルなものもあれば，差別や社会的排除など，一般の人々の社会意識といったインフォーマルな面も含まれる。マクロレベルも含まれる対象や内容が複雑に入り交じっている。

4 ミクロ・メゾ・マクロレベルのソーシャルワーク事例

□ ミクロレベルのソーシャルワーク支援

ビネット2-1「高齢者世帯のソーシャルワークの事例」に沿って進めていく。地域包括支援センターの社会福祉士（ソーシャルワーカー）の田村さんは，電話口の妻の美智子さんの話をじっくり聞いて，信頼関係を育むことと，現状の理解するための情報収集を行った。田村ワーカーはご夫婦のおかれている状況に対する理解と共感を

示してくれた。また，次の日に自宅を訪問し，太郎さんの身体状況や困りごとについて二人からじっくり話を聞いた。田村ワーカーは今後の生活設計をしていく上で「公的介護保険」というサービスを利用する可能性を持っていることを告げてくれた。そのために太郎さんが公的サービスを受けることができるかを，まずは判定してもらうことの必要性を述べ，その手続きを手伝ってくれた。太郎さんの公的介護保険の認定結果は，要支援２であった。この結果を受けて，太郎さんがさらに援助を受けたいという意思を表明したことで，地域包括支援センターで対応することになった。

田村ワーカーは太郎さんと美智子さんが望むような生活をしていくためには，何が必要かを考えるお手伝いをしていきたいと話した。そしてその際，要支援という認定度に見合ったサービスは，少しの本人費用負担で受けることができるとも話してくれた。田村ワーカーは，必要になる援助を誰がどのような形でできるかを，介護保険の利用や，地域の福祉サービス，インフォーマルなサービスの全ての資源を考慮に入れて計画を立てた。

その結果，食事に関しては，地域の特別養護老人ホームでワンコイン宅配弁当サービスを利用，掃除・洗濯と給食以外の食事の買い物に関しては，ボランティア団体に依頼することにした。民生委員の山本さんにも時々電話による安否確認をしてもらうことにした。

回 メゾレベルのソーシャルワーク支援

さて，民生委員の山本さんは，この地域の市営団地で，団地内の高齢者単身世帯や高齢夫婦世帯が増加していることが，自治体で把握できていないことや，将来的に孤独死が課題であることが，気がかりであった。田中さん夫婦のことをきっかけに，地域の自治会の会議に出席し，この課題を提示したところ，地域の社会福祉協議会は自治会と勉強会を開催することになった。

日頃から地域の高齢者とかかわりのある，地域包括支援センターの田村さんは，民生委員と自治会をサポートしながら情報を共有し，自治会と民生委員の協力で，週に２回，団地の巡回活動「見守りたい(隊)」が開始された。

この活動を始めて半年経った頃，市営団地の一角を使用して，高齢者が寄り合えるお茶が飲めるカフェを作ろうという意見から，活動計画を行い，活動実施に至った。「見守りたい（隊)」で気になる高齢者を誘える場所ができ，団地内に高齢者単身や夫婦世帯が気軽に外出できる場所ができた。地域の保健師による健康活動，近くの大学の学生のボランティア，就学前の子どもと母親も集うようになり，団地の高齢者を見守る場所として機能するようになった。

◫ マクロレベルのソーシャルワーク支援

事例の田中太郎さんの住むＡ市は人口15万人であり，年々高齢化率は高くなり現在は30％になっている。その中での高齢者単身世帯と高齢者夫婦世帯を合わせ60％以上になっている。特にこの団地では高齢者の孤独死が発生することが毎年のようにあった。Ａ市における独居高齢者の死亡者数の推移は増加傾向にあり，その中には自殺者の増加も見られている。

これは社会全体の問題として認識する必要があると考え，地域の地域包括支援センター，自治会，民生委員らは市長と市議会へ独居高齢者の実態調査を要望し，それが実施された。調査の結果を受けて，Ａ市では自治会長会や関係領域の専門家などによる協議会が設立された。協議会では，リスクの高い独居高齢者を支援する市独自の新たな事業が創設された。このように実態調査からニーズが明らかになったことで，公的社会資源の開発がなされた。

さらに知りたい人のための推薦図書

ヘプワース，D.H. 他／北島英治監訳（2015）『ダイレクト・ソーシャルワークハンドブック――対人支援の理論と技術』明石書店.

▷本書は，北米のソーシャルワークの授業で長年使用されている基本図書である。

ケンプ，S. P.・トレーシー，E. M.・ウィタカー，J. K.／横山穣他訳（2000）『人－環境のソーシャルワーク実践――対人援助の社会生態学』川島書店.

▷ソーシャルワーク実践において，核心である環境アセスメントと環境介入をわかりやすく解説した一冊である。

渡辺俊之・小森康永（2014）『バイオサイコソーシャルアプローチ――生物・心理・社会的医療とは何か？』金剛出版.

▷注目されているバイオ・サイコ・ソーシャル（BPS）モデルを理解できる一冊である。

注

（1） Richmond, M.E. (1917) *Social Diagnosis*, New York: Russell Sage Foundation

（2） ホリス，F.／本出佑之・黒川昭登・森野郁子訳（1966）『ケースワーク――社会心理療法』岩崎学術出版社，81.

（3） Pincus, A. and Minahan, A. (1973) *Social Work Practice: Model and Method*, F. E. Peacock Publishers, 3.

（4） Bartlett, H. M. (1970) *The Common Base of Social Work Practice*, National Association of Social Worker.（＝1978，小松源助訳『社会福祉実践の共通基盤』ミネルヴァ書房，104.）

（5） Germain, C. B. and Gitterman, A. (1996) *The Life Model of Social Work Practice 2nd ed.*, Columbia University Press.

（6） 柳沢謙次（1991）「システムと有機体論と法の要素」『浜松医科大学紀要』第５号，19.

（7） Gitterman, A. and Germain, C. B. (2008). *The life model of social work practice: Advances in knowledge and practice*, (*3rd ed.*). Columbia University Press.

（8） Siporin, M. (1980) Ecological Systems Theory in Social Work,*The Journal of Sociology & Social Welfare*:

Vol. 7: Iss. 4, Article 4.
（9） ルーマン，N.／佐藤勉監訳（1993）『社会システム理論（上）』恒星社厚生閣.
（10） ルーマン，N.／佐藤勉監訳（1995）『社会システム理論（下）』恒星社厚生閣.
（11） National Association of Social Workers (1981) *NASW Standards for the Classification of Social Work Practice*, National Association of Social Workers Inc.
（12） Engel, G.L. (1977) The Need for a New Medical Model: A Challenge for Biomedicine, *Science*, New Series, Vol. 196, No. 4286 ,132.
（13） 日本ソーシャルワーク学校連盟が採用している定義は，ミクロレベルは，「個人や家族への直接援助」メゾレベルでは，家庭ほど緊密ではないが，グルプや学校，職場，近隣など有意義な対人関係のあるレベル」マクロレベルは「対面での直接援助ではなく，社会問題に対応するための社会計画や地域組織化など，社会全般の変革や向上を指向しているものである。具体的には，コミュニティ，国家，国際システムであり，政策や制度を含むという考え方である。この定義は，ヘップワース（Hepworth.D.H.）らが紹介している。
（14） Bronfenbrenner, U. (1979). *The ecology of human development: Experiments by nature and design*. Cambridge, MA: Harvard University Press.（＝1996，磯貝芳郎・福富護訳『人間発達の生態学――発達心理学への挑戦』川島書店.）
（15） Paat, Y. F. (2013). *Working with immigrant children and their families:An application of Bronfenbrenner's ecological systems theory*. Journal of Human Behavior in the Social Environment, 23(8), 954-966.
（16） Pincus, A. and Minahan, A. *Social Work Practice: Model and Method*, F. E. Peacock Publishers, Inc. 9-15.
（17） 岡本民夫（1993）「マクロ・ソーシャルワーク」京極高宣監修『現代福祉学レキシコン』雄山閣出版，168.
（18） 国は，2018年4月改正社会福祉法の施行等を通じて，地域共生社会の実現が政策目標として掲げられるようになった。地域共生社会を実現するためには，「高齢者のみならず，生活上の困難を抱える障害者や子どもなどが地域において自立した生活を送ることができるよう，地域住民による支え合いと公的支援が連動し，地域を『丸ごと』支える包括的な支援体制を構築し，切れ目のない支援を実現」することが必要とされるとしている。

■第3章■

ソーシャルワーク専門職のグローバル定義

学習のポイント

1　グローバル定義の歴史的な位置づけと重層的な定義体系を理解する。

2　グローバル定義が制定された経緯と前定義からの見直しの要点を確認する。

3　グローバル定義が定める中核となる任務・原則・知・実践の要点を学習する。

4　グローバル定義の展開から，アジア太平洋地域と日本のソーシャルワークの社会的な文脈と特徴について整理する。

1 ソーシャルワーク専門職のグローバル定義とは

「ソーシャルワーク専門職のグローバル定義[1]」は,「ソーシャルワークとは何か」という問いに普遍的に答えようとしている万国共通の定義枠組みである。グローバル定義は,国際ソーシャルワーク学校連盟(以下,IASSW)と国際ソーシャルワーカー連盟(以下,IFSW)によって,2014年に採択された。資料3-1は,両団体の日本の**カウンターパート**である日本社会福祉教育学校連盟[2]と,日本のソーシャルワーク専門職4団体[3]から構成されている社会福祉専門職団体協議会[4]の日本語定訳である。グローバル定義の文書は,定義本文とその注釈の他に,IFSW脚注,また日本語版はさらに訳注を含む。

カウンターパート
IASSWと日本ソーシャルワーク教育学校連盟(旧日本社会福祉教育学校連盟)やIFSWと日本ソーシャルワーカー連盟(旧社会福祉専門職団体協議会)のように,国際団体・機関とその各国等における相手組織の関係。

□ グローバル定義の歴史的な位置づけ(時間軸)

グローバル定義は,時間軸で捉えると,国際専門職等団体が示す定義として,最新のものであり,歴史的には,4回目の国際的な定義に当たる。ここでは,現在の定義に至った過去の3定義を紹介する。

ソーシャルワークを学術的に定義しようとする試みは,少なくとも「ソーシャルワークの母」とも呼ばれているリッチモンド(Richmond, M.)まで遡る[5][6]。リッチモンドは,20世紀初頭のアメリカで活動し,ソーシャルワークの専門職化を目指したが,その後も,各国において多くの学者や研究者は数々の定義を提唱してきた。

しかし,国際専門職等団体の定義が初めて制定されたのは,1957年である。以下の定義は,IFSWの国際研究チームが作成している[7]。

「ソーシャルワークは,社会におけるより良い適応に向けて,個人と集団を援助する体系的な方法である。ソーシャルワーカーは,クライエントの内的な資源を発達させるために一緒に協働し,また必要な場合,環境の変化をもたらすために外的な支援機関等を活用する。これによって,ソーシャルワークはより調和をとれた社会の実現に貢献しようとしている。他の専門職と同様に,ソーシャルワークは専門的な知識,特定の原理と技術に基づいている。」(筆者訳)

これに変わる1982年の定義は,短文に留まっており,IFSWの他にIASSWにも採択された[8]。

「ソーシャルワークは,社会一般と個人の発達形態において社会

資料３－１　ソーシャルワーク専門職のグローバル定義

ソーシャルワークは，社会変革と社会開発，社会的結束，および人々のエンパワメントと解放を促進する，実践に基づいた専門職であり学問である。社会正義，人権，集団的責任，および多様性尊重の諸原理は，ソーシャルワークの中核をなす。ソーシャルワークの理論，社会科学，人文学，および地域・民族固有の知[(1)]を基盤として，ソーシャルワークは，生活課題に取り組みウェルビーイングを高めるよう，人々やさまざまな構造に働きかける。[(2)]

この定義は，各国および世界の各地域で展開してもよい。[(3)]

注　釈

注釈は，定義に用いられる中核概念を説明し，ソーシャルワーク専門職の中核となる任務・原則・知・実践について詳述するものである。

中核となる任務

ソーシャルワーク専門職の中核となる任務には，社会変革・社会開発・社会的結束の促進，および人々のエンパワメントと解放がある。

ソーシャルワークは，相互に結び付いた歴史的・社会経済的・文化的・空間的・政治的・個人的要素が人々のウェルビーイングと発展にとってチャンスにも障壁にもなることを認識している，実践に基づいた専門職であり学問である。構造的障壁は，不平等・差別・搾取・抑圧の永続につながる。人種・階級・言語・宗教・ジェンダー・障害・文化・性的指向などに基づく抑圧や，特権の構造的原因の探求を通して批判的意識を養うこと，そして構造的・個人的障壁の問題に取り組む行動戦略を立てることは，人々のエンパワメントと解放をめざす実践の中核をなす。不利な立場にある人々と連帯しつつ，この専門職は，貧困を軽減し，脆弱で抑圧された人々を解放し，社会的包摂と社会的結束を促進すべく努力する。

社会変革の任務は，個人・家族・小集団・共同体・社会のどのレベルであれ，現状が変革と開発を必要とするとみなされる時，ソーシャルワークが介入することを前提としている。それは，周縁化・社会的排除・抑圧の原因となる構造的条件に挑戦し変革する必要によって突き動かされる。社会変革のイニシアチブは，人権および経済的・環境的・社会的正義の増進において人々の主体性が果たす役割を認識する。また，ソーシャルワーク専門職は，それがいかなる特定の集団の周縁化・排除・抑圧にも利用されない限りにおいて，社会的安定の維持にも等しく関与する。

社会開発という概念は，介入のための戦略，最終的にめざす状態，および（通常の残余的および制度的枠組に加えて）政策的枠組などを意味する。それは，（持続可能な発展をめざし，ミクロ－マクロの区分を超えて，複数のシステムレベルおよびセクター間・専門職間の協働を統合するような）全体的，生物―心理―社会的，およびスピリチュアルなアセスメントと介入に基づいている。それは社会構造的かつ経済的な開発に優先権を与えるものであり，経済成長こそが社会開発の前提条件であるという従来の考え方には賛同しない。

原　則

ソーシャルワークの大原則は，人間の内在的価値と尊厳の尊重，危害を加えないこと，多様性の尊重，人権と社会正義の支持である。

人権と社会正義を擁護し支持することは，ソーシャルワークを動機づけ，正当化するものである。ソーシャルワーク専門職は，人権と集団的責任の共存が必要であることを認識する。集団的責任という考えは，一つには，人々がお互い同士，そして環境に対して責任をもつ限りにおいて，はじめて個人の権利が日常レベルで実現されるという現実，もう一つには，共同体の中で互恵的な関係を確立することの重要性を強調する。したがって，ソーシャルワークの主な焦点は，あらゆるレベルにおいて人々の権利を主張すること，および，人々が互いのウェルビーイングに責任をもち，人と人の間，そして人々と環境の間の相互依存を認識し尊重するように促すことにある。

ソーシャルワークは，第一・第二・第三世代の権利を尊重する。第一世代の権利とは，言論や良心の自由，拷問や恣意的拘束からの自由など，市民的・政治的権利を指す。第二世代の権利とは，合理的なレベルの教育・保健医療・住居・少数言語の権利など，社会経済的・文化的権利を指す。第三世代の権利は自然界，生物多様性や世代間平等の権利に焦点を当てる。これらの権利は，互いに補強し依存しあうものであり，個人の権利と集団的権利の両方を含んでいる。

「危害を加えないこと」と「多様性の尊重」は，状況によっては，対立し，競合する価値観となることがある。たとえば，女性や同性愛者などのマイノリティの権利（生存権さえも）が文化の名において侵害される場合などである。『ソーシャルワークの教育・養成に関する世界基準』は，ソーシャルワーカーの教育は基本的人権アプローチに基づくべきと主張することによって，この複雑な問題に対処しようとしている。そこには以下の注が付されている。
文化的信念，価値，および伝統が人々の基本的人権を侵害するところでは，そのようなアプローチ（基本的人権アプローチ）が建設的な対決と変化を促すかもしれない。そもそも文化とは社会的に構成されるダイナミックなものであり，解体され変化しうるものである。そのような建設的な対決，解体，および変化は，特定の文化的価値・信念・伝統を深く理解した上で，人権という（特定の文化よりも）広範な問題に関して，その文化的集団のメンバーと批判的で思慮深い対話を行うことを通して促進されうる。

知

ソーシャルワークは，複数の学問分野をまたぎ，その境界を超えていくものであり，広範な科学的諸理論および研究を利用する。ここでは，「科学」を「知」というそのもっとも基本的な意味で理解したい。ソーシャルワークは，常に発展し続ける自らの理論的基盤および研究はもちろん，コミュニティ開発・全人的教育学・行政学・人類学・生態学・経済学・教育学・運営管理学・看護学・精神医学・心理学・保健学・社会学など，他の人間諸科学の理論をも利用する。ソーシャルワークの研究と理論の独自性は，その応用性と解放志向性にある。多くのソーシャルワーク研究と理論は，サービス利用者との双方向性のある対話的過程を通して共同で作り上げられてきたものであり，それゆえに特定の実践環境に特徴づけられる。

この定義は，ソーシャルワークは特定の実践環境や西洋の諸理論だけでなく，先住民を含めた地域・民族固有の知にも拠っていることを認識している。植民地主義の結果，西洋の理論や知識のみが評価され，地域・民族固有の知は，西洋の理論や知識によって過小評価され，軽視され，支配された。この定義は，世界のどの地域・国・区域の先住民たちも，その独自の価値観および知を作り出し，それらを伝達する様式によって，科学に対して計り知れない貢献をしてきたことを認めるとともに，そうすることによって西洋の支配の過程を止め，反転させようとする。ソーシャルワークは，世界中の先住民たちの声に耳を傾け学ぶことによって，西洋の歴史的な科学的植民地主義と覇権を是正しようとする。こうして，ソーシャルワークの知は，先住民の人々と共同で作り出され，ローカルにも国際的にも，より適切に実践されることになるだろう。国連の資料に拠りつつ，IFSW は先住民を以下のように定義している。
・地理的に明確な先祖伝来の領域に居住している（あるいはその土地への愛着を維持している）。
・自らの領域において，明確な社会的・経済的・政治的制度を維持する傾向がある。
・彼らは通常，その国の社会に完全に同化するよりも，文化的・地理的・制度的に独自であり続けることを望む。
・先住民あるいは部族というアイデンティティをもつ。
http:ifsw.org/policies/indigenous-peoples

実　践

ソーシャルワークの正統性と任務は，人々がその環境と相互作用する接点への介入にある。環境は，人々の生活に深い影響を及ぼすものであり，人々がその中にある様々な社会システムおよび自然的・地理的環境を含んでいる。ソーシャルワークの参加重視の方法論は，「生活課題に取り組みウェルビーイングを高めるよう，人々やさまざまな構造に働きかける」という部分に表現されている。ソーシャルワークは，できる限り，「人々のために」ではなく，「人々とともに」働くという考え方をとる。社会開発パラダイムにしたがって，ソーシャルワーカーは，システムの維持あるいは変革に向けて，さまざまなシステムレベルで一連のスキル・テクニック・戦略・原則・活動を活用する。ソーシャルワークの実践は，さまざまな形のセラピーやカウンセリング・グループワーク・コミュニティワーク，政策立案や分析，アドボカシーや政治的介入など，広範囲に及ぶ。この定義が支持する解放促進的視角からして，ソーシャルワークの戦略は，抑圧的な権力や不正義の構造的原因と対決しそれに挑戦するために，人々の希望・自尊心・創造的力を増大させることをめざすものであり，それゆえ，介入のミクロ－マクロ的，個人的－政治的次元を一貫性のある全体に統合することができる。ソーシャルワークが全体性を指向する性質は普遍的である。しかしその一方で，ソーシャルワークの実践が実際上何を優先するかは，国や時代により，歴史的・文化的・政治的・社会経済的条件により，多様である。

この定義に表現された価値や原則を守り，高め，実現することは，世界中のソーシャルワーカーの責任である。ソーシャルワーカーたちがその価値やビジョンに積極的に関与することによってのみ，ソーシャルワークの定義は意味をもつのである。

※「IFSW 脚注」
2014年7月6日のIFSW総会において，IFSWは，スイスからの動議に基づき，ソーシャルワークのグローバル定義に関して以下の追加動議を可決した。

IFSW 総会において可決された，ソーシャルワークのグローバル定義に関する追加動議
「この定義のどの一部分についても，定義の他の部分と矛盾するような解釈を行わないものとする」
「国・地域レベルでの『展開』は，この定義の諸要素の意味および定義全体の精神と矛盾しないものとする」
「ソーシャルワークの定義は，専門職集団のアイデンティティを確立するための鍵となる重要な要素であるから，この定義の将来の見直しは，その実行過程と変更の必要性を正確に吟味した上ではじめて開始されるものでなければならない。定義自体を変えることを考える前に，まずは注釈を付け加えることを検討すべきである。」

---

(1)「地域・民族固有の知（indigenous knowledge)」とは，世界各地に根ざし，人々が集団レベルで長期間受け継いできた知を指している。中でも，本文注釈の「知」の節を見ればわかるように，いわゆる「先住民」の知が特に重視されている。
(2) この文の後半部分は，英語と日本語の言語的構造の違いから，簡潔で適切な訳出が非常に困難である。本文注釈の「実践」の節で，ここは人々の参加や主体性を重視する姿勢を表現していると説明がある。これを加味すると，「ソーシャルワークは，人々が主体的に生活課題に取り組みウェルビーイングを高められるよう人々に関わるとともに，ウェルビーイングを高めるための変革に向けて人々とともにさまざまな構造に働きかける」という意味合いで理解すべきであろう。
(3) 今回，各国および世界の各地域（IFSW/IASSWは，世界をアジア太平洋，アフリカ，北アメリカ，南アメリカ，ヨーロッパという5つの地域＝リージョンに分けている）は，このグローバル定義を基に，それに反しない範囲で，それぞれの置かれた社会的・政治的・文化的状況に応じた独自の定義を作ることができることとなった。これによって，ソーシャルワークの定義は，グローバル（世界）・リージョナル（地域）・ナショナル（国）という3つのレベルをもつ重層的なものとなる。

2014年7月メルボルンにおける国際ソーシャルワーカー連盟（IFSW）総会及び国際ソーシャルワーク学校連盟（IASSW）総会において定義を採択。日本語定義の作業は社会福祉専門職団体協議会と（一社）日本社会福祉教育学校連盟が協働で行った。2015年2月13日，IFSWとしては日本語訳，IASSWは公用語である日本語定義として決定した。
社会福祉専門職団体協議会は，（NPO）日本ソーシャルワーカー協会，（公社）日本社会福祉士会，（公社）日本医療社会福祉協会，（公社）日本精神保健福祉士協会で構成され，IFSWに日本国代表団体として加盟しています。

的な変化をもたらすことを目的とした専門職である。」（筆者訳）

最後に，現行のグローバル定義に先立つ以下の定義は，IASSWとIFSWによって2001年に定められた。(9) この文書も，定義の本文以外に，価値・理論・実践に関する解説を含む。

「ソーシャルワーク専門職は，人間の福利（ウェルビーイング）の増進を目指して，社会の変革を進め，人間関係における問題解決を図り，人びとのエンパワーメント［ママ］と解放を促していく。ソーシャルワークは，人間の行動と社会システムに関する理論を利用して，人びとがその環境と相互に影響し合う接点に介入する。人権と社会正義の原理は，ソーシャルワークの拠り所とする基盤である。」

資料３-２　ソーシャルワーク専門職のグローバル定義のアジア太平洋地域における展開

アジア太平洋地域は多くの異なるコミュニティと人々を代表している。本地域は，地域内移住に加え，地域固有及び植民地化の歴史によって形成されてきた。世界で最も豊かな国々の一部に加え，経済的に最も困窮している国々の一部もこの地域に含まれている。異なる宗教的・哲学的・政治的な視点をもつ西洋と東洋，また南半球と北半球が交わる地域である。気候変動，限りある資源の濫用，自然災害及び人災による深刻な影響を受けてきた地域でありながらも，地域内の人々のストレングスとレジリエンス[(1)]が繰り返し示されている。

アジア太平洋地域におけるソーシャルワーク専門職は以下を重視する：

・ニーズが満たされ，人権と尊厳が守られることにより，全ての人々に適切な社会的な保護が提供されることを保障するにあたり，我々専門職によるケアと共感を実現する

・人々の生活における信仰，スピリチュアリティまたは宗教の重要性を容認し，また様々な信念体系を尊重する

・多様性を賞賛し，対立が生じた際に平和的な交渉を行う

・ソーシャルワーク実践において，クリティカル[(2)]で，研究に基づく実践／実践に基づく研究の諸アプローチと共に，地域内の民族固有の知及びローカルな知と営みを肯定する

・環境保全において革新的で，持続可能なソーシャルワークと社会開発実践を推進する

(1)　困難や苦境に直面しながらも平衡状態を維持する能力とされ，「復元力」「精神的回復力」「抵抗力」「耐久力」などと訳されることもある。

(2)　クリティカルとは，実践を科学的・合理的見地から吟味し，また検証を加え，常に最良の実践をめざすことを意味する。

2016年６月ソウルにおける国際ソーシャルワーカー連盟アジア太平洋地域（IFSW-AP）総会及びアジア太平洋ソーシャルワーク教育連盟（APASWE）総会において「アジア太平洋地域における展開」を採択。日本語訳の作業は社会福祉専門職団体協議会と（一社）日本社会福祉教育学校連盟が協働で行った。2016年11月14日，IFSW-AP 及び APASWE としての日本語訳「アジア太平洋地域における展開」を決定した。

社会福祉専門職団体協議会は，（NPO）日本ソーシャルワーカー協会，（公社）日本社会福祉士会，（公社）日本医療社会福祉協会，（公社）日本精神保健福祉士協会で構成され，IFSW に日本国代表団体として加盟しています。

回 定義展開と重層的な定義体系（空間軸）

グローバル定義を空間軸で理解した場合，「グローバル」でありながらも，定義本文の最後に，「この定義は，各国および世界の各地域で展開してもよい」と書かれている。すなわち，定義は世界共通の普遍的なものであると同時に，日々の実践がローカルな状況において展開されているため，それぞれの地域[(10)]や国の独自性を反映する定義展開の制定を認めている。

これらの展開は，グローバル定義の本来の精神に反しない限り，各地域および各国の歴史的・文化的・経済的・政治的・制度的などの社会的な文脈に合う内容となっている。

当地域では，「ソーシャルワーク専門職のグローバル定義のアジア太平洋地域における展開[(11)]」が制定されている。この展開は，アジア太平洋ソーシャルワーク教育連盟（APASWE）と国際ソーシャルワーカー連盟アジア太平洋地域（IFSW-AP）が2017年に採択し，資料3-2のように，日本社会福祉教育学校連盟と社会福祉専門職団体協

資料3－3　ソーシャルワーク専門職のグローバル定義の日本における展開

日本におけるソーシャルワークは，独自の文化や制度に欧米から学んだソーシャルワークを融合させて発展している。現在の日本の社会は，高度な科学技術を有し，めざましい経済発展を遂げた一方で，世界に先駆けて少子高齢社会を経験し，個人・家族から政治・経済にいたる多様な課題に向き合っている。また日本に暮らす人々は，伝統的に自然環境との調和を志向してきたが，多発する自然災害や環境破壊へのさらなる対応が求められている。

これらに鑑み，日本におけるソーシャルワークは以下の取り組みを重要視する。

・ソーシャルワークは，人々と環境とその相互作用する接点に働きかけ，日本に住むすべての人々の健康で文化的な最低限度の生活を営む権利を実現し，ウェルビーイングを増進する。
・ソーシャルワークは，差別や抑圧の歴史を認識し，多様な文化を尊重した実践を展開しながら，平和を希求する。
・ソーシャルワークは，人権を尊重し，年齢，性，障がいの有無，宗教，国籍等にかかわらず，生活課題を有する人々がつながりを実感できる社会への変革と社会的包摂の実現に向けて関連する人々や組織と協働する。
・ソーシャルワークは，すべての人々が自己決定に基づく生活を送れるよう権利を擁護し，予防的な対応を含め，必要な支援が切れ目なく利用できるシステムを構築する。

「日本における展開」は「グローバル定義」及び「アジア太平洋地域における展開」を継承し，とくに日本において強調すべき点をまとめたものである。

2017年3月から6月における日本ソーシャルワーカー連盟構成4団体（日本ソーシャルワーカー協会，日本医療社会福祉協会，日本精神保健福祉士協会，日本社会福祉士会）及び日本社会福祉教育学校連盟各団体の総会において「日本における展開」を採択。

議会が日本語定訳を作成している。

また，グローバル定義とそのアジア太平洋地域展開も踏まえながら，日本社会福祉教育学校連盟と日本ソーシャルワーカー連盟は，資料3－3の通り，2017年に「ソーシャルワーク専門職のグローバル定義の日本における展開[(12)]」を採択した。

それぞれの展開は，アジア太平洋地域と日本におけるソーシャルワークの社会的な文脈と，実践等の中で特に重視する点を示し，その特徴についてまとめている。

2 グローバル定義の制定をめぐる論議

ソーシャルワークは，「ソーシャル」，すなわち社会的であるため，社会の変化に伴い，その定義も変わらなければならない。そのため，国際ソーシャルワーク学校連盟（以下，IASSW）と国際ソーシャルワーカー連盟（以下，IFSW）の定義も定期的に見直すことになっている。しかし，世界中のソーシャルワークが反映される普遍性が求められる定義を見直すプロセスには，民主的な手順に沿って，世界各地から多くのソーシャルワーカー等の多様な声を反映させる必要がある。これは，両国際団体の世界５地域や各国におけるカウンターパート組織からの意見の募集と，その集約および調整の取り組みを意味する。本節では，2001年の国際定義から，2014年のグローバル定義が制定されるまでの経緯と見直しの要点に焦点を当てている。

☐ 制定の経緯

2001年の定義が見直され，2014年のグローバル定義が制定された背景には，複数の要因がある。

第一に，上述のように，社会変化を反映させるなどの理由により，定義を含むソーシャルワークの主要な国際文書は，10年間のサイクルで見直されるようになっていることがあげられる。[(13)]

第二に，以前の定義に対して，例えば以下のようなに，さまざまな批判があったことがあげられる。

・欧米中心主義，個人主義の視点が強すぎて，より広い人権の視点が弱すぎる（ヨーロッパと北米以外の地域）
・社会的な調和に対して，社会変革の視点が強すぎる（アジア太平洋地域）
・逆に，不平等な社会構造に取り組む社会変革の視点が弱すぎる（ラテンアメリカ・カリブ海地域）
・先住民の視点が弱すぎる（先住民の権利を重視している多文化主義諸国）

第三に，時代と伴って先進国以外でもソーシャルワークが世界的に根付くようになるにつれて，上記第二のように違和感をもっている非西洋諸国からの会員は，実質的にIASSWでもIFSWでも増加し，総会における票数などのような意味でも，以前よりも大きい勢力になってきたことがあげられる。[14]

このようなこともあり，特にアジア太平洋地域とラテンアメリカ・カリブ海地域が見直しの原動力となった。実際に，グローバル定義の「グローバル」には，ソーシャルワークを全世界のものにする意図が込められている。見直しの過程では，国・地域・世界レベルの専門職・実践者組織と学校・教育者組織などの利害関係者による定義案と，それらに応える対案の作成が繰り返された。また，書面やメール通信に加え，ソーシャルワーク業界の世界会議や地域会議の度に，各案をめぐる議論が積み重ねられた。

例えば，見直しに熱心なアジア太平洋地域において検討プロジェクトが発足し，日本国内も含めて地域中で複数回のワークショップ等が開かれた。新しい定義を制定する最終段階にパブリックコメントも募集され，日本の専門職等団体も意見を提出した。

これらの議論を踏まえた成果物として，資料3-1（既出）の定義が制定された。多くの議論，しかも場合によっては正反対の意見の中から，見直しの進め方や結果そのものに不満の声も残っているが，次回の見直しを進める動機・機会になることを期待できる。また，残っている違和感は，本章でも紹介されているアジア太平洋地域や日本の取り組みをはじめとして，すでにグローバル定義を各地域・各国で展開する動向の推進力ともなっている。

▣ 見直しの要点

2001年の旧定義と2014年の新定義を比べると，上述の経緯を経て，視点の変化と範囲の拡大がみられる。実際に，ソーシャルワークの目標，諸原理，知識基盤，実践について定める主要なキーワードが増え，一部が変わった。それぞれの概念については具体的に次節で解釈するが，見直し傾向の視点を次の4つに集約できる。[15]

1点目は，ソーシャルワークの原理としても，ソーシャルワークそのものについても，さまざまな多様性が認められ，肯定的に評価される視点である。これは，「多様性尊重」という原理と，定義本文の最後にある各地域・各国の文化などの社会的な文脈に沿った展開を促す規定が追加されたことが代表的である。また，注釈では，実践が「国や時代により，歴史的・文化的・政治的・社会経済的条件により，多様である」とされている。

2点目は，近代的な西洋中心主義や科学主義に対する批判的・反省的な視点である。定義本文では，「社会変革」に加えて「社会的結束」も目標の中に入り，（個人の）「人権」とともに「集団的責任」も原理の中に含まれた[16]。これによって，西洋的な個人主義と同時に，非西洋的な集団主義，つまり個人のみでなく，個人の属する集団・社会とのつながりも以前より重視されるようになった。また，ソーシャルワークの知識的な基盤については，さまざまな理論や隣接学問領域に加えて，必ずしも科学的に検証されていないが，人々がそれぞれの文化の中で重要にしてきた「地域・民族固有の知」も追記された。

3点目は，ミクロ（個別・集団実践）とメゾ（地域実践）を越えて，より広い社会的な環境に働きかけるマクロの視点である。旧定義にも，個人のみでなく，社会変革や人々のエンパワメントと解放，取り巻く環境とそれとの相互作用（「人びとがその環境と相互に影響し合う接点」）に注目する介入に関する記述はあったが，今回はさらに社会全体の在り方まで視野に入れた「社会開発」と「社会的結束」が目標の中に含まれた。また，生活課題への取り組みとウェルビーイングの向上のみでなく，人々への働きかけの他に，「さまざまな構造に働きかける」，例えば社会の中にある格差，排除，差別，抑圧，不正義などのように，大きい構造的な問題に挑戦する実践についても明記された。

4点目は，人々の主体性と力を以前よりも重視する視点である。定義本文の最後に「生活課題に取り組みウェルビーイングを高めるよう，人々やさまざまな構造に働きかける」とあるが，訳注からも分かるように，これは，ソーシャルワークは人々に働きかけるのみであって，それをもって自らの生活課題に取り組むのも，自らのウェルビーイングを高めるのも人々が主体となっている。なお，定義の注釈を読むと，例えば「人々の主体性が果たす役割」や知識基盤における当事者の知（「研究と理論は，サービス利用者との双方向性のある対話的過程を通して共同で作り上げられてきたもの」）の重要性が認められた。また，ソーシャルワークは「人々のために」ではなく，「人々とともに」展開されることについても確認された。

1～2点目は，非西洋的な視点と，西洋的な考え方からの解放という広い意味での脱植民地主義的な視点が取り入れられたことを示している。これらの視点は，実践に間接的な影響を及ぼしている。3～4点目は，実践の背景にある考え方だけではなく，実践の在り方に直接的に関わる。

3 ソーシャルワークの中核となる任務・原則・知・実践

本節ではグローバル定義の内容の理解を深める。具体的には，中核となる任務，原則，知，実践に関してグローバル定義が定める主要なキーワードと，それぞれの概念の捉え方を学習する。

□ ソーシャルワークの中核となる任務

社会変革，社会開発，社会的結束，**エンパワメント**と解放が挙がっている。ソーシャルワークは，これらを促している。

社会変革は，生きづらい社会をより良い方向に変えることである。したがって，ソーシャルワークは，社会の中で排除や周縁化，差別や抑圧の対象になりやすい人々のために，構造的な問題に挑戦し，働きかける。声明文の発行，世論形成のための啓発活動，行政等への要望書の提出，署名運動，政治家へのロビー活動，調査研究に基づいた政策提言など，いわゆる**ソーシャルアクション**が展開されることが多い。例として，日本文化や日本語に馴染まない外国人等の文化的・言語的な少数者にとっても利用しやすい福祉制度のための体制整備に向けた取り組みを取り上げることができる。

社会開発は，経済成長のみに囚われない開発の在り方で，保健医療・教育・福祉等の制度・サービスのような社会的な側面と，（自然）環境的な側面，すなわち開発の持続可能性も視野に入れている。ソーシャルワークでは，ミクロからマクロまで，必要に応じて政策策定や制度設計を含めて各レベルでの取り組みと，分野横断的・多職種間の連携および協働が想定される。女子・女性の社会参加を促すために，教育や雇用における機会保障に向けた制度的な実践が一例として考えられる。

社会的結束は，誰でも参加できる，分断されていない安定的な社会の実現を意味する。そのために，社会的なつながりや絆の形成・強化・維持を目指すソーシャルワークが重要である。ただし，社会的な安定に向けて少数派の人々を管理・コントロールする実践は避ける必要がある。また，人々の間の社会的な関係の促進によって，特定の少数派の人々を縛り，自由を制限し，人権を侵害することもあってはならない。例えば，少子化対策として伝統的な家族を支援するために，**LGBTQ+**などの多様な家族の在り方を否定し，排除する政策の場合

エンパワメント
各種の差別や排除などの構造的な要因により，十分な社会参加と普通の社会生活，また様々なスキル等の能力向上の平等な機会を奪われた人々が，本来もっている力を発揮できるために心理的及び社会的な障壁を取り除くように，意識向上と環境調整などに取り組む実践。

ソーシャルアクション
さまざまな社会的な働きかけを通じて社会変革をもたらすために，誰にとってももっと生きやすい社会をつくり，社会全体をより良い方向に動かすように展開される実践。

LGBTQ+
レズビアン（女性同性愛者），ゲイ（男性同性愛者），バイセクシャル（両性愛者），トランスジェンダー（体の性別と心の性別が異なる人々）などの多様な性の在り方をもつセクシュアル・マイノリティ（性的少数者）。

が当てはまる。

エンパワメントと解放は，貧困や搾取，不平等や格差，差別や抑圧のように，人々のウェルビーイングと発展の障壁となっている構造的な要因に対する当事者の気づきを促し，それを克服するために一緒に取り組むことである。障害をめぐる合理的配慮や差別解消を求める社会運動を当事者とともに展開することがその実践例になり得る。

◻ ソーシャルワークの原則

定義本文が定める諸原理は，社会正義，人権，集団的責任，多様性尊重となっている。これらは，ソーシャルワークの価値・倫理基盤，ある意味で「動機」と「規範」を示している。

社会正義は，日本ソーシャルワーカー連盟の倫理綱領[(17)]を参考に，「差別，貧困，抑圧，排除，無関心，暴力，環境破壊などの無い，自由，平等，共生に基づく」という，ソーシャルワークが理想とする社会の在り方として捉えることができる。

人権は，歴史的な発展段階に応じて３つの世代に分けられる。第一世代は，人々のさまざまな自由を保障する権利である。例えば，言論や思想の自由，拷問や拘束からの自由など，いわゆる市民的・政治的な権利が含まれる。権力や国家によって，人々が「○○をされてはならない」という意味で，ネガティブ（否定的）な権利とも呼ばれる。

第二世代は，逆に権力や国家が人々に「○○を提供するべき」という権利であるため，ポジティブ（肯定的）な権利とも言われる。保健医療，教育，福祉などのように，生活を保障する社会経済的・文化的な権利である。

第三世代は，個人の権利に加えて，人類全体としての権利，つまりいわゆる集団的な権利も含み，平和への権利，開発への権利，健全な環境への権利を意味する。例えば，「きれいな空気への権利」のように，自然界にも注目した権利である。特に，このような自然環境の破壊が，近年は人々の生活に深刻な影響を及ぼしている。

集団的責任は，上記の第三世代の人権からも分かるように，人権と表裏一体である。人権が保障されるために，人々がお互いに気をつかい，お互い（のウェルビーイング）に対して責任をもつことが前提である。人間同士と人間界と自然界の相互依存関係を認めている概念で，他の人のために，自分の行動に責任をもち，他人の人権を侵害せず，助け合うための示唆を与えている。

多様性尊重は，あらゆる**多様性要素**を問わず，人々の価値と尊厳を認め，これらを理由に差別や権利侵害があってはならないということ

多様性要素
人種や民族，文化や言語，性別やジェンダー，性的指向や性自認，障害の有無，宗教や信条，思想や哲学，階級や階層などのように，差別の対象となりやすい人々のさまざまな違い。

である。このような多様性を社会の均質性を邪魔するものとして捉えないどころか，むしろ多様性に対する単なる寛容や配慮を越えて，多様性を良いもの，社会にとって有益なもの，肯定的な資源として高く評価する考え方である。

▣ ソーシャルワークの知

専門職の知識基盤は，ソーシャルワークの理論，社会科学，人文学，地域・民族固有の知が含まれている。これらは，実践の中で活用する知見である。

ソーシャルワークの理論は，ソーシャルワークや社会福祉学の領域で実践のために形成されたモデルおよびアプローチを主に指す。ソーシャルワークは応用学問であるため，このような理論の特徴は，実践に基づく研究，あるいは研究に基づく実践から生まれている。したがって，実践の中で当事者との協働・対話を通じて，共同構築される知である。

しかし，応用学問としてのソーシャルワークは，複数の学問領域にまたがる学際的な取り組みであり，多くの隣接領域の知見を活用している。日本の社会福祉士養成も，医学，心理学，社会学のような科目を含む。社会科学と人文学は，例えば法学，教育学，行政学，文化人類学，経済学，経営学，社会学などといった学問を含む。これらに加えて，ソーシャルワークでは，医学，看護学，心理学，保健学などのように，自然科学に近い学問的な知見に頼る場合もある。

地域・民族固有の知は，上述のように学問的に体系化されていないが，人々の人生・生活の中で重要な役割を果たしている。特に，先住民をはじめとして，多くの非西洋民族の知が含まれる。このような知は，西洋近代科学主義の支配，言えば学問の暴力，学問的な植民地主義によって，歴史的にはしばしば無視されてきた。しかし，特定の地域，特定の民族の人々にとって重要な知である。そのため，ソーシャルワークにおいては否定せず，当事者との協働において参考にし，活用するべきである。

実践例として，お守りやお祈りに力を得ている人々の場合があげられる。ソーシャルワークでは，このような場合に「お守りは単なる札にすぎない」とか「神様が存在しないから祈っても無駄だ」とかのような対応はもちろんせず，これらを人々の強みとして活用する。

また，日本のアイヌのように，多くの先住民は，自然と共存する伝統的な生活様式をもっており，さまざまな自然資源の持続可能な管理をずっとしてきた歴史がある。今後，気候変動と環境破壊が人々の生活に及ぼす悪影響への対応におけるソーシャルワークの貢献も期待される中で，このような知恵から学び，解決に向けて一緒に取り組むことが求められる。

回 ソーシャルワークの実践

定義の本文は，ソーシャルワークの実践を，人々やさまざまな構造への働きかけによる生活課題への取り組みと，ウェルビーイングの向上として捉えている。注釈には旧定義の本文にもみられた，人々がその環境と相互作用する（相互に影響し合う）接点への介入も加わっている。ソーシャルワーク固有の実践的な特徴のまとめである。

人々が自ら生活課題に取り組み，ウェルビーイングを高めることができるために，ソーシャルワークは，人々とさまざまな構造への働きかけを行う。この場合の構造は，人々がおかれている各種環境を意味し，人々と取り巻く環境が相互に影響し合う関係にあり，ソーシャルワークはその接点に注目する。この構造の中で，人々，環境，両者の関係への計３種の介入が考えられる。つまり，ソーシャルワーク実践は，人々を変える（成長・適応させる），環境を変える（人々のニーズに対応できるように調整する），関係を変える（改善する）ということの組み合わせである。

また，「環境」には社会的な環境（周りの人間関係や社会制度）の他に，物理的な環境（例えば住宅か地域のバリアフリーなど），そして近年の環境問題とその生活への影響の深刻化に伴い，自然環境も含まれる。

人々・環境・その関係というモデルで状況を捉える特有の視点に加え，他の対人援助専門職と比べて，当事者参加の重視もソーシャルワークの特徴である。実践は「人々のために」，すなわち，人々を対象に，人々に対して一方的に行われるのではなく，「人々とともに」，人々を主体に，人々と一緒に協働して展開される。また，ミクロ・メゾ・マクロの各レベルと個人的から政治的まで全ての次元を意識しながら，ケースワーク，グループワーク，コミュニティワーク，調査研究，政策提言，アドボカシー（代弁・権利擁護），ソーシャルアクションなどのあらゆる規模の実践が考えられる。

なお，グローバル定義は，上述のような視点をもちながらも，ソーシャルワークの具体的な実践は，国や時代，例えば各国の歴史や文化，政治・経済体制，法政制度などによって多様であることを認めている。

4 アジア太平洋地域と日本のソーシャルワークの特徴

最後に，グローバル定義の展開（資料3－2と資料3－3：既出）から読み取れるアジア太平洋地域と日本の特徴についてまとめる。それぞれについて，ソーシャルワークがおかれている社会的な文脈と，重視する点を整理する。

□ アジア太平洋地域展開が示す社会的な文脈と重視する点

当地域の社会的な文脈として，何よりもその豊かな多様性が強調されている。東西はフィジーからパレスチナまで，南北はニュージーランドからモンゴルまで広がる当地域は，面積も膨大で，人口も世界5地域の中で最大である。これは，他の地域以上に，人種や民族，文化や言語，宗教や哲学，政治や経済などの多様性をもたらしている。

例えば，世界の主要な宗教（キリスト教，イスラム教，ヒンズー教，仏教，ユダヤ教など）の多くは，当地域を起源としていることが象徴的である。歴史的な特徴として，地域内の移住や植民地化について確認されている。後者は，西洋諸国のみでなく，戦前の日本による支配も含まれている。最後に，各種災害が最も多い地域として，従来の自然災害の他に，人間活動による気候変動などの影響（実質的な人災）についても言及があり，これらに対処する地域の人々の強さも高く評価されている。

このような社会的な文脈を踏まえて，地域内のソーシャルワークが重視する点として，①ケアと共感，②さまざまな信念体系の尊重，③多様性の賞賛，④民族固有・ローカルな知と営みの肯定，⑤環境保全のような概念が並んでいる。

①は，当地域ならではの思いやりの心を表わしている。②は，上述のように多様な信仰や宗教が存在する当地域において展開される実践を反映している。③は，地域内のさまざまな多様性を短所ではなく，長所として捉えることが，平和的な共生の鍵であると示している。④は，多くの先住民を含む非西洋民族から構成されている当地域において，従来の専門的な実践方法の他にも，必ずしも科学的な研究に基づかなくても，人々が慣れ親しんできた物事の捉え方や進め方も認めている。⑤は，気候変動や環境破壊による災害の影響を強く受けている地域として，ソーシャルワークにおいてもその対応とともに，開発の

持続可能性に注目する必要性を指摘している。

▢ 日本展開が示す社会的な文脈と重視する点

日本の社会的な文脈の前提となるのは，ソーシャルワークそのものが，もともと欧米からの輸入ものでありながらも，長年にわたって日本の文化や制度の中で発展してきた点である。また，日本社会は，高度経済成長と科学技術の発展を経て，現在は世界史上類をみない少子高齢化の中で，多様な課題に直面している。

なお，日本の人々と自然環境との関係については，伝統的な調和志向と近年の災害の増加や環境破壊への対応の必要性について，確認されている。

日本のソーシャルワークが重視する点の中で，①生活を営む権利の実現とウェルビーイングの増進，②多様な文化の尊重と平和の希求，③人々のつながりと社会的包摂，④権利の擁護とシステムの構築のような独自のキーワードがあがっている。

①と②は，日本国憲法の第25条（生存権保障）と第９条（戦争放棄）とも深い関係にある。①は，国民に限定せず，日本に住むすべての人々の生活保障と，そのために人々と環境とその影響し合う接点への働きかけを促している。②は，平和の実現に欠かせない多様性の尊重と，差別や抑圧の歴史（例えば，戦前の軍事主義，帝国主義，植民地主義などと，戦後も現在に至るあらゆる排他的な構造[18]）の認識について定めている。

③は，あらゆる差別や社会的な排除などに起因する生きづらさの解消に向けて，ソーシャルワークが当事者とも協働しながら，誰でもが受け入れられる社会をつくるとしている。これは，格差社会や無縁社会が進行している現代においては特に重要で，差別や排除の対象となりやすい多様性要素として，年齢，性（セクシュアリティ），障害，宗教，国籍などが取り上げられている。

④は，生活においてさまざまな支援やサービスが必要になった場合に，それらを自由に選択できることを意味する自己決定権の保障と，そのために必要になる充実した制度・体制整備への取り組みを重視している。

📖さらに知りたい人のための推薦図書

▷以下2点は，専門職団体が実践者向けにまとめているグローバル定義の要点に関する解説資料である。

社会福祉専門職団体協議会国際委員会（2014）『IFSW（国際ソーシャルワーカー連盟）の「ソーシャルワークのグローバル定義」新しい定義案を考える10のポイント』社会福祉専門職団体協議会.

社会福祉専門職団体協議会国際委員会（2016）『ソーシャルワーク専門職のグローバル定義と解説』社会福祉専門職団体協議会.

▷以下2点は，グローバル定義の策定や定訳の作成に直接的に携わった関係者などの研究者による詳細な説明等を含む。

ソーシャルワーク研究編集委員会編（2015）「特集：ソーシャルワークの世界——グローバルアジェンダ，新定義をふまえて—」『ソーシャルワーク研究』41(2)，4-64.

ソーシャルワーク研究編集委員会編（2015）「特集：ソーシャルワーク（専門職）のグローバル定義——日本・アジアにおける展開と課題」『ソーシャルワーク研究』41(3)，4-55.

注

(1) IASSW, IFSW (2014) *Global Definition of the Social Work Profession*, International Association of Schools of Social Work, International Federation of Social Workers.（＝2015，日本社会福祉教育学校連盟・社会福祉専門職団体協議会定訳『ソーシャルワーク専門職のグローバル定義』国際ソーシャルワーク学校連盟・国際ソーシャルワーカー連盟.

(2) 2017年より日本ソーシャルワーク教育学校連盟に統合。

(3) 日本社会福祉士会，日本精神保健福祉士協会，日本医療ソーシャルワーカー協会（旧日本医療社会福祉協会），日本ソーシャルワーカー協会。

(4) 2017年度より日本ソーシャルワーカー連盟に改名。

(5) Richmond, M. E. (1917) *Social Diagnosis*, Russell Sage Foundation.（＝2012，杉本一義監修・佐藤哲三監訳『社会診断』あいり出版.）

(6) Richmond, M. E. (1922), *What is Social Case Work?: An Introductory Description*, Russell Sage Foundation.（＝1991，小松源助訳『ソーシャル・ケース・ワークとは何か』中央法規出版.）

(7) IFSW (1959) *Report of the International Study Group on the Functions and Working Methods of the Personnel Social Worker*, International Federation of Social Workers.

(8) Cited in Bhatt, S. and Sanyaal, S. (2019) Definitions of Social Work in Past Hundred Years: A Review, *Journal of Social Work Education, Research and Action*, 5(2), 5-27.

(9) IASSW, IFSW (2001) *Definition of Social Work*, International Association of Schools of Social Work, International Federation of Social Workers.（＝2001，社会福祉専門職団体協議会定訳『ソーシャルワークの定義』国際ソーシャルワーク学校連盟・国際ソーシャルワーカー連盟.）

(10) IASSWとIASSWの組織体制におけるアフリカ，アジア太平洋，ヨーロッパ，ラテンアメリカ・カリブ海，北米の5つの地域（リージョン）。

(11) APASWE, IFSW-AP (2016) *Amplification of the Global Definition for Asia Pacific Region*, Asian and Pacific Association for Social Work Education, International Federation of Social Workers Asia Pacific Region.（＝2016，日本社会福祉教育学校連盟・社会福祉専門職団体協議会定訳『ソーシャルワーク専門職のグローバル定義のアジア太平洋地域における展開』アジア太平洋ソーシャルワーク教育連盟・国際ソーシャルワーカー連盟アジア太平洋地域.）

(12) 日本社会福祉教育学校連盟・日本ソーシャルワーカー連盟（2017）『ソーシャルワーク専門職のグローバル定義の日本における展開』日本社会福祉教育学校連盟・日本ソーシャルワーカー連盟.

(13) 木村真理子（2015）「グローバリゼーションとソーシャルワーク——ソーシャルワーク専門職：グローバル定義採択と国際ソーシャルワーカー連盟（IFSW）の新たな役割」『ソーシャルワーク研究』41(2)，5-15.

(14) 秋元樹（2015）「あなたは世界定義を受け入れるか？——『専門職でないソーシャルワーク』を例に」『ソーシャルワーク研究』41(3)，5-16.

(15) 片岡信之（2015）「ソーシャルワークのグローバル定義における新概念と翻訳の問題」『ソーシャルワーク研究』41(2)，58-64.

(16) 厳密には「人権」についても個人の権利を越えて解釈。

(17)　日本ソーシャルワーカー連盟（2020）『ソーシャルワーカーの倫理綱領』日本ソーシャルワーカー連盟.

(18)　被差別部落，アイヌ，在日コリアン，障害者，ハンセン病患者，女性，LGBTQ+ など，多くの人々が社会の中で経験してきた周縁化，被ってきた不利益。

■第 4 章■

ソーシャルワークの機能と役割

学習のポイント

1　ソーシャルワークの「機能」「役割」が何を意味するかについて知る。

2　ソーシャルワークの目的を達成するための機能や役割について学ぶ。

3　ソーシャルワーク理論におけるソーシャルワークの機能・役割の位置づけを理解する。

4　わが国の「地域共生社会」の実現に求められるソーシャルワーク機能と社会福祉士の役割について学ぶ。

ソーシャルワークの「機能」・「役割」

□ ソーシャルワークの機能とは

平塚は[(1)]，機能とは，選択的に設定されたある目的に適う作用あるいは働きを指すとした。そしてソーシャルワークにおける機能という時，それは，「ソーシャルワークの価値に基礎づけられた目的達成のための作用」を意味すると述べている。そのうえで，ソーシャルワークの掲げる価値の実現のために，選択的に設定された合理的な目的達成に適う作用であると説明している。

☞ ソーシャルワーク専門職のグローバル定義
本書第3章参照

「**ソーシャルワーク専門職のグローバル定義**」の「原理」(専門価値) にみるように，専門価値はソーシャルワークの中核をなし，ソーシャルワークにおいて大切にすべき根本的な考え方を指し，ソーシャルワークを動機付け，正当化するものである。ソーシャルワークの機能には，他専門職が行う機能と重複するものもあるが，ソーシャルワークの機能はソーシャルワーク専門職がその機能を独占するということではなく，人の生活上の困難とその解決に関するソーシャルワーク特有の専門価値と実践指向における独自性と特異性をもって遂行されるものである[(2)]。

☞ 全米ソーシャルワーカー協会
本書第1章第3節参照

全米ソーシャルワーカー協会 (National Association of Social Workers：NASW) の「ソーシャルワーク実践の分類基準」(1981年) では，NASW が掲げるソーシャルワーク実践の目標 (①人々に対しては，人々の発達能力・問題解決能力・対処能力を増進すること，②目的に対しては，人々に資源やサービスを提供する効果的で人道的な制度を促進すること，③人々と社会資源，サービスや機会を提供する制度と結びつけること，④社会政策に対しては，その発展と改善に貢献すること) を実現する上でのソーシャルワークの専門性として，専門価値，専門機能と専門知識，専門技術が位置づけられている。

また，岡村重夫は[(3)]，社会福祉固有の視点に基づく社会福祉固有の対象に対し機能を位置づけ，社会福祉の「機能」とは，「社会福祉固有の対象」(「社会関係の不調和」「社会関係の欠損」「社会関係の欠陥」) を「社会福祉の主体的側面」に立ち「生活困難を修復するはたらき」と説明している。すなわち，岡村のいう社会福祉の機能は，生活困難をもつ当事者が主体性，自発性，社会性をもって社会制度とかかわりをもち，自身のニーズを充足させるようとする「社会福祉の主体的側面」の実現を目的に，発揮されるものである。

◻ ソーシャルワークの役割と機能との関係

ソーシャルワークの役割とは，「ソーシャルワーク実践の目標を達成するためにソーシャルワーカーとしてなすべき一定の行動様式（諸活動のまとまり）[(4)]」のことであり，原則としてソーシャルワークの機能を具現化するために割り当てられ，実践活動に移されるものである。[(5)]すなわち，ソーシャルワークの目的とそれらを実現するための機能は，援助活動における役割のレパートリーを通してソーシャルワーカーにより遂行されるということである。この意味で，ソーシャルワークの「専門機能」において，ソーシャルワークの「機能」が上位概念，「役割」は下位概念と捉えることができよう。

ソーシャルワークの機能や役割について，「機能」と「役割」の意味づけは必ずしも明確でないものもある。一方で，ソーシャルワークの「役割」について示されている文献においては，ソーシャルワーカーが遂行する行動，活動という意味で，「ソーシャルワーカーの役割」として，「～者」（たとえば，「カウンセラー」「教育者」「治療者」「調整者」「仲介者」「代弁者」「コンサルタント」など）といった示され方がされているものもある。

◻ ソーシャルワークの機能とソーシャルワーク方法論との関連

本書では，**ソーシャルワークの理論**☞にはどのようなものがあるかについてすでに概説している。そのうち，ソーシャルワークの専門機能は，ソーシャルワークの構造に関する理論に位置づけられており，この他に「ソーシャルワーク方法論」と「ソーシャルワーク実践理論」がある。

☞ **ソーシャルワークの理論**
本書第1章第2節参照

先に述べたように，岡村[(6)]は社会福祉固有の視点に基づく個人の社会生活上の困難を修復するためのはたらき（「社会福祉の機能」）を明確にしているが，その専門的援助機能を効果的に発揮する手続きの過程としてソーシャルワークの方法を位置づけている。すなわち，ソーシャルワークの機能は，はたらきかけの内容を指すが，ソーシャルワークの方法論はそれを遂行するためにどのようにソーシャルワーク実践を展開するかの how to（手続きと過程）を示す理論ということである。

◻ ソーシャルワーカーはすべての機能・役割を担うのか

次節においては，岡村と NASW のソーシャルワークの機能を概説していく。ここで，多様なソーシャルワークの機能を一人のソーシャルワーカーがすべてを担うのか，担うことはできるのかという疑問が湧くであろう。これについて，ソーシャルワークの機能や役割においては，ソーシャルワーカーが所属する組織（機関・施設・事業所等）の種類や，各ソーシャルワーカーがその組織内で担う職種によって，主とする機能や役割が異なってくる。

ソーシャルワーカーが所属する組織の種類という面では，たとえば社会福祉関連法に基づく事業を担っている組織の場合，その事業の目的が規定されており，その目的により中心となってくる機能，重きが置かれる機能があるであろう。また，ソーシャルワーカーが所属する組織内で担う職種によってという面では，たとえば，児童養護施設には家庭支援専門相談員（ファミリーソーシャルワーカー）や里親支援専門相談員（里親支援ソーシャルワーカー）がいるが，前者は，入所児童とその保護者の親子再構築を目指し，児童相談所と連携しながら，当該親子間の連絡調整等に関わる役割を担い，後者は，入所児童の里親委託の推進と里親支援を目的に，里親に対する直接的な支援のほか，里親の開拓や研修に関わる役割を担う。そのほか，機関長や部署長・主任等は，より対外的，社会や地域レベルの働きかけを担うという側面もあるであろう。

また，効果的・効率的に機能・役割を遂行していくために，組織内のソーシャルワーカー間あるいは職種間でのチームで複数の機能や役割を実施していく，あるいは，より専門的な他機関に依頼したり，組織間で協働して実施するなどもある。また，時代や社会の変化によってもソーシャルワーク，ソーシャルワーカーに期待される機能や役割は変化するものである。

2　ソーシャルワークの機能

ここでは，前節で示したソーシャルワークの機能の定義にみる，ソーシャルワークの目的・対象とともに機能が提示されている全米ソーシャルワーカー協会（NASW）と岡村重夫のソーシャルワークの機能を紹介する。

□ NASW のソーシャルワークの機能

1960年代以降，ソーシャルワークの理論にシステム理論や**エコロジ**

図4-1　NASWのソーシャルワークの目標と機能

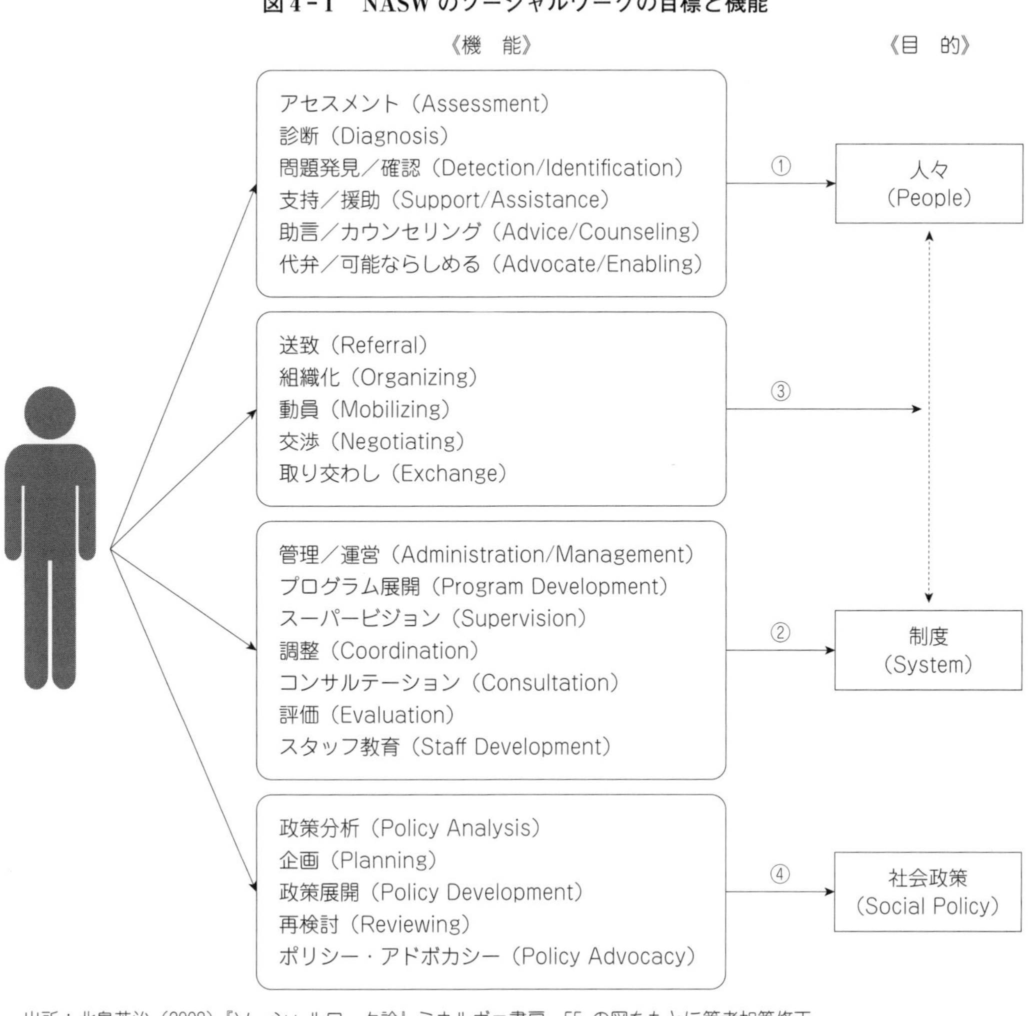

出所：北島英治（2008）『ソーシャルワーク論』ミネルヴァ書房，55. の図をもとに筆者加筆修正。

カル（生態学）理論☞等，人の生活を人と環境の相互作用から捉える理論が登場するとともに，1970年代にはソーシャルワーク実践の統合化が進んだ。NASWは，ソーシャルワーク実践とは何かを示す「ソーシャルワーク実践の分類基準」（NASW Standards for the Classification of Social Work Practice）において，ソーシャルワーク実践の4つの目的とともに，それらを実現するための機能を提示した（図4-1）(7)。

4つの目的と機能との関係は以下のようになる。

①「人々（People）」に関する目的は，「人々の発達能力・問題解決能力・対処能力を増進すること」であり，そのための機能には，「アセスメント」や「診断」，「問題発見／確認」といった生活上の困難や生活課題を見つけたりそれを評価したりする機能や，「支持／援助」，「助言／カウンセリング」，「代弁／可能ならしめる」機能といった，

☞ **エコロジカル（生態学）理論**
本書第2章参照

クライエントに対し直接的に働きかける機能がある。

②「制度（System）」に関する目的は，「人々に資源やサービスを提供する効果的で人道的な制度を促進すること」であり，そのための機能として，社会福祉機関は組織の「管理／運営」を行い，事業等を展開し（「プログラム展開」）提供した事業等の「評価」を行う機能がある。スタッフの関係や役割・業務等間あるいは資源やサービス間の「調整」を図る機能もある。機関が提供する資源やサービス等に不具合があれば改善を行うことや新たな資源やービスをつくることも含まれると考えられる。また，スタッフやサービスの質向上のための「スーパービジョン」，「**コンサルテーション**」，研修等の「スタッフ教育」を行う機能がある。

コンサルテーション
機関・組織あるいは個人がクライエントの援助を行う上で他の専門領域の機関や専門家に相談や協議，助言や指導を受けること。また，専門家がそれらを行うこと。

③「人々（People）」と「制度（System）」間における目的は，「人々と社会資源，サービスや機会を提供する制度と結びつけること」である。これに伴う機能には，クライエントの生活上の困難を解決するに有効な，そのニーズを満たす資源やサービスにクライエントを「送致」したり，関係機関・関係者といった資源を「組織化」する，あるいは，資源やサービスを提供してもらえるように「動員」をかけたり，クライエントやその関係者間の意見や要求等に摩擦がある場合には，双方の主張をすり合わせて，かけあうという「交渉」をしたり，何らかの条件等を「取り交わし」したりする機能がある。

④「社会政策（Social Policy）」についての目的は，「その発展と改善に貢献すること」であり，これに関する機能としては，「政策分析」「企画」「政策展開」「再検討」と，政策を分析・（再）調査し，政策を計画・実施する機能のほか，政策への提言といったクライエントや人々を代弁・擁護する「ポリシー・アドボカシー」の機能がある。

□ 岡村重夫の社会福祉の機能

岡村重夫[(8)]は，前節で触れたように，社会福祉固有の視点や対象との関連において機能を位置づけ，ソーシャルワーカーの本質的な専門的援助機能として，①評価的機能，②調整的機能，③送致的機能，④開発的機能，⑤保護的機能を提示している（表4-1）。

① 評価的機能

評価的機能には，事前評価（アセスメント）と事後評価（フィードバック）がある。事前評価（アセスメント）は，社会関係の困難とその困難の解決のために働きかけるべき関係者，関係機関や対象者自身の問題点を見いだし，最も可能性の高い解決策を立て，計画の実施手順を考えるものである。当事者参加と当事者自身による決定に基づく

表4－1　岡村重夫の社会福祉の機能

①評価的機能	・社会関係の困難の事前評価（アセスメント） ・当事者参加と当事者自身による決定に基づく解決策の計画 ・問題解決過程の反省と効果の判定をする事後評価
②調整的機能	個人のもつ多数の社会関係が相互に矛盾することによって起こる生活困難を修復する機能
③送致的機能	欠損した社会関係を回復させる，あるいはそれに代わる新しい社会関係をみいだすように援助する機能
④開発的機能	既存の社会資源の利用だけでは，欠損した社会関係の回復が不可能な場合に，社会関係の回復を容易にするような社会資源をつくりだす機能 ・個人の社会関係能力条件や新しい生活目標と生活態度を発展させる ・地域社会における専門分業制度に属する各種の機関，団体，施設やサービスを新しく開発する ・住民の地域社会問題に対する積極的な関心や参加的態度を開発する
⑤保護的機能	以上にあげたような調整，送致，開発という社会関係の維持・修復の機能によっても，なお援助対象者が社会関係の全体的調和を実現しえない時，あるいは実現するまでの間，一般的専門分業制度の要求基準を緩和した特別の保護サービスを提供する機能 ＊保護的機能はそれ自身が目的ではなく，開発→送致の前段階として一時的に機能するにすぎない

出所：岡村重夫（1983）『社会福祉原論』全国社会福祉協議会，をもとに筆者作成。

解決策の計画を行う。事後評価（フィードバック）は，援助の終了時あるいはそのプロセスの一時点で，それまでの問題解決過程を反省し，その効果を判定したり，欠点を明らかにして，将来の新しい問題の予測や必要な改善策を検討することである。

②　**調整的機能**

調整的機能は，個人のもつ多数の社会関係が相互に矛盾する（「社会関係の不調和」）ことによって起こる生活困難を修復する機能である。評価に基づき，両立しない役割を要求する専門分業制度の関係機関や専門家に対し，制度側の要求基準を緩和させたり，対人的態度や人間関係の条件を変えさせるなどする。これは地域社会全体に対してなされることもある。

③　**送致的機能**

送致的機能は，欠損した社会関係を回復させるか，あるいはそれに代わる新しい社会関係を見いだすように援助する機能である。専門分業制度の運営方針を改めるよう働きかける，あるいは新しい社会制度を利用することにより，欠損した社会関係を回復させるものである。いずれにおいても，地域社会における社会資源の利用条件等の情報を人々に周知することが必要である。

ビネット 4－1　事例を通してソーシャルワークの機能について考える

次の事例において，地域包括支援センターのソーシャルワーカーであれば，どのようなソーシャルワークの機能が実行できうるかを考えてみよう。

【事例】

Ｓさん（72歳男性）は，１年前アルツハイマー型認知症と診断された。妻（68歳）は，Ｓさんの変化にとまどうばかりだ。在宅での生活を望むＳさん。妻もそうしたいと思っている。

しかしながら，最近Ｓさんはごはんを食べたこともすぐに忘れ，ごはんを再三要求したり，妻の見ていない時に冷蔵庫のなかにあるものをなんでも食べてしまう。また，Ｓさんはお風呂は自分で入るのだが，体を洗っていないことに気づいた。排泄に関してもお尻を拭くなどがおぼつかない。妻はその変化におろおろとし，またどのように介助や対応をすればよいのかわからず，日々試行錯誤だ。時にはＳさんと言い争いにもなってしまう。

大変困るのは，妻が買い物に行っている間に，家を出てしまうことが時にあるのだが，先日帰って来られなくなってしまい，警察に保護された。その際，警察からは“Ｓさんを事故に遭わせたくはないでしょう”と，しっかりＳさんを見ておくようにと言われた。家は10階建て100戸くらいのマンション5Ｆなのだが，Ｓさんが一人で出て行った際は，家を間違えてよその家のドアを叩いてしまうこともあり，近所から不安視する声が管理人にあるという。

妻は，“誰もわかってくれない”と孤立感を深め，自分が何もかも背負わねばならないことに，辛さが増す。

２軒隣りのだんなさんが，近くのデイサービスに通っているというので，妻はＳさんも利用できないかと問い合わせると，認知症患者の受け入れはしていないという。理由は，新設したばかりでスタッフには経験が浅い者も多く，認知症のような方々をケアできるだけの力量はないからだそうだ。他でやっているところはないかとたずねたが，この近辺にはないと言われた。

【解説】

まず，Ｓさん並びにＳさんの妻の生活上の困り事について，「アセスメント」することが考えられよう。妻は認知症の症状やその対応に関する知識等がないようであるし，精神的なストレスもあるようなので，当該ソーシャルワーカーが個別に，あるいは複数の介護者グループで「支持／援助」，「助言／カウンセリング」を提供するかもしれない。

当該地域包括支援センターには保健師もいることから，認知症や介護の知識や技術については，センター内職種間で「調整」を図り，役割分担をしてかかわることも考えられよう。現在のＳさんのアルツハイマー型認知症の症状や対応等について，Ｓさんの主治医から専門的な助言等をもらうこともあるかもしれない（「コンサルテーション」）。妻の孤立感の軽減といった面では，介護者家族の会のような互助的なグループに，介護負担の軽減といった面ではホームヘルプサービス等に「送致」し，サービス利用に結びつけることも考えられる。

警察や近隣住民に対しては，認知症のある高齢者やその介護に関する理解を促進するため，警察署や地域住民に向けた講演会・研修等を実施することもできよう（「開発的機能」）。Ｓさんが一人で外に出てしまった時のために，マンション住民らとどのように対応するかについてできうることについて話し合い，「取り交わし」をしたり「交渉」したりも必要となろう。Ｓさんだけでなく行方不明となった人を早期に発見し，保護する仕組みを地域でつくるといった取り組み（「組織化」）も地域全体にとって有益なものとなろう。たとえば，防災用無線やメール等を使った，行政，警察をはじめ公共機関・施設，地域のお店・団体や地域住民との認知症等の行方不明者 SOS ネットワークを事業化している自治体もあり，新たなサービスをつくるというのは「開発的機能」にあたる。

認知症患者に対応したデイサービスがないということで，既存のデイサービス事業所においては「スタッフ教育」に取り組んでもらうよう，近郊の認知症専門病院の専門職を「動員」したり，そこへ事業所スタッフを研修に送ったりすることも考えられうる。デイサービス利用ニーズの緊急性が高い場合には，たとえば認知症カフェに，他適切なサービスが見つかり利用できる状況になるまで，Ｓさん一人でも数時間居てもらえるように対応してもらうなどの「保護的機能」を実施することもあるかもしれない。一方で，認知症患者を受け入れられるデイサービスをこの地域内につくるよう行政に訴えてくことも（「ポリシー・アドボカシー」）大切な機能である。

他にも，Ｓさんの事例から考えられうるさまざまな機能があるであろう。ミクロ実践のみならず，メゾ，マクロレベルの機能を発揮していく発想と，工夫を凝らして実践を展開できる力を身につけていこう。

④　開発的機能

開発的機能は，既存の社会資源の利用だけでは，欠損した社会関係の回復が不可能な場合に，社会関係の回復を容易にするような社会資源をつくりだす機能である。個人の社会関係能力条件や，新しい生活目標と生活態度を発展させたり，地域社会における専門分業制度に属する各種の機関，団体，施設やサービスを新しく開発したり，住民の地域社会問題に対する積極的な関心や参加的態度を開発することを指す。

⑤　保護的機能

保護的機能とは，以上にあげたような調整，送致，開発という社会関係の維持・修復の機能によっても，なお援助対象者が社会関係の全体的調和を実現しえない時，あるいは実現するまでの間に，一般的専門分業制度の要求基準を緩和した，特別の保護サービスを提供する機能である。保護的機能はそれ自身が目的ではなく，開発的機能の前段階として一時的に機能するにすぎず，改善をもって送致的機能を実行するものである。

3　地域共生社会の実現のために求められるソーシャルワークの機能

今日のわが国におけるソーシャルワークに期待される機能・役割とはどのようなものか。近年の政策動向とともに，そのソーシャルワーク機能について概説する。

回「地域共生社会」の実現に向けて

かつてわが国には，地域の相互扶助や家族同士の助け合いなど，地域・家庭・職場などにおける支え合いの機能があった。社会に生じたさまざまな変化の中，社会福祉の法制度は，地域や家庭が果たしてきた役割の一部を代替する必要性の高まりに伴い，高齢者，障害者，子どもなどの対象者ごとに，また，生活に必要な機能ごとに，公的支援制度の整備と公的支援の充実が図られ，人々の暮らしを支えてきた。

高齢化や人口減少が進むに伴い，多くの地域社会で社会経済の担い手の減少を招き，地域・家庭・職場という人々の生活領域における支え合いの基盤や人と人とのつながりの脆弱化，耕作放棄地や空き家，商店街の空き店舗などの問題により地域社会の存続への危機感が生じている。さらに，対象者別・機能別に整備された公的支援についても，昨今，様々な分野の課題が絡み合って複雑化したり，個人や世帯単位で複数分野の課題を抱え，複合的な支援を必要とするといった状況がみられ，対応が困難なケースが浮き彫りとなっている。

このような状況がある中，国は「地域共生社会」の実現を基本コンセプトとして，自分たちが暮らす地域をより良くしたいという地域住民の主体性に基づき，「他人事」ではなく「我が事」としてつながり支え合う地域社会を再構築し，社会保障などの分野の枠を超えて地域全体が連帯し，地域の様々な資源を活かしながら取り組んでいくという，「我が事」・「丸ごと」の地域づくりを育む仕組みへと転換していく方向に舵を切った。

「地域共生社会」とは，制度・分野ごとの「縦割り」や「支え手」「受け手」という関係を超えて，地域住民や地域の多様な主体が「我が事」として参画し，人と人，人と資源が世代や分野を超えて「丸ごと」つながることで，住民一人ひとりの暮らしと生きがい，地域をともに創っていく社会を目指すものである[(9)]。

回 ソーシャルワーク専門職である社会福祉士に求められる役割

厚生労働省社会保障審議会福祉部会福祉人材確保専門委員会が2018年に出した，「ソーシャルワーク専門職である社会福祉士に求められる役割等について」では，地域共生社会の実現に向けて求められるソーシャルワークの機能やその中で社会福祉士が担うべき役割，その役割を担いソーシャルワーク機能を発揮するできる実践能力を身につけるための社会福祉士養成のあり方が提示されている。

「総論」３には，「社会福祉士が担う今後の主な役割」が記されている（資料４－１）。

資料4－1　社会福祉士が担う今後の主な役割

○人々が様々な生活課題を抱えながらも住み慣れた地域で自分らしく暮らしていけるよう，地域の住民や多様な主体が支え合い，住民一人ひとりの暮らしと生きがい，そして，地域を共に創っていく「地域共生社会」の実現に向けて，①複合化・複雑化した課題を受け止める多機関の協働による包括的な相談支援体制や②地域住民等が主体的に地域課題を把握して解決を試みる体制の構築を進めていくことが求められており，それらの体制の構築を推進していくに当たっては，社会福祉士がソーシャルワークの機能を発揮することが期待されている。

○①複合化・複雑化した課題を受け止める多機関の協働による包括的な相談支援体制とは，福祉のみならず，医療，保健，雇用・就労，住まい，司法，商業，工業，農林水産業，防犯・防災，環境，教育，まちおこし，多文化共生など，多様な分野の支援関係機関が連携し，地域住民等が主体的に地域課題を把握して解決を試みる体制とも連動しつつ，必要な支援を包括的に提供するとともに，既存のサービスでは対応が難しい課題等について，必要に応じて新たな社会資源を創出していく体制である。

○この体制の構築に当たり，社会福祉士には，アウトリーチなどにより個人やその世帯全体の生活課題を把握するとともに，分野別，年齢別に縦割りとなっている支援を多分野・多職種が連携して当事者中心の「丸ごと」の支援とし，地域住民等が主体的に地域課題を把握して解決を試みる体制づくりと連動して，必要な支援を包括的に提供していくためのコーディネートを担うことが求められる。

○また，②地域住民等が主体的に地域課題を把握し，解決を試みる体制とは，多機関協働による包括的な相談支援体制と連携を図り，地域住民等が，地域福祉を推進する主体及び地域社会の構成員として，近隣住民による見守りや日常の地域活動の中で身近な圏域に存在する多種多様な地域課題や表出されにくいニーズに気づき，行政や専門機関とともにその解決に向けてそれぞれの経験や特性等を踏まえて支援を行う体制である。

○この体制の構築に当たっては，地域住民だけではなく，社会福祉法人や医療法人，ボランティア，特定非営利活動法人（NPO法人），教育機関，地元に根付いた商店や企業等の主体も地域社会の構成員であるという意識を持ち，連携して取組を進めることが必要である。

こうした中で，社会福祉士には，地域住民に伴走しつつ，

・地域住民等と信頼関係を築き，他の専門職や関係者と協働し，地域のアセスメントを行うこと，
・地域住民が自分の強みに気づき，前向きな気持ちややる気を引き出すためのエンパワメントを支援し，強みを発揮する場面や活動の機会を発見・創出すること，
・グループ・組織等の立ち上げや立ち上げ後の支援，拠点となる場づくり，ネットワーキングなどを通じて地域住民の活動支援や関係者との連絡調整を行うこと

等の役割を果たすことが求められる。

○また，社会福祉士には，個別の相談援助のほか，自殺防止対策，成年後見制度の利用支援，虐待防止対策，矯正施設退所者の地域定着支援，依存症対策，社会的孤立や排除への対応，災害時の支援，多文化共生など，幅広いニーズに対応するとともに，教育分野におけるスクールソーシャルワークなど，様々な分野においてソーシャルワークの機能を発揮していく役割を果たすことが求められる。

出所：社会保障審議会福祉部会福祉人材確保専門委員会（2018）「ソーシャルワーク専門職である社会福祉士に求められる役割等について」（「総論」の3「社会福祉士が担う今後の主な役割」）。

▢ ソーシャルワークの機能

「ソーシャルワーク専門職である社会福祉士に求められる役割等について」において，地域共生社会の実現に向けて求められるソーシャルワークの機能は，「各論」の1「社会福祉士の養成について」の中に示されている。

ソーシャルワークの機能としては，権利擁護・代弁・エンパワメント，支持・援助，仲介・調整・組織化，社会資源開発・社会開発などがあげられるとし，それらの体制の構築や運営を推進していくに当

資料4-2　地域共生社会の実現に向けて求められるソーシャルワークの機能

【複合化・複雑化した課題を受け止める多機関の協働による包括的な相談支援体制を構築するために求められるソーシャルワークの機能】

①地域において支援が必要な個人や世帯及び表出されていないニーズの発見
②地域全体で解決が求められている課題の発見
③相談者が抱える課題を包括的に理解するための社会的・心理的・身体的・経済的・文化的側面のアセスメント
④相談者個人，世帯並びに個人と世帯を取り巻く集団や地域のアセスメント
⑤アセスメントを踏まえた課題解決やニーズの充足及び適切な社会資源への仲介・調整
⑥相談者個人への支援を中心とした分野横断的な支援体制及び地域づくり
⑦必要なサービスや社会資源が存在しない又は機能しない場合における新たな社会資源の開発や施策の改善の提案
⑧地域特性，社会資源，地域住民の意識等を把握するための地域アセスメント及び評価
⑨地域全体の課題を解決するための業種横断的な社会資源との関係形成及び地域づくり
⑩包括的な相談支援体制に求められる価値，知識，技術に関する情報や認識の共有化
⑪包括的な相談支援体制を構成するメンバーの組織化及びそれぞれの機能や役割の整理・調整
⑫相談者の権利を擁護し，意思を尊重する支援や方法等の整備
⑬包括的な相談支援体制を担う人材の育成に向けた意識の醸成

【地域住民等が主体的に地域課題を把握し，解決を試みる体制を構築するために求められるソーシャルワークの機能】

⑭潜在的なニーズを抱える人の把握，発見
⑮ソーシャルワーカー自身が地域社会の一員であるということの意識化と実践化
⑯地域特性，社会資源，地域住民の意識等の把握
⑰個人，世帯，地域の福祉課題に対する関心や問題意識の醸成，理解の促進，福祉課題の普遍化
⑱地域住民が支え手と受け手に分かれることなく役割を担うという意識の醸成と機会の創出
⑲地域住民のエンパワメント（住民が自身の強みや力に気付き，発揮することへの支援）
⑳住民主体の地域課題解決体制の立ち上げ支援並びに立ち上げ後の運営等の助言・支援
㉑住民主体の地域課題解決体制を構成するメンバーとなる住民や団体等の間の連絡・調整
㉒地域住民や地域の公私の社会資源との関係形成
㉓見守りの仕組みや新たな社会資源をつくるための提案
㉔「包括的な相談支援体制」と「住民主体の地域課題解決体制」との関係性や役割等に関する理解の促進

出所：社会保障審議会福祉部会福祉人材確保専門委員会（2018）「ソーシャルワーク専門職である社会福祉士に求められる役割等について」（「各論」の1「社会福祉士の養成について」)。

たって，資料4-2のような具体的なソーシャルワークの機能が相互に補完し合いながら発揮される必要があると記されている。大きくは，【複合化・複雑化した課題を受け止める多機関の協働による包括的な相談支援体制を構築するために求められるソーシャルワークの機能】と【地域住民等が主体的に地域課題を把握し，解決を試みる体制を構築するために求められるソーシャルワークの機能】であり，24の機能がある。

さらに知りたい人のための推薦図書

木村容子・小原眞知子（2019）『ソーシャルワーク論（しっかり学べる社会福祉２）』ミネルヴァ書房.

▷第３章「ソーシャルワークの機能と役割」では，ソーシャルワーク論における機能と役割の位置づけ等が解説されており，また体系化されているいくつかのソーシャルワークの機能及び役割について，その理論基盤とともに紹介されている。

白澤政和・和気純子・空閑浩人編著（2022）『ソーシャルワークの理論と方法Ⅱ（新・MINERVA 社会福祉士養成テキストブック６）』ミネルヴァ書房.

▷第１章「ソーシャルワークの機能とソーシャルワーカーの役割」では，個人や家族，地域を支えるソーシャルワーク機能について論じ，求められるソーシャルワークの機能とソーシャルワーカーの役割について解説している。また，６つのソーシャルワークの機能が紹介されている。

注

（１）　平塚良子（2013）「メアリー・リッチモンドのソーシャルワークの機能論省察」『西九州大学健康福祉学部紀要』44，75.

（２）　ジベルマン，M.／仲村優一監訳（1999）『ソーシャルワーカーの役割と機能――アメリカのソーシャルワーカーの現状』相川書房，8.

（３）　岡村重夫（1983）『社会福祉原論』全国社会福祉協議会，114-117.

（４）　副田あけみ（2010）「ソーシャルワーカーの役割」北島英治・副田あけみ・高橋重宏・渡部律子『ソーシャルワーク実践の基礎理論［改訂版］』有斐閣，241-265.

（５）　奥田いさよ（1992）『社会福祉専門職性の研究』川島書店，181.

（６）　（３）と同じ，136-138.

（７）　National Association of Social Workers（1981）*NASW Standards for the Classification of Social Work Practice*, National Association of Social Workers Inc.（＝1997，日本ソーシャルワーカー協会国際委員会訳『ソーシャルワーク実務基準および業務指針』相川書房，21-43.）

（８）　（３）と同じ，118-127.

（９）　厚生労働省「我が事・丸ごと」地域共生社会実現本部「『地域共生社会』の実現に向けて（当面の改革工程）」2017年２月７日。

■第 5 章■

日本における ソーシャルワーカー職

学習のポイント

1　社会福祉士および精神保健福祉士の法制化の歴史を学ぶ。

2　社会福祉士および精神保健福祉士の定義について理解する。

3　名称独占と業務独占の違いについて理解する。

4　社会福祉士と精神保健福祉士が働く職場の多様さについて学ぶ。

5　職能団体の存在意義を理解する。

専門職の定義と要件

専門職の定義

ソーシャルワーカーは多様な専門職と協働，連携してソーシャルワークを実践する。ソーシャルワーカーを含め社会にはさまざまな専門職が存在する。独立行政法人労働政策研究・研修機構の職業分類表[(1)]によると，職業は「管理的職業」，「専門的・技術的職業」，「事務的職業」，「販売の職業」，「サービスの職業」など11に分類されている。その中の「専門的・技術的職業」とは，「高度の専門的水準において科学的知識を応用した技術的な仕事，および医療・法律・経営・教育・著述・宗教・芸術などの専門的性質の仕事をいう。この仕事を遂行するには，通例，大学・研究機関などにおける高度の科学的訓練・その他の専門的分野の訓練，またはこれと同程度の実務的経験あるいは芸術上の創造的才能を必要とする。」と規定されている。同機構は厚生労働省から要請を受け，改訂原案の作成から発行までを行っており，この分類をわが国の専門職の定義として理解してよいだろう。

なおこの「専門的・技術的職業」の分類には，「社会福祉の専門的職業」が含まれている。「社会福祉の専門的職業」は，「福祉事務所・児童相談所・障害者更生相談所・婦人相談所・社会福祉施設・福祉団体などにおける，調査・判定・相談・援助・指導・保護・教護・援護・育成・保育などの専門的な仕事をいう。」と定義されている。

専門職の要件

「ソーシャルワーク専門職のグローバル定義」（本書第3章参照）において，「ソーシャルワークは，社会変革と社会開発，社会的結束，および人々のエンパワメントと解放を促進する，実践に基づいた専門職であり学問である」と定義されている[(2)]。また，社会保障審議会福祉部会福祉人材確保専門委員会[(3)]は，社会福祉士はソーシャルワークの専門職であることを示している。しかし，ソーシャルワーカーが専門職であるかどうかは，20世紀初め以来長年にわたり，フレックスナーやグリーンウッドなどによって論じられてきたテーマである[(4)]。仲村[(5)]は，数多くの論者によって専門職とは何かについて論じられてきたとしたうえで，それらの論考にほぼ共通している専門職の視点の特徴を6点挙げている。

「① 専門職とは，科学的理論に基づく専門の技術の体系をもつものであること
② その技術を身につけるのには，一定の教育と訓練が必要であること
③ 専門職になるには，一定の試験に合格して能力が実証されなければならないこと
④ 専門職は，その行動の指針である倫理綱領を守ることによって，その統一性が保たれること
⑤ 専門職の提供するサービスは，私益ではなく公衆の福祉に資するものでなければならないこと
⑥ 社会的に認知された専門職団体として組織化されていること」

これらの特徴はソーシャルワーカーについても合致する専門職としての特徴といえよう。

□ 名称独占と業務独占

社会保障審議会福祉部会福祉人材確保専門委員会(6)によると社会福祉士は，「専門的知識及び技術をもって社会福祉に関する相談援助を行うことを業とする名称独占の国家資格」としている。専門職は職務に応じた国家資格をもって業務に携わっているケースが多く，ソーシャルワーク専門職の場合は社会福祉士の資格を要している場合が多い。

社会福祉士については社会福祉士及び介護福祉士法第48条に，「社会福祉士でない者は，社会福祉士という名称を使用してはならない。」と規定されている。また，精神保健福祉士は精神保健福祉士法第42条に「精神保健福祉士でない者は，精神保健福祉士という名称を使用してはならない。」と規定されており，社会福祉士と精神保健福祉士はいずれも**名称独占資格**である。資格にはこの他**業務独占資格**がある。

名称独占資格
名称独占資格とは，その資格を有している場合にのみその資格の名称を使用することができるという資格である。なお社会福祉士と精神保健福祉士はいずれも名称独占資格である。また，福祉分野の専門職が連携する保健・医療分野の専門職は，国家資格を有している職種が多数あり，ソーシャルワーカーに対しても，国家資格の取得による一定の知識・技術等の質の担保が求められるというのが現状である。

業務独占資格
業務独占資格とは，医師や弁護士など特定の資格を有している場合にのみその業務を行うことができるという資格である。その資格を有していない者が，その業務を行うことはできない。

国家資格としての社会福祉士・精神保健福祉士

定義と現状

①　社会福祉士

社会福祉士は，1987(昭和62)年に成立した「社会福祉士及び介護福祉士法」によって規定されている。同法第２条において社会福祉士は「第28条の登録を受け，社会福祉士の名称を用いて，専門的知識及び技術をもつて，身体上若しくは精神上の障害があること又は環境上の理由により日常生活を営むのに支障がある者の福祉に関する相談に応じ，助言，指導，福祉サービスを提供する者又は医師その他の保健医療サービスを提供する者その他の関係者（第47条において「福祉サービス関係者等」という。）との連絡及び調整その他の援助を行うこと（第７条及び第47条の２において「相談援助」という。）を業とする者をいう。」と定義されている。

②　精神保健福祉士

精神保健福祉士は，1997(平成９)年に成立した精神保健福祉士法によって規定されている。同法第２条において精神保健福祉士は「第28条の登録を受け，精神保健福祉士の名称を用いて，精神障害者の保健及び福祉に関する専門的知識及び技術をもって，精神科病院その他の医療施設において精神障害の医療を受け，又は精神障害者の社会復帰の促進を図ることを目的とする施設を利用している者の地域相談支援（障害者の日常生活及び社会生活を総合的に支援するための法律（平成17年法律第123号）第５条第18項に規定する地域相談支援をいう。第41条第１項において同じ。）の利用に関する相談その他の社会復帰に関する相談に応じ，助言，指導，日常生活への適応のために必要な訓練その他の援助を行うこと（以下「相談援助」という。）を業とする者をいう。」と定義されている。

いずれの資格も受験には要件があり，後述の養成ルートに基づき受験資格を得ることができる。2022(令和４)年９月末現在，社会福祉士の登録者数は271,098人，精神保健福祉士の登録者数は98,949人となっている[(7)]。

社会福祉士の法制化

1987(昭和62)年に成立，公布された「社会福祉士及び介護福祉士法

(昭和62年法律第30号)」は，中央社会福祉審議会等福祉関係三審議会の合同企画分科会から出された「福祉関係者の資格制度について」(意見具申)[8]に基づいている。「福祉関係者の資格制度について」(意見具申）の中で，資格制度の法制化の必要性として当時三点が挙げられていた。

一点目が高齢化と福祉ニードへの専門的な対応である。少子高齢化の進行に伴い，専門的知識と技術をもって相談，指導等をおこなう人材の養成が喫緊の課題とされた。また，後期高齢者の急速な増加と，介護者の高齢化を踏まえ，在宅での家族介護に対する支援に重点をおくことが重要であるとされ，家族が安心して介護をおこなえるように専門的知識と技術をもって日常生活の介護と家族への援助等にあたる人材の養成も急務とされた。

二点目が国際化と福祉専門家の養成に関するものある。アメリカの大部分の州では，ソーシャルワーカーについて免許又は登録制度が立法化されていたほか，イギリスでは，CQSW というソーシャルワーク資格認定証が存在していた。さらに，フランスや西ドイツでも一定の資格が存在している。一方で，高齢化が急速に進んでいる日本においては資格制度が存在せず，福祉専門家の養成に立ち遅れているという印象があり，国際的にみても資格制度の確立が望まれていた。

三点目がシルバーサービスの動向と資格制度の必要性に関するものである。高齢者を対象としたサービスの分野が拡大し，サービスの倫理と質の確保が求められていた。また，福祉サービスの性格や，民間の創意工夫と活力を生かすことを考慮し，シルバーサービスに従事する者の資格制度の創設を行うことが当時は最も有効な方策であると考えられていた。以上のような資格制度に対するニーズが高まり，1987年に社会福祉士資格が法制化されるに至った。

回 社会福祉士及び介護福祉士法の改正

2007年（平成19)年には社会福祉士及び介護福祉士法等の一部を改正する法律案が提出され，同年，法改正された。この改正に伴い，社会福祉士の定義に福祉サービス提供者や，医師など保健医療サービス提供者との連絡・調整を行うことが追加され，相談対応に加えて連絡・調整も社会福祉士の役割であることが明確化された。

社会福祉士が担う今後の主な役割は，「地域共生社会」の実現に向けた，①複合化・複雑化した課題を受けとめる多機関の協働による包括的な相談支援体制の構築，②地域住民等が主体的に地域課題を把握して解決を試みる体制の構築であり，その際にソーシャルワークの機能を発揮することが期待されている。[9] 今後社会福祉士にはさらなる専門性の向上と地域に対する支援能力が求められているといえる。

□ 認定社会福祉士制度

より高度な知識・技術によって福祉の実践・増進を行う能力を有する社会福祉士の，キャリアップを支援する仕組みとして「**認定社会福祉士**」および「**認定上級社会福祉士**」の制度がある。いずれも一定の要件を満たすことにより認定社会福祉士認証・認定機構により認定される。社会福祉士の国家資格を取得することは，専門職としての一定の質を担保するものであるが，日々変わりゆく社会情勢，多様化するクライエントのニーズに対応するためには，社会福祉士は資格取得後もその専門性の向上に努めなければならない。

認定社会福祉士
認定社会福祉士は，「社会福祉士及び介護福祉士法の定義に定める相談援助を行う者であって，所属組織を中心にした分野における福祉課題に対し，倫理綱領に基づき高度な専門知識と熟練した技術を用いて個別支援，他職種連携及び地域福祉の増進を行うことができる能力を有することを認められた者」である（出所：公益財団法人日本社会福祉士会「認定社会福祉士・認定上級社会福祉士について」(https://www.jacsw.or.jp/csw/nintei/00_nintei_towa.html)（2022.10.14).）。

認定上級社会福祉士
認定上級社会福祉士は，「社会福祉士及び介護福祉士法の定義に定める相談援助を行う者であって，福祉についての高度な知識と卓越した技術を用いて，倫理綱領に基づく高い倫理観をもって個別支援，連携・調整及び地域福祉の増進等に関して質の高い業務を実践するとともに，人材育成において他の社会福祉士に対する指導的役割を果たし，かつ実践の科学化を行うことができる能力を有することを認められた者」である（同前）。

□ 精神保健福祉士の法制化

精神保健福祉士は，1997(平成９)年に成立した「精神保健福祉士法」(平成９年法律第131号）に規定されている。

社会福祉士及び介護福祉士法が成立した1987(昭和62)年と同年，精神障害者の人権に配慮した医療と保護，社会復帰の促進を図る観点から，精神衛生法が改正され，法律の名称も「精神保健法」へと改められた。さらに1993(平成５)年に「障害者基本法」が成立した際に，精神障害者が「障害者」と明確に位置づけられたことを踏まえ，精神保健法は，1995年（平成７年）に「精神保健福祉法（精神保健及び精神障害者福祉に関する法律)」に改正された。[10] このように精神保健に関わる法律の成立，改正を背景に，精神科ソーシャルワーカーの質と量の担保が急務であるとされ，1997(平成９)年に精神保健福祉士法が成立した。[11]

当時，わが国の精神障害者については，長期入院の傾向が著しいことが指摘されており（1996(平成８)年入院期間５年以上の長期入院患者が在院患者全体の約46%，約16万人)，わが国の精神保健福祉施策の最大の政策課題は，長期入院の解消を図り，入院している精神障害者の社会復帰を促進することであるとされていた。[12] そこで，医療とは異なる観点で，精神障害者の社会復帰のために支援を行う人材が求められていた。[13]

□ 社会福祉士および精神保健福祉士の資格取得ルート

社会福祉士の資格取得ルートは細かく見ると，2022年現在12のルートがある。[14] ４年制の福祉系大学等において指定科目を履修し，国家試験を受験するルートのほか，福祉系短大等において指定科目を履修後，相談援助の実務経験を経て国家試験を受験するルートもある。そのほか，一般大学等卒業後または相談援助の実務経験後に，一般養成施設等で学び，国家試験を受験するルート，福祉系短大等で基礎科目を履修し，相談援助の実務経験後に，短期養成施設等で学び，国家試験を受験するルートなどもある。

精神保健福祉士の資格取得ルートは，細かく見ると2022年現在11のルートがある[(15)]。保健福祉系大学等において指定科目を履修し国家試験を受験するルートのほか，保健福祉系短大等において指定科目を履修後，相談援助の実務経験を経て国家試験を受験するルートもある。そのほか，一般大学等卒業後または相談援助の実務経験後に，一般養成施設等で学び，国家試験を受験するルート，福祉系短大等で基礎科目を履修し，相談援助の実務経験後に，短期養成施設等で学び，国家試験を受験するルートなどもある。

ソーシャルワークを実践するうえで，必ずしも両方の資格が同時に必要であるとは限らないが，より幅広い知識の習得を目指す社会福祉士が実務経験を経た後で，精神保健福祉士の資格取得を目指すケースや，看護師など福祉分野以外の専門職が福祉分野の知識や技能の習得を目指し，社会福祉士の資格取得を目指すケースも存在する。

 ソーシャルワーカーの職域と職種

ソーシャルワーカーは，多様な課題を抱えるクライエントに対して支援を行うため，その職域は多岐にわたる。ここではソーシャルワーカーの職域と職種について，ソーシャルワークを実践する国家資格である社会福祉士と精神保健福祉士に分けて確認する。

ソーシャルワーカーはソーシャルワークを実践するという点においては共通しているが，勤務する施設・機関により，その職種の名称は異なる点には留意が必要である。例えば医療機関に勤務するソーシャルワーカーの場合，医療ソーシャルワーカーと呼ばれることが多い。また特別養護老人ホームでソーシャルワークを行う職種は生活相談員と呼ばれることになる。これら以外のさまざまな施設・機関にソーシャルワーカーが配置されているが，それぞれ職種の名称が多様である。

☐ 社会福祉士の職域

社会福祉士は，様々な分野で活躍している。2020(令和２)年に公益財団法人社会福祉振興・試験センターによって実施された「就労状況調査[16]」によるとによると，社会福祉士が就労している分野として最も割合が高かったのは高齢者福祉関係（39.3%），次いで障害者福祉関係（17.6%），医療関係（15.1%）であった。そのほかに，地域福祉関係が8.4%，児童・母子福祉関係が8.2%，行政機関が6.7%，学校教育関係1.0%であった。

行政機関のうち，社会福祉士を任用しなければならない者または配置する者の一つであるとしているのは，教育委員会・学校等（スクールソーシャルワーカー），児童相談所（所長，児童福祉司），福祉事務所（身体障害者福祉司，知的障害者福祉司），保護観察所（社会復帰調整官），身体障害者更生相談所（身体障害者福祉司），知的障害者更生相談所（知的障害者福祉司）である[17]。

教育委員会・学校等に所属しているスクールソーシャルワーカーは，2008(平成20)年時点ではその19.4%が社会福祉士資格保有者であったが，2015(平成27)年には社会福祉士資格保有率が50.0%にまで上昇している[18]。また，生活保護の分野に関しても，生活保護担当職員のうち，社会福祉士の取得率は2009年（平成21年）時点で査察指導員

が3.1%，常勤の現業員で4.6%だったのに対し，2016年（平成28年）にはそれぞれ8.7%，13.5%まで上昇している。[(19)]

司法分野においても社会福祉士が活躍しており，2021年度には，刑事施設に68人，少年院に22人の社会福祉士が配置されている。[(20)] さらに，矯正施設（刑務所）の退所者に対する地域生活支援が求められていることから，法務省では2014（平成26）年度より新たに福祉専門官という職種を設け，出所や出所後の円滑な社会復帰を支援している。福祉専門官は，社会福祉士もしくは精神保健福祉士の資格を持っていることや一定の実務経験がある人物を採用対象としている。

□ 社会福祉士が活躍する職種

活躍の場が広い社会福祉士はその職種も多岐にわたる。公益財団法人社会福祉振興・試験センターは，社会福祉士の実務経験を，児童分野，高齢者分野，障害者分野，その他の分野の4分野に分けて，施設種類と職種名とともに明示している。[(21)] ここではその一部を紹介する。施設種類のあとのカッコ内に示したものが相談援助業務の実務経験として認められる職種名である。

児童分野に関しては，児童福祉法で規定される施設の種類と職種は，児童相談所（児童福祉司，児童指導員など），児童養護施設および乳児院（児童指導員，家庭支援専門相談員，里親支援専門相談員など），児童自立支援施設（児童自立支援専門員，児童生活支援員など）などがある。その他に，スクールソーシャルワーカー活用事業に基づき教育機関で支援を行うスクールソーシャルワーカーなどもある。

高齢者分野に関しては，介護保険法と老人福祉法により規定される施設・種別が多い。介護保険法で規定される施設の種類は，指定介護老人福祉施設（生活相談員や介護支援専門員），介護老人保健施設（支援相談員や介護支援専門員など），介護医療院，指定小規模多機能型居宅介護施設，居宅介護支援事業所（いずれも介護支援専門員），地域包括支援センター（包括的支援事業に係る業務を行う職員），指定特定施設入居者生活介護施設，指定通所介護施設，指定短期入所生活介護施設（いずれも生活相談員など），指定通所リハビリテーション施設（支援相談員）などがある。老人福祉法で規定される施設の種類は，養護老人ホーム，特別養護老人ホーム，軽費老人ホーム，老人デイサービスセンター（いずれも生活相談員，生活指導員），有料老人ホーム（生活相談員）などがある。

障害者分野では，障害者総合支援法をはじめ，複数の障害者に関する法律により数多くの施設・職種が規定されている。障害者総合支援法に規定される施設の種類は，障害者支援施設や就労移行支援施設（いずれも生活支援員[22]，就労支援員，サービス管理責任者），就労継続支援施設（A型，B型）（いずれも生活支援員[23]，サービス管理責任者），一般相談支援事業所や特定相談支援事業所（いずれも相談支援専門員）などがある。

その他の分野には，医療法に規定される病院・診療所（医療ソーシャルワーカーなど），生活保護法に規定される救護施設や更生施設（いずれも生活指導員），社会福祉法に規定される福祉事務所（査察指導員，身体障害者福祉司，知的障害者福祉司，現業員など），売春防止法に規定される婦人相談所（相談指導員，婦人相談員など），刑事収容施設法に規定される刑事施設（刑務官，法務教官，福祉専門官など），少年院法に規定される少年院（法務教官，福祉専門官など），更生保護法に規定される地方更生保護委員会や保護観察所（いずれも保護観察官，社会復帰調整官），裁判所法に規定される家庭裁判所（家庭裁判所調査官）などがある。

以上は相談援助の実務経験として認められる職種の一部であり，様々な施設・機関においてそれぞれ異なる職種名で相談援助が実践されていることがわかる。

回 精神保健福祉士の職域と職種

2020（令和2）年に公益財団法人社会福祉振興・試験センターによって実施された「就労状況調査[24]」によるとによると，精神保健福祉士が就労している分野として最も割合が高かったのは，障害者福祉関係（24.4％），次いで医療関係（23.3％），高齢者福祉関係（15.2％）であった。そのほかに，行政機関（10.8％），児童・母子福祉関係（5.3％），地域福祉関係（5.2％），学校教育関係（4.1％），と続いた。

また，公益財団法人日本精神保健福祉士協会[25]は精神保健福祉士の仕事について，医療機関，さまざまな生活支援サービス，福祉行政機関，司法施設，その他の分野に分けて紹介している。表5-1は，同協会が紹介している精神保健福祉士の仕事について表に整理したものである。

また公益財団法人社会福祉振興・試験センター[26]は精神保健福祉士の実務範囲となる施設種類と職種名を明示している。ここではその一部を紹介する。なお施設種類のあとのカッコ内に示したものは，相談援助業務の実務経験として認められる職種名である。

精神保健及び精神障害者福祉に関する法律により規定される精神科病院は，精神科ソーシャルワーカー，医療ソーシャルワーカーなどの

表 5－1　精神保健福祉士の仕事の分野と概要

分野	精神保健福祉士の仕事の概要
医療機関	・単科の精神科病院，総合病院の精神科，精神科診療所，医療機関併設のデイケアなど，配属先によって仕事内容は異なる。精神障害者の生活を支援する立場から，医療と地域生活の橋渡しをすること，常に権利擁護の視点を持つことなどは共通している。 ・主治医，看護師，作業療法士や臨床心理士など，機関内の他職種とのチーム医療を展開する。 ・主治医がいれば，その指導を受けることは精神保健福祉士の義務として定められているが（精神保健福祉士法第41条第 2 項），精神保健福祉士として独自の専門的な視点に基づく判断と，それによる支援を行う職種である。
生活支援サービス	・日常生活訓練をする事業所では，家事などの具体的な基本動作を一緒に行い，助言を行う。 ・就労前訓練や作業を行う目的の施設では，作業を通して社会参加することを支援するほか，就労前のトレーニングや，実際の就職活動に関する助言，職場への定着のための支援等を行う。 ・相談支援事業所や地域活動支援センター等の地域生活の支援を主目的とする事業所では，利用者に，電話や対面，訪問による相談や日常生活にかかわる各種サービスを提供する。また各種情報の発信や居場所提供も行う。関係機関相互の連携の中心となり，ネットワークを活用して精神障害者のよりよい生活を支援する立場でもあり，ボランティアの養成や身体・知的障害者や高齢者，児童など地域住民を幅広く対象にすることもある。
福祉行政機関	・法律に基づいた各種支援事業や手続きの実施を担うほか，今後の地域における精神保健福祉の充実発展のために，現状分析や将来を見通した計画立案などにも関与する。 ・精神障害者の生活支援のために，関係機関のネットワークを作るコーディネートや就労支援事業，地域移行支援活動，地域住民への普及啓発活動などの企画，実施とそのための調整なども担当する。
司法施設	・「心神喪失等の状態で重大な他害行為を行った精神障害者の医療及び観察に関する法律」（2003年制定）による新しいシステムに基づく役割。同法に基づく指定医療機関では，専従の精神保健福祉士がチーム医療の一員として社会復帰プログラムなどの業務を担っている。 ・社会復帰調整官や精神保健参与員などの多くは，その期待される機能から精神保健福祉士が活躍している。矯正施設においても精神保健福祉士の配置が徐々に進んでいる。
その他	・介護保険施設や一部の地域包括支援センターなどでは，施設基準に定めはないが，精神保健福祉士を配置して利用者やその家族の相談支援，生活支援を行っている。 ・常時勤務の例は少ないが，教育現場のメンタルヘルスに関する相談援助を行うスクールソーシャルワーカーや，職場でのストレスやうつ病対策，職場復帰のための支援などを行う企業内や外部支援機関の精神保健福祉士が活躍を始めている。 ・ハローワークでも精神障害者雇用トータルサポーターとして，精神保健福祉士が就労を希望する精神障害者の相談や企業の意識啓発などを行っている。

出所：精神保健福祉士協会ホームページ「精神保健福祉士の仕事」（https://www.jamhsw.or.jp/mhsw/index.html#2,2022.10.21）. を引用し，筆者が加筆修正のうえ作表。

職種が挙げられている。また，同法律により規定される精神保健福祉センターについては精神保健福祉相談員，社会福祉士，精神科ソーシャルワーカーなどが職種として挙げられている。

その他の法律として，児童福祉法に規定される乳児院，児童養護施設，児童心理治療施設（いずれも児童指導員，保育士，家庭支援専門相談員など），児童相談所（児童福祉司，児童指導員，保育士など），地域保健法に規定される保健所，市町村保健センター（いずれも精神保健福祉相談員，社会福祉士，精神科ソーシャルワーカーなど），医療法（精神科ソーシャルワーカー，医療ソーシャルワーカーなど），生活保護法（生活指導員，就労指導員など），生活保護法に規定される救護施設や更生施設（生活指導員など），社会福祉法に規定される福祉事務所（査察指導員，身体障害者福祉司，知的障害者福祉司，現業員，家庭相談員，婦人相談員など），市町村社会福祉協議会（福祉活動専門員など）などがある。

以上のほかにも，知的障害児福祉法，法務省設置法，障害者の雇用の促進等に関する法律，売春防止法，少年院法，発達障害者支援法，障害者総合支援法，介護保険法，職業安定法などに基づく職種についても，多様な職種が相談援助業務の実務経験として認められる。

4　職能団体

自己研鑽の重要性

社会には様々な専門的資格をもって業務に従事する専門職が数多く存在する。専門職はその専門性の高さゆえ，日々の研鑽が求められる。特にソーシャルワーカーに求められる知識は社会制度や法律等の改正に伴い，刻々と変化するものであり，一度学んだ事柄であっても，継続的に学び続ける姿勢が必要不可欠である。また，社会状況の変化により，新たな課題やニーズも生まれるため，常に最新の情報をキャッチすることや，幅広い価値観を理解する態度が求められる。

職能団体
職能団体は各専門職により構成される団体であり，専門性の維持，向上や社会への働きかけ，所属する専門職同士の情報交換等の場として存在している。専門職にとって職能団体は，その専門性の維持・向上のために重要な機能を果たしている。

日本ソーシャルワーカー連盟（JFSW）

日本のソーシャルワーク分野の**職能団体**として，日本ソーシャルワーカー連盟（JFSW）がある。同連盟は1998年に国際ソーシャルワーカー連盟（IFSW）へ加入した団体であり，日本社会福祉士会，日本精神保健福祉士協会，日本医療ソーシャルワーカー協会，日本ソーシャルワーカー協会の４団体が日本ソーシャルワーカー連盟の会員団体である。日本ソーシャルワーカー連盟は，目的を２点，事業内容を７点，掲げている。[27]

〈目　的〉

・日本におけるソーシャルワーカーの倫理を確立し，専門的技能の研鑽，資質の向上を図るとともに，ソーシャルワーカーとしての社会的地位の向上を図るため，会員間で意見交換を行うとともに，必要に応じ本連盟としての共同の事業を行う。
・国際ソーシャルワーカー連盟との連絡，国際会議への参加，政策的事項等に関する日本国としての統一的見解を集約し，決定するものとする。

〈事業内容〉

・会員の定期協議の開催に関すること。
・ソーシャルワーカーの職務に関する知識及び技術の向上に関すること。
・ソーシャルワーカーの倫理及び資質の向上に関すること。
・ソーシャルワーカーの資格制度の発展及び社会的地位の向上に関すること。
・国際ソーシャルワーカー連盟が主催する会議，総会及び本連盟に寄せられたその他の招待行事等への参加に関すること。
・国際ソーシャルワーカー連盟に関する事項について，本連盟が日本のソーシャルワーカー団体の連携組織として，懸案事項に関する日本国としての共通政策の決定に関すること。
・その他，目的達成のために必要なこと。

以下，日本ソーシャルワーカー連盟の会員団体である，日本社会福祉士会について概要を紹介する。

□ 日本社会福祉士会

「社会福祉士」の職能団体であり，「社会福祉士の倫理を確立し，専門的技能を研鑽し，社会福祉士の資質と社会的地位向上に努めるとともに，都道府県社会福祉士会と協働して人々の生活と権利の擁護及び社会福祉の増進に寄与すること」を目的として1993年に設立された。[28] 2022年３月31日現在，会員数は43,124人にのぼる。[29]

活動内容[30]は大会・学会の開催を通して最新の福祉動向にふれる機会の提供，調査・研究の成果発表の場の提供および会内の委員会による研究調査の実施，「生涯研修センター」を設置し自己研鑽のためのさまざまな研修の開催，研修情報の提供を行っている。それらの情報を含め，会報を通し会員に対して社会福祉士として必要な最新情報を提供している。なお研修は福祉の各分野に関する多様な研修が行われている。また，権利擁護センター「ぱあとなあ」を設置し，成年後見制度利用に関する相談を受けるなど，相談支援活動を展開している。

さらに知りたい人のための推薦図書

川村匡由（2018）『福祉ライブラリ　相談援助』建帛社.

▷福祉行政と民間福祉組織・団体それぞれの職員の任用要件や職務内容について記載されているほか，諸外国の資格制度についても記載がある。

京極高宣（1998）『［新版］日本の福祉士制度――日本ソーシャルワーク史序説』中央法規出版.

▷社会福祉士及び介護福祉士法の成立の時代背景について詳しく記述されている。

鈴木幸雄（2018）『改訂　現代の社会福祉』中央法規出版.

▷保健・医療分野の専門職との連携や，各専門職の概要について簡潔に説明されている。

注

（1）独立行政法人労働政策研究・研修機構編（2011）『第4回改訂 厚生労働省編職業分類 職業分類表――改訂の経緯とその内容』独立行政法人 労働政策研究・研修機構.

（2）社会福祉専門職団体協議会国際委員会（2016）「ソーシャルワーク専門職のグローバル定義と解説」（https://www.jacsw.or.jp/citizens/kokusai/IFSW/documents/SW_teigi_01705.pdf）（2011.11.30）.

（3）社会保障審議会福祉部会福祉人材確保専門委員会（2018）「ソーシャルワーク専門職である社会福祉士に求められる役割等について」（https://www.mhlw.go.jp/file/05-Shingikai-12601000-Seisakutoukatsukan-Sanjikanshitsu_Shakaihoshoutantou/0000199560.pdf）（2022.10.10）.

（4）仲村優一（2009）「推薦のことば　社会福祉士の位置と役割――生涯研修の意義」社団法人日本社会福祉士会編『新　社会福祉援助の共通基盤　第2版（上）』中央法規出版,1-6.

（5）同前書.

（6）（3）と同じ.

（7）公益財団法人社会福祉振興・試験センター「社会福祉士・介護福祉士・精神保健福祉士の都道府県別登録者数（令和4年9月末日現在）社会福祉士精神保健福祉士登録者数」（https://www.sssc.or.jp/touroku/pdf/pdf_tourokusya_month_r409.pdf）（2022.10.17）.

（8）福祉関係三審議会合同企画分科会（1987）「福祉関係者の資格制度について（意見具申）」（https://www.ipss.go.jp/publication/j/shiryou/no.13/data/shiryou/syakaifukushi/313.pdf）（2022.10.13）.

（9）（3）と同じ.

（10）厚生労働省　知ることからはじめようみんなのメンタルヘルス総合サイト「精神保健福祉法について」（https://www.mhlw.go.jp/kokoro/nation/law.html）（2022.10.14）.

（11）柏木一惠（2019）「精神保健福祉士に求められる役割」（第2回精神保健福祉士の養成の在り方等に関する検討会　参考資料3）（https://www.mhlw.go.jp/content/12200000/000488346.pdf）（2022.10.14）.

（12）厚生省大臣官房障害保健福祉部精神保健福祉課（1999）「精神保健福祉士」『ノーマライゼーション障害者の福祉』19，日本障害者リハビリテーション協会.

（13）（11）と同じ.

（14）公益財団法人社会福祉振興・試験センター「社会福祉士国家試験受験資格（資格取得ルート図）」（https://www.sssc.or.jp/shakai/shikaku/route.html）（2022.10.21）.

（15）公益財団法人社会福祉振興・試験センター「精神保健福祉士国家試験　受験資格　（資格取得ルート図）」（https://www.sssc.or.jp/seishin/shikaku/route.html）（2022.10.21）.

（16）公益社団法人日本社会福祉士会「社会福祉士・介護福祉士・精神保健福祉士の「就労状況調査」（速報版）について」（https://www.sssc.or.jp/touroku/results/pdf/r2/results_r2_sokuhou.pdf）（2022.10.21）.

(17)　厚生労働省（2018）「社会福祉士の現状等（参考資料）」（第13回社会保障審議会福祉部会福祉人材確保専門委員会　参考資料１）（https://www.mhlw.go.jp/file/05-Shingikai-12601000-Seisakutoukatsukan-Sanjikanshitsu_Shakaihoshoutantou/0000194332.pdf）（2022.10.14）.
(18)　同前.
(19)　厚生労働省「平成28年　福祉事務所人員体制調査について」（https://www.mhlw.go.jp/toukei/list/dl/125-1-01.pdf）（2022.10.14）.
(20)　法務省編（2022）『令和３年版再犯防止推進白書』日経印刷，96.
(21)　公益財団法人社会福祉振興・試験センター「社会福祉士国家試験受験資格　相談援助業務（実務経験）」（https://www.sssc.or.jp/shakai/shikaku/s_11.html）（2022.10.10）.
(22)　公益財団法人社会福祉振興・試験センターによると，「生活支援員，生活指導員，指導員」のうち，「介護等の業務を行なう生活支援員，生活指導員，指導員」として介護福祉士国家試験を受験した方は，その実務経験をもって社会福祉士国家試験を受験することはできないと規定されている。
(23)　同前.
(24)　(16）と同じ。
(25)　公益財団法人日本精神保健福祉士協会「精神保健福祉士の仕事」（https://www.jamhsw.or.jp/mhsw/index.html#2，2022.10.21）.
(26)　公益財団法人社会福祉振興・試験センター「精神保健福祉士国家試験受験資格　相談援助業務（実務経験）」（https://www.sssc.or.jp/seishin/shikaku/se_09.html）（2022.10.21）.
(27)　日本ソーシャルワーカー連盟（2022）「団体概要」（https://jfsw.org/introduction/outline/）（2022.10.21）.
(28)　公益財団法人日本社会福祉士会「本会のご紹介」（https://www.jacsw.or.jp/introduction/index.html）（2022.10.21）.
(29)　公益財団法人日本社会福祉士会「都道府県別会員数（2015年～）」（https://www.jacsw.or.jp/introduction/kokaijoho/shibubetsukaiin.html）（2022.10.21）.
(30)　公益財団法人日本社会福祉士会「活動概要」（https://www.jacsw.or.jp/introduction/activity.html）（2022.10.21）.

Ⅱ部
ソーシャルワークの現在・過去・未来

■第６章■

ソーシャルワークの沿革
——前史から発展・統合化

学習のポイント

1　ソーシャルワークの源流について理解する。

2　ソーシャルワークが発展した社会的背景を理解する。

3　ソーシャルワーク理論の発展について理解する。

4　統合化の流れおよびジェネラリストソーシャルワークの基本を理解する。

5　資料６－１を活用してソーシャルワークの沿革全体を理解する。

ソーシャルワークの源流（～1920年代）

本節では，国家による法制度の整備が行われる以前のソーシャルワーク前史について触れた後，1800年代から1920年代までのソーシャルワークの源流について述べる。

□ ソーシャルワーク前史

現代のように法制度が整い，ソーシャルワークがさまざまな人に向けて展開されるようになる以前にも，貧困に苦しむ人々への支援はあった。ここではキリスト教理念に基づく支援を取り上げる。慈善は，神愛や隣人愛を意味するラテン語が語源であり，その実践を慈善活動と呼ぶ。[(1)]“神を愛するように隣人を愛すること”の実践が慈善であり，その後の慈善活動につながったとされる。9世紀になると封建社会化の中で，10分の1税を所属する教会（教区）に納めることが，人々の生活の保障となった。その保障は，貧困者，高齢者，遺児・孤児，病人への支援のほか，死者の埋葬など多岐にわたったとされる。

中世までのカトリック教会が絶大な力を持っていたころは，大規模な慈善活動が行われていたが，16世紀に入ると宗教改革によるプロテスタントの台頭で状況が変化した。プロテスタントは，労働と勤勉さに基づく経済的自立を重視したため，貧困は怠けや不道徳などの結果であり，貧民個人の問題とされるようになった。[(2)]貧民救済の宗教上の意味が失われていったのである。同じころ，資本主義に向けて大きく動きだしたのはイギリスであった。当時は羊毛輸出が盛んであり，羊毛増産のための農作地のエンクロージャー（囲い込み）が行われ，それによって多くの農民が農作地を失い貧民化した。またヘンリー8世による首長令は，貴族や修道院などを弱体化させ，慈善事業の担い手を没落させた。治安は悪化の一途をたどり，これまでの慈善による救済では間に合わず，国家的な対策としての**エリザベス救貧法**（1601年）が成立した。

エリザベス救貧法
救済の対象は，労働能力の有無で区別され，労働能力が無く親族扶養が期待できない場合は貧民院において教区で養い，労働能力のある貧民はワークハウス（労役場）で強制的に労働させ，拒否者は投獄された。また，救済費用は教区住民からの救貧税によって賄われ，各教区の治安判事と貧民監督官がそれらの管理を担当した。

□ 産業革命と社会調査

1800年代に入りイギリスは産業革命を迎える。さまざまな工業化が行われる中で，工場で働く大量の人員が求められた。第二次エンクロージャーによる農民の失業とも重なり，農村から大量の人口が都市部に流入し急激な都市化が進んだ。一方で工場労働者は，低賃金かつ過酷な労働の中で容易に代替可能な人員とみなされたことから，不安定雇用を余儀なくされ，多くの者が貧困に苦しんだ。さらに急激な都市化による住宅環境や衛生環境問題など数多く問題を生み出し，1834年にはエリザベス救貧法に代わる**新救貧法**が制定された。

19世紀後半になると貧困問題はより深刻化し，その実態を明らかにしようとする動きがみられた。ブース（Booth, C.）は，ロンドンでの貧困層の生活実態を明らかにした社会調査の結果をまとめた『ロンドン市民の生活と労働』を発表し，貧困の原因は社会や経済的要因（不安定雇用，低賃金等）にあるとし，それまでの堕落や怠惰といった個人に要因があるとの考え方に大きな影響を与えた。また，このほかにもラウントリー（Rowntree, S.）はヨークでの調査結果である『貧困』を，ル・プレー（LePlay, F.）は，『ヨーロッパの労働者』を発表した。これらによって，貧困問題は次第に慈善の対象ではなく，国家として取り組むべき施策へと変貌していった。また，これらの調査によって社会調査は社会改良を目的とする手法として確立したのである。

□ ソーシャルワークの源流

1869年イギリスのロンドンで最初の慈善組織協会（Charity Organization Society）（以下，COS）が誕生した。すでに慈善組織が貧困者の救済のためにさまざまな活動を行っていたが，それらは無秩序・無計画で，**漏救**や**濫救**が横行していた。そこでCOSは，慈善諸団体との関係と協力を樹立し慈善活動を組織的に行うこと，救済をその効果が期待されるものに限定すること，**友愛訪問**（friendly visiting）によって救済の対象となる家庭に直接接して調査し，実情の把握をもとに必要で適切な援助を行い対象者の道徳的改良・生活態度の改善など個人の改良を重視すること，援助従事者の資質向上をはかり慈善活動の水準を高めること，等の考え方のもとに活動を展開した。(3)

具体的には地区委員会を設けて各地区の要保護者の調査を実施し，要保護者の記録整理・管理や救済機関への紹介，連絡調整などを行った。また，慈善的救済援助に個別の訪問活動を不可欠と位置付けていた。(4)

同じような時期に生まれたのが，セツルメント運動である。セツルメント運動とは，知識や財産を持つものがスラム街に入り込み，社会的に弱い立場にある人たち，生活に困窮している人たちやその家族と生活を共にしながら，人間的な接触を通じて地域の社会福祉の向上を

新救貧法
エリザベス救貧法に代わる法。あふれかえる失業者や貧民への救済費用を抑えるため，貧民のワークハウス（労役場）への収容を徹底し，その生活条件を一般労働者よりも低水準なものにする「劣悪処遇の原則」が定められた。この法は各国へ影響を与えることとなった。

漏救（ろうきゅう）
救済が必要な状態であるにもかかわらず，救済の対象から漏れてしまうこと。計画的な救済がなされていなかったため，救済の対象となる家庭が発見されない，十分な調査が行われないなどの問題が起きていた。

濫救（らんきゅう）
同じ人が重ねて救済を受けていたり，あるいは，本来，救済の必要のない人が救済を受けていたりすること。無計画・無秩序な救済が招いた問題の一つとされる。

友愛訪問
「施与ではなく，友情を！」をモットーに訪問する側と訪問される側という上下関係を持ち込まず，友人として対等な関係を築くことを重視した。この友愛訪問活動からケースワークや社会福祉調査，ソーシャルワーカーの教育訓練などに発展していったことから，後世への影響は極めて大きなものであった。

図ろうとする事業の展開である。[5]「住み込み（Residence）」「調査（Research）」「改良（Reform）」の３つのRを基本とした。[6]

イギリスのトインビー・ホール（1884年），アメリカのハル・ハウス（1889年）はセツルメント運動に最も大きな影響を与えた。トインビー・ホールでの活動は，移民の人々への語学教育，保育所の運営，子どもの遊び場づくり，法律相談，文化的なクラブなど多岐にわたっていた。一部の専門家が必要とされる活動を除き，その多くがボランティアによる活動であった。トインビー・ホールから影響を受けたアダムス（Addams, J.）はシカゴにハル・ハウスを設立し，ここでは，移民同士の生活技術の教え合いなど「与える人」と「与えられる人」の壁を取り払う方法が試みられた。[7]

外せないのは，YMCA（キリスト教青年会：Young Men's Christian Association），YWCA（キリスト教女子青年会：Young Women's Christian Association）に代表される青少年団体の運動である。青少年団体は社会教育的な余暇活動を得意とし，貧困と厳しい労働環境の中で病気や犯罪などの社会問題の中にある青年たちに，キリスト教信仰を深め，クラブ活動やレクリエーション活動を通じて精神的指導と生活技術の指導を行った。[8]

回 リッチモンドとケースワークへの発展

COSの活動は，アメリカにわたり「ケースワークの母」と言われるリッチモンド（Richmond, M.E.）によってケースワークへと発展する。様々な論文，講演，講義録等が数多く残されているが，その中で彼女の最も偉大なる功績の一つと言われるものは，ケースワークの科学的アプローチのための基礎を築いた『社会診断』（1917年）である。

1922年には，ケースワークの定義を示し体系化を試みた『ソーシャルケースワークとは何か』を出版し，ケースワークを「個々人に対し，人と環境との間の意識的で効果的な適応を通じて，人格の形成を行う過程である」と定義した。[9]また彼女に強く影響されて，1898年にはニューヨーク州で専門職教育のための夏期講座が始まり，これがのちのコロンビア大学の専門職教育（現在のコロンビア大学ソーシャルワーク大学院（School of Social Work））へと発展した。[10]

イギリスで誕生したCOSはアメリカに渡って発展し，ケースワークは科学的な方法として体系化されていった。友愛によるボランティア活動（慈善事業）から，専門的知識と技術を身につけた専門職業へと発展していったのである。

2 ソーシャルワークの基礎確立期（1920〜1940年代）

ソーシャルワークの基礎確立期には，社会福祉の実践分野と援助技術の専門分化が進んだ。慈善事業として行われたCOSの活動やセツルメント運動，青少年団体の活動は当初は未分化であったが，実践分野が個人・家庭支援から医療，学校，地域などと拡大していくにつれ，次第にケースワーク，グループワーク，コミュニティワークという伝統的な3手法に分化・発展していくこととなる。また同時に理論的にも発展した。「ケースワーク」という言葉はすでに1987年の全米慈善・矯正会議で正式に使用されており，「コミュニティワーク」は1912年の同会議で，「グループワーク」が用いられたのは1920年代に入ってからとされる[(11)]。

□ ケースワーク

1923年のミルフォード会議は，ケースワークの専門分化に大きな影響を与えた。それは「ジェネリックとスペシフィック」概念の提唱である。ジェネリックな側面とは，各分野に共通な概念，知識，方法，社会資源の体系であり，スペシフィックな側面とは，ジェネリックな要素を広範囲に及ぶさまざまな場面の特定の脈絡に応じて適用することを意味し，さらにこれらは相互依存関係でそのいずれも欠くことはできないとされた[(12)]。この概念は，後の統合化の過程においても影響を及ぼすこととなる。

1920年代に入ると，ケースワークはリッチモンドの流れを引き継ぎながら変化していく。第一次世界大戦後は，戦争トラウマを抱える兵士たちの治療や家族関係相談等にフロイト（Freud, S.）の精神分析学の影響を強くうけた医学モデルといわれる，診断主義学派（診断主義アプローチ）が生まれた。診断主義学派のケースワークは，ハミルトン（Hamilton, G.）の『ケースワークの理論と実際』（1940年）によって理論化された。ハミルトンはケースワークを「利用者の現実問題と情緒問題の解決の双方を目指す」，「利用者が社会資源を活用して自らの状況を変えようとする利用者自身の努力を支えることが主たる目的となる[(13)]」とし，心理的な側面のみでなくクライエントの社会性にも注目している点が特徴である。

その後，1940年代に入ると診断主義学派に対する批判としてタフト

（Taft, J.）やロビンソン（Robinson, V.）による機能主義学派（機能主義アプローチ）が生まれた。機能主義学派は，相談機関の機能とクライエントの意思の尊重を重視し，相談機関の機能を意図的に活用して処遇条件を設定し，クライエント自身が機関のサービスを活用できるよう援助することがケースワークであるとした[(14)]。診断主義学派と機能主義学派は1950年代まで激しい論争を繰り広げることなった。

▣ グループワーク

1920年代に入り，グループ活動はセツルメント運動や青少年団体運動の活発化によって全国的に普及した。1923年には，初のグループワークの課程がアメリカのウェスタン・リザーブ大学ソーシャルワーク大学院に設置され，コイル（Coyle, G. L.）による講義が行われた[(15)]ことでグループワーク教育が展開されていく。1935年には，全米社会事業会議でニューステッター（Newstetter, W.）が「自発的なグループにおける交友を通じて各人の発達と適応，およびこの交流を社会的に望ましい諸目標を拡充する手段として活用すること」に焦点をあてた「過程」として[(16)]グループワークを定義した。しかしグループワークとレクリエーション活動との違いがあいまいであり，社会福祉援助技術なのか教育的技術なのかという議論が巻き起こり，1946年にコイルが改めて全米社会事業会議で報告することでようやく収束をみた。

コイルは，グループワークには明らかに２つの次元があり，一つはゲームや芸術活動などを含む活動の流れであり，もう一つはパーソナリティの交流であり，これらによって集団活動が展開するとし，一方のみでなく両方が必要とした[(17)]。ケースワークの発展と比較すると，グループワークの理論化や体系化は遅れていたが，1946年に全米グループワーカー協会（専門職団体）が誕生したことで，グループワークに関する論文数が大きく伸び，発展していった。

▣ コミュニティワーク

コミュニティワークは，COSやセツルメント活動の中で，地域住民の組織化などで重要な技術であった。アメリカで1929年に始まった世界大恐慌がもたらした大不況によって，貧困問題はより深刻化・広範囲にわたり，それまでの民間社会福祉による対応では限界を迎えた。アメリカはニューディール政策を打ち出し，さまざまな対策を講じたが，その一環として「社会保障法」（1935年）が制定されたことで，その実施機関として公的社会福祉機関が発展した。失業対策等のためにマクロレベルの支援が求められるようになり，それに伴いコミュニティワークの理論が形成されていくこととなる。その中で**「レイン報告書」**はその理論化に大きく貢献したといわれる。「レイン報告書」ではコミュニティワークを社会福祉援助技術の一つとして位置づけ，その主な機能を，地域社会に存在するニーズと資源を調整することであるとする「ニーズ・資源調整説」を規定した。

その後，グループワークを初めて定義したニューステッターがコミュニティワークについて「インターグループワーク説」（1947年）を提唱した。インターグループワーク説とは，地域内の各組織・団体及び機関の代表の討議の場を設定し，グループ間の調整機能によって選択された社会的目標を中心に各集団の協働を促進する援助技術である。[(18)]

「レイン報告書」
1939年にレイン（Lane, R. P.）を委員長とする全米社会事業会議第三部会がまとめた報告書。意義として本文中に記載した主なもの以外に，地域援助技術の一つとしての資格や教育訓練，概念の体系化を図ったこと，住民参加の概念を普及させたこと，ニーズ調査の技術を発展させる契機となったことなどがあげられる。

3 ソーシャルワークの発展期（1950～1960年代）

第二次世界大戦後のアメリカでは，経済発展の中で貧富の差はなりを潜めたかに思えたが，1960年代に入るとベトナム戦争，ケネディ大統領の暗殺などによる社会不安が起きた。またハリントン（Harrington, M.）による『もう一つのアメリカ』（1962年）で，1950年代末からアメリカの全人口の４分の１～５分の１（4000万～5000万人）が貧困状態にあったこと，貧困の世代間連鎖が起きていたことが指摘され大きな反響を生んだ。

このような「貧困の再発見」によって当時のジョンソン大統領は「貧困戦争」を宣言し，さまざまな貧困対策に着手した。さらには，貧困問題だけではなく犯罪や青少年の非行の増加，公民権運動に代表される人種差別問題など，多くの社会問題への対応が求められた。また，各地で福祉権運動（公的扶助引き締め施策に抵抗する権利要求運動）もさかんであった。こういった社会的背景の中でのソーシャルワークの発展期について，伝統的な３手法別にみる。

ケースワークにおける理論の発展

診断主義学派と機能主義学派の激しい対立は1950年代に入って変化がみられるようになる。アプローチが個人の内面（心理的側面）に偏っていたことを反省し，個人と社会環境に目を向けるようになるのである。それに大きな功績を残したのは，パールマン（Perlman, H.）である。彼女は，1957年に『ソーシャルケースワーク――問題解決の過程』を発表した。これは問題解決アプローチと呼ばれ，人間（Person）を生まれてから死ぬまでたえず何らかの問題に取り組んでいく存在と捉え，問題解決過程それ自体を人生で遭遇する問題を解決するためのツールと考えた。[19]

ケースワークの構成要素として，「人（Person）」「問題（Problem）」「場所（Place）」「過程（Process）」の４つのＰ（後に，「専門職（Profession）」「政策（Provisions）」が加わり６つのＰとなった）とし，ケースワーク援助を用いて問題解決に取り組むクライエントの力を「**ワーカビリティ**（Workability）」と呼び，その要素を「動機付け（Motivation）」「能力（Capacity）」「機会（Opportunity）」としたMCOモデルを提唱した。問題解決アプローチは，折衷主義とも呼ばれ，多くの研究者・実践者たちに大きな影響を与えただけでなく，その後の理論の発展や統合化の基礎をつくることとなる。また，「ケースワークは死んだ」（1967年）という論文を発表しケースワークの存在意義を問い直したことでも有名である。

ワーカビリティ
クライエントが，支援を自分にとって有効なものとするかどうかに関係する能力のことであり，また，福祉サービスを活用する能力のことである。

ホリス（Hollis, F.）は，1964年に『ケースワーク――心理社会療法』を出版し，心理社会的アプローチの理論的枠組みを明確化した。このアプローチは診断主義学派の流れをくむが，クライエントとクライエントを取り巻く環境との相互作用あるいは交互作用の中で，個人のパーソナリティ・システムと力動性を理解し援助する視点を示し，[20]「状況の中の人（Person in the situation）」に焦点をあてて，クライエントの問題状況を捉えるアプローチである。ホリスは統合化の過程に大きな影響を与えることとなる。

□ グループワークにおける理論の発展

第二次世界大戦を経験して，グループワークが人を助けるものにも破壊するにもなりうることが明らかとなり，集団活動の目的や集団の質の重要性を示すことが求められた。[21]その中でコノプカ（Konopka, G.）は，『ソーシャル・グループワーク　援助の過程』（1963年）を発表し，グループワークを社会福祉援助技術の一つと位置づけた上で，グループワークを意図的なグループ経験を通じて，個人の社会的に機能する力を高め，また個人，集団，地域社会の諸問題により効果的に対処しうるよう人々を援助するものと定義した。[22]またグループワークには「成長志向グループ」「社会活動（ソーシャルアクション）グループ」の２つがあるとした。

また1960年代以降のグループワークの発展は，「社会的目標モデル（Social goals model）」「治療モデル（Remedial model）」「相互作用モデル（Reciprocal model）」の3つにわけることができる。「社会目標モデル」は，伝統的なグループワークの実践モデルであり，民主主義社会にふさわしい見識ある市民を育てるために，グループ経験を通じて必要な行動様式を育て強化すること，社会的責任という価値観を身につけることをねらいとしている。「治療モデル」は，グループに参加する人の矯正や治療を目的にしたものであることから，意図的に設定されたグループで行われ，主な支援の対象は，身体的あるいは精神的に障害のある人，孤立・疎外されている人，犯罪者などである。「相互作用モデル」は，メンバーが相互に助け合うことによって共通の課題に取り組むようになる理想的状態，つまり相互援助システムをつくり出すことを目的としている[(23)]。

回 コミュニティワークにおける理論の発展

コミュニティワークにおいて欠かすことのできないのは，ロス（Ross, G. M.）の『コミュニティ・オーガニゼーション』（1955年）である。ロスは，コミュニティオーガニゼーションを①コミュニティのニーズ（needs）と目標（objections）を設定し（identify）し，②ニーズと目標を順序付け（ランク付け），③ニーズと目標に見合った自信（confidence）と意欲（will to work）を発展させ，④ニーズと目標に対処するためのコミュニティ内・外（internal / external）の資源（resources）を見つけ出し，⑤それらに則って，活動（take action）を開始し，⑥そうすることによって，コミュニティの中に協調し（cooperative）協働（collaborative）態度を拡大し発展させるように，⑦コミュニティの中で実践を行う過程（process）である[(24)]と定義し，地域組織化の重要性を指摘した。また，「概念的な『地域』や『組織』や『制度』を対象とするのではなく，そこに生きて活動している『人々』に対するソーシャルワーク・プラクティスである[(25)]」とも述べている。

ロスマン（Rothman, J.）は，1960年代のコミュニティワークを①地域開発モデル，②社会計画モデル，③社会活動法（ソーシャルアクション）の3つに分類している。特に社会活動法は，当時社会問題解決の視点を強調することで社会福祉援助技術全体に大きな影響を与え，また，社会活動法で鮮明にされていくニーズをいかに社会福祉サービスの計画に具体化していくかが大きな課題となった[(26)]。

さまざまなモデルの登場と統合化の動き（1970〜1990年代）

1970年代に入ると，伝統的な３手法がその時代に応じたニーズに対応して新たな理論を形成していく流れが起きるとともに，３手法の統合化のための理論も進展を見せた。

□ さまざまなアプローチモデルの登場

ケースワークにおいては，「心理社会的アプローチ」，「機能主義アプローチ」，「問題解決アプローチ」に加えて，1960年代後半に「**行動変容アプローチ**」（Thomas, E. ら）が登場し，その後1970年代前半から多くのアプローチやモデルが誕生した。「**危機介入モデル**」（1970年：Rapoport, L.），「**課題中心アプローチ**」（1972年：Epstein, L.）「生活モデル」（1980年：Germain, C. B. ら）などがそれにあたる。

グループワークにおいては，1970年中ごろには，①ジェネリックモデル，②組織化モデル，③心理社会モデル，④機能主義モデル，⑤媒介モデル，⑥発達理論モデル，⑦課題中心モデル，⑧社会化モデル，⑨危機介入モデル，⑩問題解決モデルの10種類があるとされた[(27)]。ケースワークとの共通性が理解できるモデルとなっていることがわかる。

コミュニティワークについては，政策的視点が加わっていったことによって，マクロソーシャルワークの中での役割を期待されるようになった。この後に述べる統合化とも相まって，社会活動法，社会調査法，運営・管理，福祉計画も含むマクロレベルへと発展していく。1987年にはロスマン（Rothman, J.）は先にのべた３つのモデルに，マクロ・ソーシャルワークの視座から「政策実践モデル」と「アドミニストレーションモデル」を加えている。

□ 統合化の動きとジェネラリストアプローチ

複雑化する社会の中で新たに生まれた多様な生活課題に対応していくために，伝統的な３手法は，それぞれに発展しさまざまな理論が生まれた。一方で，これらの手法は徐々に接近していき，ソーシャルワークの共通基盤を明らかにして一体化していく流れとなる（統合化）。

統合化の流れにまず影響を与えたのは，ミルフォード会議で報告された「ジェネリックとスペシフィック」概念である。また心理社会的

行動変容アプローチ
精神分析理論に強い影響を受けたアプローチへの批判から生まれた。学習理論やオペラント条件付け，認知行動療法等の知見が導入されている。観察可能な具体的現象（行動）を問題として捉える。行動の原因を探求するよりも，現在の環境と行動との関係に注目し，具体的かつ肯定的な行動を目標として介入を行う。変容後の行動については，目標達成したかどうかを評価し，さらに定着あるいは維持されているかどうかを追跡することが重要となる。

危機介入モデル
人びとの危機的状況に素早く介入し，崩れた情緒的なバランスを回復させ，以前の状態まで近づけるように問題解決を手助けする短期的な支援。可能な限り早急に介入が実行され，時間的制約のなかで，心配や懸念，不安の表出を奨励する。通常４週間から６週間の限定された期間で行われ，具体的かつ実際的情報やサポートの提供・動員が行われる。また，初期段階では，アウトリーチが重要とされる。危機的状況には，自然災害や事故等

アプローチを生み出したホリスは，状況の中の人（person in the situation）に焦点をあて，人と環境との全体性を捉える視点を初めて取り入れた。バートレット（Bartlett, H. M.）は，『社会福祉実践の共通基盤』（1970年）の中で個人，集団，地域など実践の形態は多様であっても社会福祉実践や方法には共通する基盤があることを示し，共通基盤とは「知識，価値，調整活動のレパートリーとして明示」されるものであり「ソーシャルワーク実践における本質的な要素である」とした。[(28)]

1970年代に入ると統合化について盛んに議論されるようなったが，その大きな要因の一つはシステム理論の導入にある。「その導入の影響は，個人，グループ，コミュニティを分断するものではなく，最小のシステムである個人を内包したシステムとして捉える視点[(29)]」をもたらした。これによってホリスの「状況の中の人」はシステム理論と結びつき，そのシステムへの介入という視点が明確になった。ソーシャルワークを専門職として確立させるという意味でも統合化は重要な意義を持っていた。

統合化の第1段階はコンビネーションアプローチ（Combination approach）で，伝統的な3手法を単純に合体させた形態である。ソーシャルワーカーがクライエントに対して最も適切な方法を適宜組み合わせて活用しようとするもの[(30)]で，統合化の足掛かりともいえる。第2段階は，マルチメソッドアプローチ（Multimethod approach）と呼ばれ，各手法から共通原理や技術を抽出することによって共通基盤を確立させようとした。第3段階は，ジェネラリストアプローチ（Generalist approach）で，「専門職としてのソーシャルワークの共通基盤を確立したうえで，そこから全体を特質づける枠組みを再構築すること」[(31)]で，統合化の直接的な到達点[(32)]とされる。

☐ 生活モデルとジェネラリストソーシャルワーク

生活モデルは1980年代に誕生したが，それ以降ソーシャルワークにおける中核的なモデルとなる。システム理論が導入されたことでソーシャルワーク理論は大きな発展を遂げる一方，システム論による「機械論」的理解のあり方に批判が向けられたことも事実である。[(33)]人と環境との相互作用に関心が高まる中で，生態学（ecology）を学問的基盤にしたエコロジカルアプローチに基づいた**生活モデル**（ライフモデル）がジャーメイン（Germain, C.B.）とギッターマン（Gittermann, A.）によって提唱された。生活モデルは，人と環境との相互作用（transaction）に焦点を当てて両者の調和を目指すものである。クライエント

の予測できない危機と，発達段階や役割変化などによる予測できる危機がある。

課題中心アプローチ
短期処遇（4カ月程度）の限定された期間・時間のなかで，クライエント自身が認識し，自らの努力で解決できる可能性を持った具体的な生活諸課題を支援の対象とする。現在の問題が解決された時の状態を実現するための，クライエント自身によって着手される一連の問題解決行動を課題(task)とし，計画的短期性（planned brevity：計画的契約を取り交わし，共通理解の中で課題を設定し，援助を計画的に実行すること）を特徴とする。

生活モデル
1980年代以降の中核的なモデルとされる。「人と環境との相互作用（transaction）」が大きな特徴とされ，人の生活を，環境との間で行われる絶えることのないさまざまなやりとりの過程と捉え，その環境との間の関係性（relatedness）を重視する。ソーシャルワーカーは，生活モデルの登場によって，生活課題をクライエント側，環境側の要因といった二者択一の視点ではなく，環境からの要請への対処（coping）の実態として捉えるという複合的な視点を持つが可能となった。

が環境に適応したり，環境へ影響を与えたりする力を高めるために，適応（adaption）へのコンピテンス（competence）を高めることを重視した。生活モデルの登場によって，これまでの問題を引き起こす原因を見つけ出して治療する，という医学モデルからの移行を迎えたのである。生活モデルは，システム理論の導入とともにジェネラリストアプローチからジェネラリストソーシャルワークへの展開に絶大な影響を与えた。

1990年代に入ると，ジェネラリストアプローチは，ジェネラリストソーシャルワークへと体系化された。ジェネラリストアプローチでは，伝統的３手法が完全に一体化したわけではなく，共通基盤を理論的に成熟させたうえで，３つの手法を捉えなおそうとするものであった。

ジェネラリストソーシャルワークでは，３手法は完全に一体化し，システム理論や生活モデルによって理論としてだけではなく，実践においても「個人，グループ，地域といった各システムの特性を捉えたうえで，個人と個人を取り巻く環境といった複数のシステム間との交互作用を促進させる[(34)]」ことが重要視されるようになった。この「個」と「地域」を一体的に捉えて働きかけるという点と面との融合は，ジェネラリストソーシャルワーク全体を性格づける特質といえる[(35)]。ほかの特質として，①本人主体の強調，②エコシステムによる交互作用（interaction）概念，③ストレングスパースペクティブ，④マルチシステムなどがあげられる[(36)]。

さらに知りたい人のための推薦図書

リッチモンド，M. E.／小松源助訳（1991）『ソーシャルケースワークとは何か』中央法規出版.

▷「ケースワークの母」と呼ばれるリッチモンドがケースワークをどのように捉え，どう定義しているのかを理解できる。

バートレット，H. M.／小松源助訳（2009）『社会福実践の共通基盤（ミネルヴァ・アーカイブズ）』ミネルヴァ書房.

▷バートレットがソーシャルワークの共通基盤とは何かについてさまざまな方向から論理的に説明している。

注

（1）　室田保夫・倉持史朗・蜂谷俊隆編著（2018）『社会福祉（新・基礎からの社会福祉１）』ミネルヴァ書房，23.

（2）（1）と同じ，32.

（3）　山辺朗子（2014）「ソーシャルワークの源流」日本社会福祉学会事典編集委員会 編『社会福祉学事典』丸善出版，168.

（4）　高野史郎（1985）『イギリス近代社会事業の形成過程——ロンドン慈善組織協会の活動を中心として』勁草書房，170-173.

（5）　社会福祉士養成講座編集員会編（2015）『相談援助の基盤と専門職（第３版）』中央法規出版，56.

（6）（5）と同じ，56.

（7）　福祉士養成講座編集員会編集『社会福祉援助技術論Ⅰ（新版 社会福祉士養成講座8）』中央法規出版，2006年，81.
（8）（7）と同じ，83.
（9）　木村容子・小原眞知子編著（2019）『ソーシャルワーク論』ミネルヴァ書房，81.
（10）　松原康雄（2011）「メアリー・リッチモンド再考 現代社会におけるソーシャルワークの構築に対する示唆」日本ソーシャルワーク学会『ソーシャルワーク研究』第22号，29-35.
（11）（7）と同じ，88.
（12）（7）と同じ，88.
（13）（7）と同じ，163.
（14）　久保紘章・副田あけみ編著（2005）『ソーシャルワークの実践モデル 心理社会的アプローチからナラティブまで』川島書店，iii.
（15）（7）と同じ，91.
（16）　リード，K. E.／大利一雄訳（1992）『グループワークの歴史』勁草書房，127.
（17）（16）と同じ，147.
（18）（7）と同じ，93.
（19）（14）と同じ，33.
（20）（14）と同じ，5.
（21）（7）と同じ，98.
（22）（9）と同じ，106.
（23）（7）と同じ，177.
（24）（9）と同じ，109.
（25）（9）と同じ，110.
（26）（7）と同じ，99.
（27）（7）と同じ，103.
（28）　バートレット，H. M.／小松源助訳（2009年）『社会福実践の共通基盤（ミネルヴァ・アーカイブズ）』ミネルヴァ書房，80.
（29）（5）と同じ，87.
（30）（5）と同じ，88.
（31）（5）と同じ，89.
（32）（5）と同じ，89.
（33）　社会福祉士養成講座編集委員会（2009）『相談援助の理論と方法Ⅱ（第2版）（新・社会福祉士養成講座8）』中央法規出版，133.
（34）（5）と同じ，177.
（35）（5）と同じ，177.
（36）（5）と同じ，177.

参考文献

リッチモンド，M. E.／杉本一義監修／佐藤哲三訳（2012）『社会診断』あいり出版.
小松源助（2002）『ソーシャルワーク実践理論の基礎的研究　21世紀への継承を願って』川島書店.
小松源助（1992）『ソーシャルワーク理論の歴史と展開——先駆者に辿るその発達史』川島書店.
ジャーメイン，C. B.・ギッターマン，A.／田中禮子・小寺全世・橋本由紀子他監訳（2008）『ソーシャルワーク実践と生活モデル 上・下』ふくろう出版.

資料6－1　ソーシャルワークの沿革（概略図）

〈前史〉　キリスト教

〈源流〉

19世紀　産業革命⇒資本主義の発展と都市化によって貧困者が増加⇒さまざまな私的慈善団体による救済

⇕

□ブース（Booth, C.）　ロンドン調査を実施　→『ロンドン市民の生活と労働』
- 貧困の原因は，社会や経済的な要因による
- 貧困問題は，（慈善の対象ではなく，）国家の施策として取り組むべき
- 社会改良を目的とする社会調査を確立

□ラウントリー（Rowntree, S.）ヨーク調査を実施

→『貧困』／ル・プレー（LePlay, F.）『ヨーロッパの労働者』

	〈コミュニティワークの流れ〉	〈ケースワークの流れ〉	〈グループワークの流れ〉
19世紀末	多くの慈善団体による無秩序・無計画な救済事業を調整する必要性 ↓ 1869年　慈善組織協会（COS）の結成		社会改良運動 ○セツルメント運動 3つのR： ・住み込み（residence） ・調査（research） ・改良（reform） トインビーホール ハルハウス ○青少年団体運動 YMCA，YWCAなど
	・町を細分化し，各地区の要保護者の調査 ・要保護者の登録 ・救済機関の連絡調整	友愛訪問 「施与ではなく，友情を！」	
1920年代		リッチモンド(Richmond, M. E.)によるケースワークの体系化 『社会診断』 『ソーシャルケースワークとは何か』 ケースワーク専門職教育の始まり	小集団活動の普及
		1923～1928年　ミルフォード会議 「ジェネリックとスペシフィック」	ウエスタン・リザーブ大学でのグループワーク教育
		精神医学の影響 ↓	
	1929年《世界大恐慌》	【医学モデル】	
1930年代		診断主義学派：過去に焦点 パーソナリティに着目 ハミルトン（Hamilton, G.） 『ケースワークの理論の実際』	1935年 全国社会事業会議 ニューステッター(Newstetter, W.)によるグループワークの定義
1940年代	レイン報告の「ニーズ・資源調整説」 コミュニティオーガニゼーション（CO）の体系化 その主機能は，地域社会に存在するニーズと資源を調整すること	機能主義：現在に焦点 ソーシャルワーカーの機関の機能の活用 タフト（Taft, J.）・ロビンソン（Robinson, V.）	全米グループワーク研究会設立 SWの一技法として位置づけられる
	ニューステッター(Newstetter, W.)の「インターグループワーク説」 地域のグループ（団体・組織・機関等）の組織化と協同による地域ニーズへの対応		1946年 全米グループワーカー協会発足

《第二次世界大戦後》
1950～1960年代（アメリカ）　ベトナム戦争　ケネディ大統領暗殺など　⇒　社会不安の増大
○貧困の再発見
『もう一つのアメリカ』（Harrington, M.）
・1950年代終わり　全米人口の1/4～1/5（4000万～5000万人）が貧困状態に
・貧困にある人々は，その状態が世代間で再生産されるという悪循環（貧困の文化）に陥っている
→ジョンソン大統領「貧困戦争」宣言（雇用対策事業：職業訓練を中心に，教育事業，融資事業）
○公民権運動：黒人に対するさまざまな社会的，経済的差別や人権侵害の撤廃を求める社会運動
○福祉権運動：公的扶助引き締め政策に抵抗する権利要求運動
パールマン（Perlman, H.）「ケースワークは死んだ」：
社会問題の解決には，社会計画や制度の変革が必要であるが，それらへの働きかけを行う役割を担っていないことを批判

	〈コミュニティワークの流れ〉	〈ケースワークの流れ〉	〈グループワークの流れ〉
1950年代	ロス（Ross, M. G.）の「地域組織化説」	折衷主義（診断主義＋機能主義の折衷） パールマン（Perlman, H）の問題解決アプローチ 『ソーシャルケースワーク‐問題解決の過程』 4つのP：person(人), problem(問題), place(場所), process(過程)（後に6つのP） ワーカビリティ（workability）：動機づけ，能力，機会	
1960年代	ロスマン（Rossman, J.） 地域開発モデル 社会計画モデル 社会活動　に分類	○統合化の動き ホリス（Hollis, F.）の心理社会的アプローチ “状況の中の人（person in the situation）”	コノプカ（Konpuka,G.） 『ソーシャル・グループワーク－援助の過程』 「成長志向グループ」 「社会活動（ソーシャルアクション）グループ」 社会諸目標モデル 相互作用モデル 治療モデル
1970年代	○隣接科学の成果を適用して新たな理論やモデルが生みだされる システム理論，行動変容アプローチ，危機介入モデル，課題中心アプローチ，生態学理論，組織化モデル，媒介モデル，発達理論，政策実践モデル，アドミニストレーションモデル　etc.		
1980年代	○（ケースワーク，グループワーク，コミュニティワークの＝ソーシャルワークの）共通基盤を見いだす動き バートレット（Bartlett, H. M.）『ソーシャルワーク実践の共通基盤』 ○コンビネーション・アプローチ，マルチメソッド・アプローチ　→　ジェネラリストアプローチ（統合化の成果）		
1990年代	**【生活モデル】**へ ジャーメイン（Germain, C. B.）とギッターマン（Gitterman, A.）のエコロジカル・アプローチ 人と環境の相互作用に焦点 ジェネラリストソーシャルワーク ・人と環境（システム）の交互作用　←システム理論・生態学（エコロジー）理論 ・本人主体の強調 ・ストレングスパースペクティブ ・マルチシステム		

出所：木村容子が作成したものを，筆者が一部改変。

■第７章■

ソーシャルワークの沿革
――ポストモダンソーシャルワークの潮流

学習のポイント

1　ソーシャルワークと近代（モダン）の関係を理解する。

2　モダンソーシャルワークの特徴を理解する。

3　ポストモダンソーシャルワークが登場した背景を理解する。

4　ポストモダンソーシャルワークの特徴と具体例を理解する。

5　ポストモダンソーシャルワークの限界と課題を理解する。

モダンソーシャルワークの成立と限界

□ ソーシャルワークと近代（モダン）

① 社会の近代化とソーシャルワークの誕生

ソーシャルワークの誕生は，社会の近代化と密接な関係がある。社会が近代化したからこそソーシャルワークが必要とされたのである。ソーシャルワークの誕生と「近代（modern，モダン）」の成立は不可分の関係にある。

この点を確認するため，ブース（Booth, C. J.）によるロンドン調査やラウントリー（Rowntree, S.）によるヨーク調査に注目したい。これらの調査は，イギリスにおける貧困の実態に接近した調査として知られている。その意義は，貧困の原因が個人の資質（例えば怠惰）の問題ではなく，社会的な問題であることを指摘した点にある。

イギリスに端を発する産業革命は，18世紀後半から19世紀にかけて起こったとされる。この産業革命は，都市部への大規模な人口流入，すなわち都市化をもたらした。都市化により社会の構造は大きく変化し，新たな社会問題が発生した。ブースやラウントリーが発見した貧困問題は，社会の近代化の結果として生じたのである。

こうした社会の近代化は，イギリス以外の国々においても起こっている。わたしたち人類は，19世紀末から20世紀初頭に「近代化（modernization）」という大きなインパクトを受けたのである。この時期はソーシャルワークが誕生した時期と重なる。周知のとおり，「ケースワークの母」とされる**リッチモンド**☞（Richmond, M. E.）が活躍した。日本において，**片山潜**☞がキングスレー館を設立し，セツルメント運動を行っている。

☞ リッチモンド，M. E.
本書第6章第1，2節参照
☞ 片山潜
本書第8章第1節参照

② ソーシャルワークの成立における社会の近代化の必要性

このように，ソーシャルワークがソーシャルワークとして成立するためには社会が近代化されることが必要だった。さらにいえば，近代化された社会によりソーシャルワークが必要とされたのである。

もちろん，社会が近代化される以前の「前近代」（premodern，プレモダン）において福祉的な支援活動が存在しなかったわけではない。たとえば，日本に限定していえば，聖徳太子が設置したとされる敬田院，施薬院，療病院，悲田院の四箇院は有名である。なかでも，悲田院は，高齢者や障害者などに対する支援を行う福祉施設である。他にも江戸期に第５代将軍の徳川綱吉が制定した「生類憐れみの令」がある。動物保護のイメージが強いが，子ども，障害者，病者，高齢者の保護が目指された。

しかしこれらは，あくまでも前近代（プレモダン）である封建社会における福祉的支援活動である。ソーシャルワークの誕生は，社会の近代化が図られる19世紀末から20世紀初頭を待つ必要がある。

□ モダンソーシャルワークの特徴

①　モダンソーシャルワークに埋め込まれた近代主義的思想

ソーシャルワークの成立には，近代（モダン）の成立が不可分にかかわる。このことは，わたしたちがソーシャルワークという言葉を使う際，それが「近代的なもの」であることをとくに意識しないでイメージすることと重なる。説明抜きでソーシャルワークという言葉が用いられるとき，そこには近代的な諸要素が持ち込まれている。すなわち，ソーシャルワークには「近代」が密かに埋め込まれているのである。

ここでは，「ソーシャルワーク」を一端括弧に入れ，問い直すことをとおして，そこに埋め込まれている近代的要素を確認したい。

すでにみてきたように近代化は産業化を契機としたさまざまな社会構造の変化を意味する。そしてこの近代化は，わたしたちの「ものの考え方」，つまり「思想」に大きな変化をもたらすことになった。ここでは，ソーシャルワークとの関連で無視することのできない近代的なものの考え方を概観したい。

②　合理性，専門性，科学性

まず，注目されるのは「合理性」である。近代社会では，この合理性が尊重される。「近代合理主義」とよばれることもある。ものごとを理性的，論理的に捉えようとする立場である。そこでは，無駄なものは，非合理的なものであり極力排除される必要がある。ソーシャルワークにおいても「問題」へのアプローチに対して，なるべく無駄を無くし，理性的，論理的に対処することが求められる。

続いて注目されるのは，「専門性」，あるいは「科学性」である。周知のとおりソーシャルワークは，その成立過程において，専門性，科学性がもとめられてきた。ソーシャルワークによる支援は，「素人が，手探りで」行うことは許されず，「専門家が，科学的に」行うことが求められるようになった。その流れの中で，支援を生業とする「ソーシャルワーカー」が専門職として誕生した。そこでは，「一般市民が行うボランティアとしての支援」と「専門職が行うソーシャルワークとしての支援」は異なるものとして説明されるようになった。

このような特徴をもつ近代的なソーシャルワークは，「モダンソーシャルワーク」とよぶことができる

□ モダンソーシャルワークの限界

① 日本におけるモダンソーシャルワークの成立

さて，このようなモダンソーシャルワークは，それまでの前近代的な支援のあり方を大きく進歩させた。前近代（プレモダン）的な支援のあり方では対応しきれない課題への対処を可能にした。

日本では，明治期の1874(明治７)年に恤救規則が制定された。その後，この恤救規則に代わり，1929(昭和４)年には，救護法が制定された。救護法は，第二次世界大戦後の1946(昭和21)年に生活保護法が成立するまで存続することになる。

これらの制度は，今日的にみれば必ずしも十分とはいえないが，日本において社会が近代化することにともない，噴出した近代的諸課題に対応することが，目指されたものである。その後，多くの制度が整い，今日に至ることは周知のとおりである。

② モダンソーシャルワークの限界

このように，社会の近代化にともないソーシャルワークのあり方も徐々に近代的なものになってきた。この潮流は現在にもつながっている重要なものである。しかし，時代がさらに進むと，このようなモダンソーシャルワークの綻びが目立つようになる。

その背景には，社会構造が，近代初期とは比較にならないほど変化したことがある。そこでは，ソーシャルワークが対応すべき課題が複雑化，多様化することになる。たとえば，長寿化の結果として発現した認知症の問題，学校制度が整備されたた結果として浮き彫りとなった不登校の問題，合理化された社会の歪みが生み出した依存症の問題，などがある。そのような新しい課題に対しては，モダンソーシャルワークの枠組みでは十分に対応することが難しくなった。

そのようななか，近代（モダン）の限界克服を目指し，「ポストモダン（脱近代，後近代)」の名を冠するソーシャルワーク，すなわち「ポストモダンソーシャルワーク」が登場することになる。

ポストモダンソーシャルワークの潮流

ポストモダン思想

ソーシャルワーク以外の領域においても，近代の限界の克服を目指したポストモダンの潮流がある。ポストモダンソーシャルワークは，他のさまざまな学問領域のポストモダン的潮流を踏まえながら誕生した。

もともとポストモダンの潮流は，思想，芸術，建築などにおいて，1970年以降に登場する。多くの領域に渡るポストモダンの潮流を一言で定義することは難しいが，「近代的なもの」からの脱却を目指した一連の運動といえよう。そのためポストモダンでは，「近代」が生み出した価値や思想は批判の対象となる。

ポストモダンの潮流は，まず建築の領域からはじまった。たとえば，アメリカの建築評論家，ジェンクス（Jencks, C.）の『ポストモダニズムの建築言語』（1977=1978）がある。そこでは画一化された近代建築への批判が行われ，ポストモダン建築の可能性が展望された[(1)]。

また思想の領域では，フランスの哲学者，リオタール（Lyotard, J. F.）の『ポストモダンの条件』（1979年）があげられる[(2)]。リオタールは，「近代」を自明視せず，近代的な「大きな物語」の限界が露呈した時代を「ポストモダン（脱近代，後近代）」とよんだ。リオタールのポストモダン論は，ソーシャルワークを含む人文科学，社会科学の領域に大きな影響を与えることになる。

建築にみるポストモダン

ところで，この「ポストモダン」という概念は，優れてアカデミックで抽象的な概念であるため，初学者がすぐに理解することは容易でない。そこで，ポストモダンの潮流が出現した建築領域に注目したい。あたりまえのことであるが，建築物には具体的な姿が与えられ，わたしたちはそれを目で見ることができる。建築物を見ることで，「ポストモダン」という概念を視覚的にイメージすることが可能となる。ここでは，日本を代表するモダン建築とポストモダン建築を写真で見比べたい。

写真７-１は，モダン建築の代表である東京海上日動ビル本館である。見ての通り，シンプルな直方体の形をしている。窓枠の大きさも

写真７－１　東京海上日動ビル本館

出所：筆者撮影，2022年10月。

写真７－２　東京都庁第一本庁舎

出所：筆者撮影，2022年10月。

均一であり，モダンの特徴である機能性があり，無駄のない合理的な造りとなっている。写真７－２は，ポストモダン建築である東京都庁第一本庁舎である。こちらは直方体とは言い難いユニークな形をしている。そこには装飾性という非合理的な要素が付け加えられている。しかし，非合理的であるからといってそこに意味が無いわけではない。「美しさ」という別の価値を見出すこともできるだろう。

回 ソーシャルワークとポストモダン

こうしたポストモダンの思想が，ソーシャルワークの領域にも採用されるようになったのは，1980年代後半以降である。すでにみてきたように，ソーシャルワークは，歴史的に社会が近代化したことの結果として誕生した。しかし，その根幹である近代的なものが批判の対象となるポストモダンは，なかなかソーシャルワークの領域に浸透しなかった。とくに日本におけるポストモダンソーシャルワークが本格的に導入されたのは比較的最近であり，2000年以降といえるだろう。

ポストモダンとは，近代（モダン）の批判のうえに成り立つ思想的潮流である。そのため近代の産物といえるソーシャルワークとは反りが合わない部分が多い。結果，ソーシャルワークにおけるポストモダンの導入は他の領域より遅れることとなった。

そのようななかでも，「強さ」を意味する「ストレングス（strengths）」は，ポストモダンの考え方にもとづきながらも，既存のモダンソーシャルワークに馴染みやすく，比較的早く普及した。クライエントがかかえる問題や課題などの「弱さ」に注目しその解決を目指すのではなく，クライエントの能力や希望，活用できる資源等のストレングス（強さ）に注目し，それを糸口として支援を行うことは，ポジティブな結果をもたらす可能性がある。

ストレングス概念

ストレングス概念は，もともとは，ラップ（Rapp, C.A.）がエンパワーメントモデルをベースに精神科領域に開発した支援モデルにもとづく。ラップは，1998年にストレングスの考え方を著書として発表した。この著書は邦訳され，その後何度か増補改訂されている。[(3)]

日本におけるストレングス概念の普及は，邦訳のあるラップの影響が大きいが，理論的にはサリービー（Saleebey, D.）の貢献も大きい。サリービーは，ラップよりも早い1992年の時点において，ソーシャルワーク実践におけるストレングス視点の重要性を指摘している。[(4)]

このストレングス概念は，日本のソーシャルワークに大きな違和感なく浸透していったためあまり意識されることはないが，背景にはポストモダン思想である「社会構成主義」がある。社会構成主義は，「ものごとは社会的に作られる」という考え方であり，ものごとの「本質」を解明しようとするモダニズムとは根本的に異なる。

クリティカルソーシャルワーク

ポストモダンソーシャルワークとしては，ストレングスの他にも，**クリティカルソーシャルワーク**（批判ソーシャルワーク）をあげることができる。クリティカルソーシャルワークは，1990年代以降に登場した。代表的論者としては，フック（Fook, J.），ピース（Pease, B.）をあげることができる。

たとえばフックは，従来の理論から実践を見通す演繹的なトップダウン方式よりも，実践における現実から理論の側を問い返していくボトムアップの帰納的ベクトルを重視した。[(5)] クリティカルソーシャルワークは，国際的なソーシャルワークでは重要な潮流となっている。しかし，日本では先駆的ないくつかの論文で取り上げられてはいるものの，[(6)] 十分に取り上げられているとはいえない。今後の展開が期待される。

クリティカルソーシャルワーク
伝統的なソーシャルワーク（モダンソーシャルワーク）の限界克服を目指した新しいソーシャルワークの潮流である。フランクフルト学派の「批判理論（critical theory)」を基盤とする。キーワードに，「主体」，「権力」，「対話」をあげることができる。このクリティカルソーシャルワークの類似概念として，「ラディカルソーシャルワーク（radical social work)」がある。

表7-1　モダンソーシャルワークの特徴とポストモダンソーシャルワークの特徴

項　目	モダンソーシャルワークの特徴	ポストモダンソーシャルワークの特徴
①支援方法	合理性	非合理性
②支援プロセス	簡潔性	冗長性
③問題の捉え方	本質主義	構成主義
④自己のあり方	個として自立した自己	関係性のなかの曖昧な自己
⑤専門性	より高い専門性	脱専門性，当事者性
⑥科学性	エビデンス（科学的根拠）	ナラティヴ（物語，語り）
⑦言葉の役割	情報伝達の手段	目的としての会話，対話

出所：筆者作成。

3　ポストモダンソーシャルワークの特徴

□ モダンソーシャルワークとポストモダンソーシャルワーク

ここで，脱近代的なポストモダンソーシャルワークの特徴を，近代的なモダンソーシャルワークの特徴と対比から確認したい。表7-1において，各項目におけるそれぞれの特徴を整理した。

この表の扱いには注意が必要である。記されている内容はあくまでも理念型（複雑で多様な実態から本質的特徴を抽出し，それらを論理的に組み合わせた理論的モデル）にすぎない。モダンソーシャルワークの延長にポストモダン的要素が含まれていることは多い。純粋なポストモダンソーシャルワークだけで，現実の支援が行えるかどうかは疑わしい。

近年，注目を集めているジェネラリストソーシャルワークの文脈からいえば，この二つの違いを強調するのではなく，「統合」して捉えることのほうが有益かもしれない。しかし，日本においてまだ十分に紹介されていないポストモダンソーシャルワークの特徴を概括するうえでは，一定の意味があるだろう。

□ 支援方法

まず確認したいのは，①「支援方法」である。これはすでに言及した合理性／非合理性の議論である。近代的特徴である「合理性（rationality)」はモダンソーシャルワークの支援方法として重視されている。そこでは無駄なもの，非合理的なものは消極的に評価される。

しかし，ポストモダンソーシャルワークは，こうした合理性を無批判に賛美することを嫌い，反対に「非合理性（irrationality）」を評価する。そこでは合理化の過程で削ぎ落とされてしまった非合理的な要素（たとえば情緒）に着目する。

◻ 支援プロセス

次に，②「支援プロセス」であるが，さきほどの支援方法における合理性／非合理性と深く関連する。合理性を重視するモダンソーシャルワークでは支援プロセスに「無駄」があることは許容されない。支援プロセスの特徴は「簡潔性（simplicity）」である。

しかし，ポストモダンソーシャルワークでは，そのような簡潔性への懐疑から，むしろ，「冗長性（redundancy）」を重んじる。「冗長である」ということは一般的にはネガティヴな言葉とされるが，ポストモダンの文脈ではポジティブな言葉となる。

◻ 問題の捉え方

続いて，③「問題の捉え方」，つまり支援モデルにおいて「問題」をどのように捉えるかの違いである。モダンソーシャルワークは，**本質主義**（essentialism）の立場をとるため，クライエントがかかえる「問題」をあたかも客体的な実在物として捉える。そのため，支援においては，「問題」の「原因」を探ろうとする。そしてその実在物である「問題」の「原因」を取り除くようにアプローチする。

ポストモダンソーシャルワークでは「構成主義（constructionism）」，より正確には「社会構成主義（social constructionism）」の立場をとるため，クライエントがかかえる「問題」を社会的な構築物，つまり実在物ではない作り物として捉える。そこでの支援では，「問題」の脱構築，すなわち解体が試みられる。

本質主義
ものごとには「本質」があるとする立場である。たとえば，「女性らしさ」は，生物学的に女性として生まれたひとに「本質的に備わっている」ものとして考える。この考え方は結果として，「女性は女性らしく生きるべき」という社会規範を生むことになる。すなわち，多様であるはずのわたしたちに，特定のステレオタイプを押し付けることで，差別・排除に繋がる危険がある。なお，本質主義の対義語は，「構成主義（constructivism）」である。

◻ 自己のあり方

④「自己のあり方」は，支援者がクライエントにどのような「自己」を想定しているかということである。モダンソーシャルワークにおける自己は，「近代的自己」であり，「個」として自立し，明確で信頼に値し，一貫している必要がある。

ところがポストモダンソーシャルワークで想定する自己は，「個」として自立していない。曖昧で，不確かで，首尾一貫しておらず，さらに言えば頼りない。個としての自立した自己ではなく，他者との関係において規定され，変幻自在に姿を変える。

専門性

⑤「専門性」については，すでに言及したが，モダンソーシャルワークの重要な要素である。ソーシャルワークの専門性とされる知識，技術，価値・倫理をきちんと身に着ける必要がある。この専門性は，「無いよりは有ったほうがよく，低いよりも高いほうがよい」ものとされる。

ところがポストモダンソーシャルワークでは，この専門性に懐疑の目を向ける。まさにこの専門性こそがクライエントを傷つけ，支援を行き詰まらせてしまう危険があると考える。そこではむしろ，専門性よりも当事者性を活用したピアサポートなどの支援活動が評価されることもある。

科学性

この専門性と深く関連するのは⑥「科学性」である。モダンソーシャルワークは，まさに学問の発展とともに科学化されることで専門性を高め，専門職としての地位を固めてきた。今日では，「エビデンス（科学的根拠）」の重要性が指摘され，EBP（Evidence Based Practice：科学的根拠にもとづいた実践）が求められている。

☞ EBP
本書第10章参照

他方，ポストモダンソーシャルワークの論者たちは，科学性を高めることの限界に気づいた。そして支援を受ける当事者，すなわちクライエント自身が紡ぐ「ナラティヴ（物語，語り）」に注目した。EBPに対してNBP（Narrative Based Practice：ナラティヴにもとづいた実践）とよばれることもある。ポストモダンソーシャルワークでは，当事者であるクライエントの視点に立った支援のあり方が模索されている。

言葉の役割

最後に⑦「言葉の役割」についてみていきたい。ソーシャルワークにおいて言語，すなわち言葉の重要性は，モダンであろうが，ポストモダンであろうが否定されるものではない。しかしその位置づけは，モダンとポストモダンでは，大きく異なる。

モダンソーシャルワークでは，言葉は支援の「手段」という側面が強い。そこでは言葉を媒介にして情報のやり取りが行われる。ところが，ポストモダンソーシャルワークでは，言葉を使うことは手段ではなく「目的」である。言葉を用いてクライエントと会話，対話することそれ自体を支援として捉える傾向がある。

4 ポストモダンソーシャルワークの具体例と課題

ポストモダンソーシャルワークの具体的な支援展開：ナラティヴアプローチ

① ナラティヴアプローチの概要

以上，ポストモダンソーシャルワークの特徴を整理した。だが，ポストモダンソーシャルワークの概念は抽象度が高く，具体的なイメージを持ち難い。以下では，ポストモダンソーシャルワークでは具体的にどのように支援を展開するかについてみていきたい。ここでは，ポストモダンソーシャルワークのなかでも日本に定着しつつあるナラティヴアプローチに注目する。(7)

ナラティヴアプローチは，文字通りクライエントが紡ぐ物語や語りに注目したアプローチである。1980年代後半に開発され，1990年代には日本にも紹介された。ソーシャルワークの領域においては，2000年代中頃に広まった。

② 外在化，例外探し

ナラティヴアプローチは社会構成主義にもとづいて「問題」を捉える。すなわち，実在物として「問題」ではなく，社会的に構築されたものとして「問題」を捉える。そして，「問題」の背後に隠れている「希望」の発掘が目指される。

そこでは，クライエントとの面接における言語的な介入として「外在化」や「例外探し」が行われる。「外在化」とは，言語的介入により「問題」をクライエントから切り離し，外に出すことをいう。「例外探し」は，「問題」の例外としての希望を探すことをいう。

③ 無知の姿勢

ナラティヴアプローチでは，支援者がクライエントと向き合う際にとるべき姿勢として「無知の姿勢（not knowing)」が重視される。

「無知の姿勢」とは，文字通りクライエントのことを「(まだ十分に）知らない」ということである。そこではクライエントがかかえる「問題」については，「クライエントこそが専門家」であると考える。(8)

ポストモダンソーシャルワークの限界と課題

① ポストモダンソーシャルワークにおける限界と課題の存在

本章では，ポストモダンソーシャルワークについて概観してきた。

このポストモダンソーシャルワークは，モダンソーシャルワークと比べると新しいアプローチであり，まだ日本のソーシャルワーク領域に十分浸透しているとはいえない。

ポストモダンソーシャルワークは，モダンソーシャルワークの限界を克服するなかで誕生したわけであるが，このポストモダンソーシャルワークにも限界や課題がある。本章では最後にこの点について確認しておきたい。

②　専門性

まず，ポストモダンソーシャルワークの特徴としてあげた「脱専門性」についてである。ポストモダンソーシャルワークでは「専門性」に懐疑の目を向け，その問い直しが行われる。しかし，ポストモダンソーシャルワークを実践するうえでも，批判の対象となる「専門性」は，簡単には捨て去ることはできない。たとえば，クライエント本人や連携する他の専門職，さらに社会からは，当然のことながら「専門性」が求められる。

一人のソーシャルワーカーとして専門性を巡るこうした不一致とどのように付き合っていくかは現実的な課題といえよう。

③　科学性

他にも，「科学性」はポストモダンソーシャルワークを学問として体系化していくうえで大きな課題である。ポストモダンソーシャルワークも学問であるからには，「科学的」である必要がある。そしてその支援は「科学的根拠」にもとづく必要があるだろう。

そこでは，ポストモダンソーシャルワークの科学性を考えるうえでは，「科学」とはそもそも何かが問われることになる。たとえば，「科学的根拠」は，計量可能であり数字で表現できなければならないのだろうかといった疑問である。

こうしたポストモダンソーシャルワークにおける「科学性」をめぐる課題については，「**質的研究**」に可能性があるだろう。たとえば，クライエントが紡ぐ物語や語りに注目することには一定の意味があるだろう。

④　言　葉

そしてポストモダンソーシャルワークには，本質的な限界がある。それは「言葉」についてである。

ポストモダンソーシャルワークは，言葉に拘ることで，モダンソーシャルワークでは対応しきれないクライエントに支援を届けることを可能にした。しかし，言葉に拘り過ぎたため，言語能力が必ずしも十分ではない人々に支援を届けることが困難であるという課題をかかえ

質的研究
「質的データ」を対象とした研究のことである。ここでいう質的データとは，たとえばインタビューの逐語録やアンケートの自由記述をさす。対象者のリアリティに接近できるというアドバンテージがある。このような質的研究（定性的研究）は，数値化されたデータを対象とした量的研究（定量的研究）と対比的に論じられることが多い。近年では，質的研究と量的研究を組み合わせることの必要性が指摘されている。

ている。

言語に拘らないポストモダンソーシャルワークは可能であろうか。この点は，ポストモダンソーシャルワークの積み残された課題といえよう。

さらに知りたい人のための推薦図書

リオタール，J. F.／小林康夫訳（1986）『ポスト・モダンの条件――知・社会・言語ゲーム』書肆風の薔薇.

▷「ポストモダン」思想を理解するうえで欠かせない古典的名著である。

ラップ，C. A.・ゴスチャ，R. J.／田中英樹監訳（2014）『ストレングスモデル（第3版）――リカバリー志向の精神保健福祉サービス』金剛出版.

▷「社会構成主義」の重要性をソーシャルワークの立場から詳細に解説している。

久保紘章・副田あけみ（2005）『ソーシャルワークの実践モデル――心理社会的アプローチからナラティブまで』川島書店.

▷モダンソーシャルワークのアプローチから，ポストモダンソーシャルワークのアプローチまで，複数のアプローチが網羅的に取り上げられている。

注

（1） Jencks, C. (1977) *Language of Post-Modern Architecture*, Rizzoli（=1978，竹山実訳『ポスト・モダニズムの建築言語』エー・アンド・ユー.）

（2） Lyotard, J. = F. (1979) *La condition postmoderne: rapport sur le savoir*, Minuit（=1986，小林康夫訳『ポスト・モダンの条件――知・社会・言語ゲーム』書肆風の薔薇.）

（3） 初版は，Rapp（1988=1998）であり，日本語で読むことのできる最新のものは，Rapp & Goscha（2012=2014）である。

Rapp, C. A. (1998) *The strengths model: case management with people suffering from severe and persistent mental illness*, Oxford University Press（=1998，江畑敬介監訳『精神障害者のためのケースマネージメント』金剛出版.）

Rapp, C. A. and Goscha R. J. (2012) *The strengths model: a recovery-oriented approach to mental health services*, Oxford University Press（=2014，田中英樹監訳『ストレングスモデル（第3版）――リカバリー志向の精神保健福祉サービス』金剛出版.）

（4） Saleebey, D. (1992) *The Strengths Perspective in Social Work Practice*, Longman.

（5） Fook, J. (2002) *Social Work Critical Theory and Practice*, SAGE Publications Ltd.

（6） 小山聡子（2020）「クリティカル・ソーシャルワークの理論としての位置づけと教育方法」『社会福祉』(60) 133-146.

（7） ポストモダンソーシャルワークとして注目されるアプローチは，ナラティヴアプローチ以外にもエンパワメントアプローチ（empowerment approach）や解決志向アプローチ（solution focused approach）がある。

（8） ソーシャルワークとナラティヴアプローチの関係については，荒井浩道（2014）（『ナラティヴ・ソーシャルワーク――“〈支援〉しない支援”の方法』新泉社.）を参照。

第8章

日本における ソーシャルワークの沿革

学習のポイント

1　近代以降の日本の救済事業の特徴について学ぶ。

2　慈善救済事業・感化救済事業・社会事業が成立した背景を理解する。

3　戦後のソーシャルワークの動向を理解する。

明治期の慈善救済事業

岡山孤児院
1887（明治20）年に石井十次が岡山県に創設した明治を代表する育児施設（孤児院）。東北の大凶作の影響で院児が増加し，一時は1200名にもなった。1914（大正３）年に石井十次が亡くなり院長が協力者の大原孫三郎に変わった。1926（大正15）年に解散している。

孤女学院（現・滝乃川学園）
1891（明治24）年に石井亮一が濃尾大震災で被災した孤児を引き取り「孤女学院」を開設した。その中に知的障害児の少女がいたことから障害児教育に専念し，「滝乃川学園」と改称している。日本で最初の知的障害児施設である。

家庭学校
1899（明治32）年に留岡幸助が東京の巣鴨に非行少年の教育のために創設した私立の感化院である。その後北海道に分校（現在の北海道家庭学校）を開校している。

セツルメント
大学人や宗教家等の知識人が都市のスラムに住み込み，労働者や困窮者等との「人格的接触」「友人関係」に基づいて生活改善や福祉の向上を図る事業である。世界最初のセツルメントは1884年にロンドンのイーストエンドに開設した「トインビー・ホール」である（本書第６章第１節も参照）。日本ではアダムス，A. が岡山博愛会を，片山潜が神田にキングスレー館を開設している。

□ 明治期の公的救済

明治維新後，新政府は身分制度を撤廃し，四民平等を実現した。また，廃藩置県を実施し国内を統一し，急速に中央集権国家体制を形成した。そんななか，政府が発布した救貧立法の代表例が1874（明治７）年の恤救（じゅっきゅう）規則である。規則は全５条の短いものであった。救済を「人民相互ノ情宜」と家族制度による親族扶養と，隣保相扶による地域共同体の助け合いに強調点がおかれていた。そして，救済の対象を「無告の窮民」とし，どこにも寄る辺のない人々に限定していた。これにより全国的に統一した救貧行政が開始されることになった。

都市部での急速な困窮者の増加に対して，治安維持と授産更生を主な目的として大阪や京都に浮浪者や貧民を収容救助のための施設が設置された。東京でも1872（明治５）年に養育院が設置され，廃疾や幼老などの労働不能な貧民の収容保護，治療，授産を行っていた。

□ 慈善救済事業の展開

政府は欧米諸国に追いつくため，政策として近代産業の育成が図られ，日清・日露戦争を通して産業革命が展開された。新聞記者の横山源之助は1899（明治32）年に『日本之下層社会』で当時の貧民，職人，職工，小作人の労働と生活の実状を詳しく紹介・解説し，日本でも欧米と同様に貧困問題が発生していることを指摘している。

近代化や産業革命が進む一方で，社会的な負担を伴う公的な救済制度が立ち遅れていた。そうした事態に対処する形で，すでに明治初期から開始されていた宗教家や篤志家による民間の慈善救済事業が盛んに行われるようになっていた。

代表的な事業としては，浦上養育院（1874（明治７）年），福田会育児院（1879（明治12）年），**岡山孤児院**（1887（明治20）年），新潟静修学校付設託児所（1890（明治23）年），**孤女学院**（現・滝乃川学園，1891（明治24）年），聖ヒルダ養老院（1895（明治28）年），**家庭学校**（1899（明治32）年）などが創設された。

また，**セツルメント**として岡山博愛会（1891（明治24）年），キングスレー館（1897（明治30）年）が活動を開始していた。

□ 慈善救済事業への国家介入

日露戦争後の日本は，列強の一員としての体制を維持するために経済力・軍事力の強化を図った。しかし，経済発展に伴う物価高騰や，戦費調達・軍事費増大による増税が国民生活を破綻させ，国民の貧困が深刻化していった。国の救貧対策は，従来通りの恤救規則を基本原理として，防貧の観点から家族制度による親族扶養と隣保相扶による地域共同体の助け合いへ責任転嫁を図り，支出を抑制していた。

一方で実績のある慈善救済事業へは内務省の奨励助成金の交付や，天皇や皇室の下賜金が下賜されている。本来，国が行うべき救済事業を天皇・皇室の慈恵（恩恵）として行うようになり，慈善救済事業と天皇を中心とした家族国家観の関係は強化された。

そのため，国家の強い管理・指導のもと進められたこの時期の慈善救済事業を感化救済事業と呼んでいた。

□ 感化救済事業講習会と慈善団体の組織化

浮浪児や少年犯罪の増加を背景に，1900(明治33)年に感化法が制定された。感化法では従来刑法による処罰の対象であった非行児童に対して，**感化院**を設置してその対応を図ることになり，後に全府県に設置が義務化されるようになった。

1908(明治41)年9月，増加している救済事業関係者の養成のために第1回感化救済事業講習会が開催された。講習会では当時の内務官僚，先駆的な研究者や事業家を講師として，救済活動だけでなく農村改良や女性保護・免囚者保護など幅広い内容が講義された。この講習会は名称を変えながらも1908(明治41)年から1922(大正11)年の15年間で29回開催された。

このような，救済事業関係者や慈善救済事業施設の増加していく中で，慈善事業の組織化が取り組まれるようになった。第1回感化救済事業講習会の開催と時を同じくして，1908(明治41)年の10月に渋沢栄一を会長とする中央慈善協会が結成されました。中央慈善協会は，イギリスの**慈善組織協会（COS）**をモデルとした半民半官の全国組織であったが，「慈恵救済事業ヲ指導奨励シ之に関スル行政ヲ翼賛スルコト」[1]を目的とし，幹事に原胤昭や留岡幸助らとともに内務省の官僚の井上友一や窪田静太郎らが就任していることからも国家の管理指導色の強い組織となっている[2]。また，中央慈善協会の結成とともに，全国各地で慈善事業が組織化されるようになった。

協会の設立当初の事業として専門雑誌『慈善』の発行がある。後に『社会と救済』，『社会事業』，『厚生問題』と社会状況の変化によって

感化院
非行児童を監獄外で保護・教育する施設。1908（明治41）年の感化法により全府県に設置が義務付けれた。その後少年教護法による少年教護院，児童福祉法による教護院，児童自立支援施設と名称を変更している。

☞ 慈善組織協会
本書第6章第1節参照

ビネット8-1　更生保護の父・原胤昭と1万人の保護カード

日本にケースワークが本格的に紹介される以前に，出獄者に寄り添い，親身になって聞き取り，保護カードを作成するという独自の支援が原胤昭（はらたねあき）によって実践されていたのでここで紹介する。

原胤昭は1985（嘉永６）年に江戸南町奉行所与力の家に生まれ，その後江戸町奉行所の与力となり無宿人や軽犯罪者が労役を行う「石川島人足寄場」の見廻り役となった。明治維新となり官職を辞し，錦絵の販売を行っていたが，自由民権運動に共鳴し，時の政府を批判する錦絵を配布したことにより，石川島監獄に収監されることになった。監獄があまりにも非衛生だったため大病を患い九死に一生を得たが，その経験により監獄の環境改善，出獄人保護事業（更生保護事業）に献身する決意をした。

1897（明治30）年に東京出獄人保護所を開設し，死ぬまでに１万人近い出獄者を保護し，その７割が成功している。そして1942（昭和17）年に亡くなるときに２つの遺言を残している。１つは，自分が支援した１万人近い出獄人一人ひとりのことを記した保護カードは焼却すること。これに対しては関係者からは出獄人保護事業の極めて貴重な書類であるので保存を願ったが，聞き入れられず焼却された。その理由として原は，「保護カードの内容は私だけに告白された事項が記しているから，後日公開されたら本人の意思に反することになる」と答えた。もう１つは，死亡したことを誰にも通知を出さないこと。これは「自分が保護した者が葬儀に参列するために仕事を休み，その者の子女が原に厄介になったことを知ることにより家族が不和になることを防ぐため」と答えている。

最後まで保護した人々を第一に考えていた原胤昭は「更生保護の父」であり，日本のソーシャルワークの礎を築いた人物の一人であろう。

参考文献：生江孝之先生自叙伝刊行委員会編（1958）『生江孝之先生口述 わが九十年の生涯』日本民生文化協；片岡優子（2006）「原胤昭」室田保夫『人物でよむ近代日本社会福祉のあゆみ』ミネルヴァ書房.

改題(3)された。この専門雑誌の発行はその後の社会事業の発展に大きく寄与することになった。また，中央慈善協会の名称もその後，1921(大正10)年に社会事業協会と改称され，さらに1924(大正13)年には改組され，財団法人中央社会事業協会と改められている。

社会事業の成立とソーシャルワークの萌芽

済世顧問制度と方面委員制度の成立

1916(大正５)年に経済学者の河上肇は『貧乏物語』の中で，「驚くべきは現時の文明国における多数人の貧乏である」と言って，貧乏は個人の問題ではなく，社会構造の欠陥に基づく必然的な結果であると説いている。

救貧制度に対する批判が高まる中，生活困窮者への対応の不備を補うために生まれたのが，1917（大正６）年に岡山県知事の笠井信一によって考案・設置された岡山県済世顧問制度である。地域の有力者が済世顧問となり，貧困者を調査して相談にあたる組織的救済が開始された。そして1918（大正７）年には大阪府知事の林市蔵が計画し，嘱託の小河滋次郎がドイツのエルバーフェルト制度等を参考に立案し，設置された大阪府方面委員制度が開始している。

方面委員制度は，自営業者らを主体とする民間の篤志家を名誉職として知事が委嘱し，地域を小学校区（あるいは行政区，警察管区）の地区を方面に分けている。

委員の職務は，①区域内の一般生活状態の調査改善向上の方法の攻究，②要救護者の状況調査と救済方法の功究と徹底，③現存の救済機関の適否の調査と新設が必要な救済機関の功究，④日用品の需給状態の調査と生活安定の方法の調査，⑤その他特に調査を依頼する事項となっていた。[(4)] 貧困世帯を第１種カード，第２種カード[(5)]に分けて把握し，漏救や濫救を防ぎ，対象者の困窮の程度に応じた効率的な救済を行政と連携して行っていた。[(6)]

方面委員
大阪府から始まった方面委員は全国に普及し，1929（昭和４）年の救護法では補助機関と位置づけられ，1936（昭和11）年に方面委員令によりその身分が法定化された。戦後はかたちを変えて民生委員に引き継がれている。

社会事業の成立期

第１次世界大戦（1914～1918年）で戦争景気に恵まれたものの，戦後には大きな経済恐慌になった。1918（大正７）年に富山県で発生した米騒動は，投機的な米の買い占めにより米価の高騰や物価上昇による生活困難や生活困窮を背景に全国に伝播した。また，戦後の先進諸国における輸出入の極度の不安定化などによって，主要資本主義国は恐慌に陥り，日本でも多数の失業者が生じた。そのため，ストライキ・労働争議も1919（大正８）年には，1912（大正元）年の10倍以上に激増していた。[(7)]

1917（大正６）年に軍事援護法が制定されたのに伴い，内務省に救護課が設置され，やがて社会課（1919年），社会局（1920年）に発展した。さらには，1918（大正７）年に内務大臣の諮問機関として救済事業調査会が設置され，生活状態改良事業，貧民救済事業，児童保護事業などの救済に関する様々な調査審議が行われた。1921（大正10）年には社会事業調査会となり，防貧対策，失業者対策，経済保護対策として職業社会法，住宅組合法，中央卸売市場法などが答申された。

1925（大正14）年に勅令によって，社会事業主事（補）制度が制定され，地方の社会事業行政職員の質的向上をはかるとともに，社会事業の運営・管理については，一般事務職ではなく，専門職が担当することになった。さらには，大学においても社会事業教育が行われるようになった。[8]

また，全国で社会事業施設も増加し，1914(大正３)年末には625カ所で，育児事業施設（児童保護施設），施薬救療施設（医療保護施設）が多く設置されていたのに対し，1918年には974カ所となり，防貧対策や経済保護対策の施設も設置されるようになった。[9]

回 社会事業期のケースワークの展開

この時期に社会事業の方法論として，アメリカで発展していたケースワークが紹介された。ケースワークを具体的に言及した文献としては，1924(大正13)年に中央社会事業協会の専門雑誌『社会事業』に三好豊太郎が発表した「『ケースウォーク』としての人事相談事業」が最初である。その論文の中で「社会事業の中心生命はケースウォークにある。」とし，ケースメソッドは，学校，病院，司法界における人事相談事業にも応用可能であると示唆している。[10]

その翌年の1925(大正14)年には，小沢一が「組織社会事業とその元則――オーガナイズド・チャリチーとケース・メソドの発達」と題した論文を発表し，「ソーシャルケース・ウォークの技術は二つの主要部分に分かれる。社会的調査と社会的処置のこれである」としている。[11]ケースワークの概念的枠組みと内容を示している。[12]

回 昭和恐慌と救護法の成立

昭和に入っても，大正期から続く経済恐慌や1923(大正12)年の関東大震災のため，貧困問題は続いていた。日本の都市部の労働者の失業の増加や，農村部の農家の娘の身売り等，貧困問題が国民全体に影響を及ぼす大きな社会問題になっていた。

1927(昭和２)年，内務大臣の諮問機関である社会事業調査会が，恤救規則の限界を指摘し，このままでは社会の実状に対応できなくなることを答申している。また，全国に普及した方面委員の全国大会でも新たな救貧施策として救護法の制定を決議している。

各方面からの要求に応じ，政府は1929(昭和４)年に救護法を公布した。その特徴としては，公的な救護義務を規定され，そして，保護の対象を65歳以上の老衰者，13歳以下の幼者，妊産婦，障害者で扶養義務者が扶養できない者とした。救護の種類は，生活扶助・医療扶助・助産扶助・生業扶助の４種類となった。さらには，救護の方法は，居宅救護を原則としていたが，**養老院**，孤児院，病院，その他の救護施設への収容救護を認められた。救護機関として被救護者の居住の市町村長とし，補助機関として，方面委員を活用することができるように

養老院
日本最初の養老院は，1895（明治28）年に東京で創設された「聖ヒルダ養老院」である。その後救護法により救護施設として位置付けられた。戦後は生活保護法より「養老施設」，老人福祉法の制定により「養護老人ホーム」「特別養護老人ホーム」となった。

なった。

しかし，同年10月のアメリカのニューヨーク株式市場の株価大暴落に端を発する世界恐慌の影響により政府が財政難となり，救護法の施行に目途が立たたなかった。それに対し，全国の社会事業関係者や方面委員が社会運動（ソーシャルアクション）である実施促進運動を活発化したことにより，政府は財源を確保し，1932(昭和７)年から施行することになった。救護法の施行により救護実人員は，昭和６年の恤救規則による１万8118人から，昭和７年度には15万7564人となり，昭和８年度には21万3462人に増加した。[(13)]

□ 社会事業従事者の養成

昭和期における社会事業の専門職の養成の取り組みとしては，1928(昭和３)年から中央社会事業協会において内務省社会局と恩賜財団慶福会[(14)]から助成金を受け実施された「社会事業研究生制度」が挙げられる。この制度は，大学または専門学校卒業生の中から将来社会事業に従事しようとする者を社会事業研究生として採用し，社会事業に関する科学的な知識や実務を習得させ，社会事業の中堅的指導者を養成した。修了生たちは社会事業関係機関・団体や道府県社会課の社会事業主事（補）として就職した。養成期間は１年間で，養成期間中は研究手当が支給されていた。養成内容は，社会事業概論や経済保護事業等の講義科目に加えて，農村部での社会調査や，社会事業機関・施設での２週間～３カ月の配属実習が行われていた。[(15)]

この養成は，1944(昭和19)年まで実施され，途中厚生事業に変質する時期もあったが，ここで教育を受けた者の中から，戦後の社会福祉の再生に尽力した人物を多く輩出した。

それ以外にも，1928(昭和３)年に明治学院高等学部に社会科の開設や1931年に同志社大学文学部新学科での社会事業専攻創設など，社会事業教育も一定の広がりを見せていた。

□ 戦時体制と厚生事業

日中戦争が始まる1937(昭和12)年７月を前後して，社会事業は戦争の影響を色濃く反映させることになる。３月には軍事救護法が改正され，軍事扶助法となり名称変更が象徴されるように軍事救護が一般救護と「その性質を異にする」と救護法と区別されるようになった。対象範囲も拡大し，12万人の被扶助者数が136万人へと一挙に増え，救護法対象者の６倍前後となった。[(16)]

８月に「国民精神総動員実施要綱」が閣議決定し，政府は戦争への協力を「挙国一致」で求める国民運動を強く推し進め，これ以降社会事業の領域でも戦時体制を翼賛し，厚生事業に名称を改める意見が現れるようになった。[17]

さらには，国防国家建設のため，国民生活の安定と国民の健康増進や体力向上を目的に，翌年の1938年１月に内務省社会局等が再編され，厚生省が設置された。

また，当時の生活困窮者の大部分を受け入れていた社会事業施設を保護助成と監督するため，４月には社会事業法が制定された。その制定趣旨は，①戦時体制下の国民生活の不安緩和，②民間社会事業への助成と指導・監督，連絡統制の充実，③公私社会事業の有効な機能発揮となっていた。この法律により社会事業施設は戦局が悪化するにつれて政府による厳しい監督や取り締まりが続くことになった。[18]

□ 戦前・戦中のソーシャルワークの展開

社会事業に関する研究としては，1926(大正15)～1929(昭和４)年に中央社会事業協会は，日本の社会事業に関する基礎学，総論及び各分野を網羅する指導的文献として，全37科目の『社会事業講座』を全12巻で刊行している。このシリーズがすぐに完売したため，1929年に再分類し，『社会事業体系』全３巻を刊行している。

その中央社会事業協会は，協会内に社会事業研究所を設置した。この研究所は，社会事象や社会事業に関する調査研究を行うとともに，その内容の図書を随時刊行し，有償または無償で配布していた。調査研究のために専任の所員や研究員を配置していた。[19]

この時期の社会事業の方法論として，1928(昭和３)年に福山政一が専門雑誌『社会事業』に「ケース・ワァークの意義及び方法」を連載した。その中で，個人と社会との関係を重視し，個人と社会の一員として生活させる方法の一環としてケースワークを位置付けた。[20]

救護法施行後の1934(昭和９)年，小沢一は『救護事業指針—救貧の理論と実際』を出版し，これまでのケースワーク論を集約するとともに，救護事業における「居宅救護」の方法の中核的技術として，ケースワークを位置付け，被保護者の個別の事情に即応しながら，彼の自己実現を促すことを意図している。[21]

1938(昭和13)年，竹内愛二が『ケース・ウォークの理論と実際』を出版した。この著作は日本ではじめてケースワークの全貌を明らかにしている。その中で竹内はケースワークを「科学的認識の方法をもちいて個人又は家族の直面せる困難を解決し，彼等が社会人として独立して生活し得るように，主観的および客観的資源を用うる事であるということができるであろう」と定義している。[22]

しかし，その後のケースワークは戦局の影響を受け，厚生事業に組み込まれるとともに，次第に専門雑誌『厚生問題』（1942年『社会事業』から改題）に取り上げられることも少なくなった。

3 戦後復興とソーシャルワークの再生

□ GHQ の改革と社会事業学校の開校

敗戦後の最大の課題は，長年にわたる戦時体制の重圧と敗戦にともなう国民生活の混乱，窮乏にいかに対処するかであった。日本は，敗戦後の数年間，連合国による占領状態に置かれた。国政と国民生活のあらゆる領域が占領政策の影響下にあった。社会事業も例外ではなかった。連合国軍最高司令官総司令部（GHQ）は，非軍事化と民主化という占領政策の基軸に沿って，社会事業を近代化し，社会福祉への進展を推し進めた。

政府は GHQ の指示により，1945(昭和20)年の12月に「生活困窮者緊急生活援護要綱」を閣議決定した。生活困窮者への緊急措置として日常生活の支援が行われた。1946年の２月には，GHQ から「社会救済（SCAPIN775)」と題する覚書が政府に提出され，救済に際しての３原則が示された。この３原則は，（ア）無差別平等の原則，（イ）公的責任の原則，（ウ）必要充足の原則，である。この３原則は，のちに公布された日本国憲法第25条とともに社会福祉行政制度の確立の基本とされた。[23]

同年の11月に日本国憲法が公布された。その原則として，基本的人権の尊重・主権在民・平和主義を明文化し，新たな国家の目指すべき方向を示した。その条文の中で，幸福追求権（第13条），生存権（第25条）を規定し，日本における社会福祉の基本理念となった。

一方で，９月に制定された生活保護法（通称，旧生活保護法）は，戦前の救済法規と比較して格段と整備補強されたばかりでなく，国の公的扶助責任を確立し，貧困を社会的責任として認める趣旨を徹底した画期的な意義を有していた。[24] しかし，勤労意欲のない者や勤労を怠る者，素行不良な者を除外した**欠格条項**を持っていたことや，名誉職である戦前の方面委員を改編した民生委員に保護の要否の裁量を委ねていた等の問題を GHQ に指摘されていた。

さらには，GHQ は公的扶助制度を３原則に基づき，専門的職員

欠格条項
法律において「資格や免許をもつこと」や「ある行為をすること」の制限が決められていることをいう。欠格事由としては，障害を理由とするもの，年齢によるもの，刑罰を受けた経歴にかかわるものなどがある。

(Qualified Personnel) によって，運営されることを政府に強く要求した。そのため，1946年11月に中央社会事業協会を経営母体とする日本社会事業学校（日本社会事業大学の前身）が開校した。学校は，１カ年修了の養成課程である研究科と公私社会事業従事者及び民生委員の現任訓練のための講習科によって構成されていた。その研究科の開講科目で戦前はあまり顧みられなかったケースワークとグループワークが設定された。ケースワークは同志社大学の竹内愛二が，グループワークは興望館の吉見静江が講師を担当した。また，特別講義として，GHQ の公衆衛生局の係官がアメリカの社会事業理論の講義を行っている[(25)]。1948年には分校として大阪社会事業学校が開校している。

福祉三法体制と社会福祉事業法の成立

1946(昭和21)年の旧生活保護法に続いて，1947年12月に児童福祉法が制定された。すべての児童の積極的な幸福を推進する基本法として「福祉」を掲げた最初の法律となった。児童福祉法は，国及び地方公共団体は児童の保護者とともに健全育成の責任を負うことを規定し，相談機関である児童相談所やそのケースワーカーである**児童福祉司**，協力者の**児童委員**のことも定めている。

次に，1949(昭和24)年に身体障害者福祉法が制定された。その制定の背景としては，旧軍人の障害者の優遇措置がGHQにより禁止され，十分な対策が取れなかった状況が国際情勢の変化により緩和されたことや，ヘレン・ケラーの来日により国民の障害者福祉の関心が高まったことが挙げられる。同法は，身体障害者の自発的な更生意欲を助長するために器具や物品などを交付し，適切な訓練を行い，社会活動能力を発揮させることに主眼を置いたものである[(26)]。相談機関である身体障害者更生相談所の設置や，ケースワーカーである身体障害者福祉司を規定している。これによって福祉三法体制が成立した。

さらに，日本国憲法第25条に生存権規定が明記されたことで，1950(昭和25)年に現行の生活保護法が制定された。その内容は，旧の生活保護法では認められなかった，保護請求権や不服申立制度が明記された一方，欠格条項の規定をなくしている。さらには，新たな生活保護法では，保護の実施にあたっては，社会福祉主事という専門職員によって遂行するものとし，民生委員は協力機関に留めた[(27)]。

そして，1951(昭和26)年に制定された社会福祉事業法（現在は社会福祉法）は，社会福祉事業の全分野における共通的基本事項を定め，既存の福祉法とあいまつて，社会福祉事業が公明かつ適正に行われる

児童福祉司
児童福祉法第13条により児童相談所に配置が義務づけられている専門職員である。子ども，保護者等からの福祉に関する相談に応じ，必要な調査，社会診断を行い，子ども，保護者，関係者等に支援・指導を行う。

児童委員
児童福祉法第16条・第17条で規定され，民生委員法による民生委員を兼ねている。市町村の区域に置かれ，行政と協力して担当区域の児童及び妊産婦の環境を適切に把握し，その保護やサービスを利用するための情報の提供や援助及び指導を行うこととされている。

ことを確保することを法の目的としている。社会福祉事業法より福祉事務所，社会福祉主事，社会福祉法人，共同募金及び社会福祉協議会等の組織が全国で整備されるようになった。

□ 戦後復興とソーシャルワークの導入

先に述べた通り，戦後の社会福祉はGHQによって推し進められた。GHQの指導のもと，専門職養成のためにケースワークやグループワーク等の援助方法が浸透していった。社会事業学校の開講科目に加え，1949(昭和24)年に日本社会事業学校で開催された都道府県民生部関係者現任者講習会で日米両国の係官によりケースワークが教授された。

日本人によるケースワークに関する書籍として，1949(昭和24)年に谷川貞夫が『ケース・ウヮーク要論』を発行した。ケースワークの歴史的変遷，理論等について記載している[(28)]。翌年の1950年に竹内愛二が『ケース・ウォークの技術』を出版し，ケースワークが人間関係の福祉をはかる社会福祉事業の一専門領域であるという位置づけを与え，クライエントの処遇に関する理論的，実際的技術を取り上げている[(29)]。それ以外にケースワークとして大畠たねの『ケースウヮークの基礎知識』(1951)，浅賀ふさの『ソーシャル・ケースワーク』(1953) が発行されている。

一方で，グループワークは，1948(昭和23)年に谷川貞夫が『グループワーク概説』を発表した。しかし，本格的に導入されたのは，グループワークの専門家であるサリバン，D. が1949(昭和24)年に来日したのを機会に，厚生省が主催した「グループワーク講習会」からである。この講習会は11日間わたり社会福祉従事者に対して実施された，講師陣には，谷川貞夫（社会事業研究所長），柳田亨（日本YMCA同盟），今井譲二（ボーイスカウト日本連盟）も加わった。この研修会を契機として受講生を中心にグループ・ワーク研究会が誕生した[(30)]。その後，グループワークの書籍として，1949(昭和24)年に永井三郎が『グループ・ワーク――小団指導入門』を1951(昭和26)年に竹内愛二が『グループ・ウォークの技術』を発表している。

 高度経済成長以降のソーシャルワークの発展

福祉六法体制と社会福祉の拡充

「もはや『戦後』ではない」という一文が1956(昭和31)年の経済白書に書かれた。一方，同年の厚生白書には「果たして『戦後』は終わったのか」という相反する一文が書かれていた。日本はこの時期，経済復興を終え，経済規模も戦前の水準にまで回復していた。一方で，人口の都市の集中化や，就業構造，家族構造の変化が進むことによって，家庭にあった扶養能力が低下し，社会全体として支えていかなければならない状況が生じてきた。また，人口の高齢化もこの時期から意識されるようになった。このような社会情勢を背景に各種の福祉法が整備されるようになった。

まず，1960(昭和35)年に知的障害者を対象とした精神薄弱者福祉法（現在は知的障害者福祉法）を制定した。この法律は18歳以上の知的障害者の更生，援護を目的にしていて，相談機関である精神薄弱者更生相談所（現在は知的障害者更生相談所）の設置や，ケースワーカーである精神薄弱者福祉司（現在は知的障害者福祉司）を規定している。これにより重度の知的障害者が入所する施設が，生活保護法の救護施設から分離できるようになった。

次に，1963(昭和38)年に老人福祉法が制定された。今まで生活保護法の養老施設に老人が入所していたのが，養護老人ホームに移された。新たに，要介護老人は特別養護老人ホームに入所が可能になった。また，老人福祉の業務に従事する**社会福祉主事**を福祉事務所に置かなければならないと規定された。

社会福祉主事
社会福祉法第18条・第19条で規定されている福祉事務所のケースワーカー等として任用されるための資格として位置づけられている。社会福祉各法に定める援護又は更生の措置に関する事務を行うために，福祉事務所には必置義務となっている。

戦後の母子福祉対策として，戦争未亡人やその家族に対する経済的自立に主眼が置かれた，母子福祉資金貸付制度が行われていた。これらの母子福祉施策を統合整理するため，母子福祉法（現在は母子及び父子並びに寡婦福祉法）が1964(昭和39)年に制定された。これにより従来の福祉三法に加えて，新たに三法加わり福祉六法体制が成立した。

一方，1956～1963年にかけて福祉事務所の公的扶助にケースワークが必要か否かを巡って，仲村優一と岸勇の間で論争になった。仲村は公的扶助におけるケースワークを自立への期待を繋げるために必要である主張して，岸は公的扶助とケースワークを切り離すべきと主張した。[(31)]

表8-1　コミュニティオーガニゼーションの著書一覧

著　者	著書名	刊行年
牧　賢一	社会福祉協議会の理論と問題	1950
谷川貞夫	コミュニティ・オーガニゼーション概説	1950
竹内愛二	コンミュニティ・オーガニゼーションの技術	1953
岡村重夫	小地域社協活動の理論	1958

□ 社会福祉協議会とコミュニティオーガニゼーション

1950年以降，社会福祉事業の能率的運営と組織的な活動を図ることを目的に各方面から社会福祉の中央団体の設立の機運が高まった。これを受けて日本社会事業協会，全日本民生委員連盟，同胞援護会の三団体が統合して，1951(昭和26)年に「中央社会福祉協議会」が発足した。同年末には全ての都道府県に都道府県社会福祉協議会が発足した。社会福祉事業法の施行を機に，社会福祉法人となり名称も全国社会福祉協議会，略称「全社協」とすることなった。

1955年以降，社会福祉協議会はその活動の方向を組織化の推進に重点を置くものから，活動の充実に重点を置くものに変更している。1957(昭和32)年に「市町村社協当面の活動方針」を策定し，社会福祉協議会を単なる組織でなく，地域の福祉課題を具体的に解決する推進体として捉え，地域における社会福祉協議会活動の活性化を図ることが強調された[(32)]。さらに，1962(昭和37)年に「社会福祉協議会基本要項」を策定した。要項では社会福祉協議会の性格について「一定の地域社会において，住民が主体となり，社会福祉，保健衛生その他生活の改善向上に関連のある公私関係者の参加，協力を得て，地域の実情に応じ，住民の福祉を増進することを目的とする民間の自主的な組織である」とした，いわゆる「住民主体の原則」を提起している[(33)]。

これら社会福祉協議会の成立を検討する際にアメリカのコミュニティオーガニゼーションの理論が研究された（表8-1）。

□ 1970年代以降のソーシャルワークの動向

1960～1970年代にかけてソーシャルワークに関する多くの著書の翻訳や出版がなされ，理論と普及と検討が取り組まれてきた（表8-2）。

1970(昭和45)年の社会福祉施設緊急整備5か年計画によって，特別養護老人ホームや心身障害児（者）施設，保育所の整備がはかられ，そこで働く専門職員のマンパワー不足が危惧されるようになった。その対策として1971(昭和46)年に「社会福祉士法制試案」[(34)]が作成されたが実現に至らなかった。その後1987(昭和62)年の社会福祉士及び介護福祉法によってソーシャルワークとケアワークの国家資格が制度化さ

表8-2　ソーシャルワーク関連の著書一覧

内　容	著　者	著書名	刊行年
ソーシャルワーク全般	大塚達夫編著	『社会福祉の専門技術』	1975
	バートレット，H. M.／小松源助訳	『社会福祉実践の共通基盤』	1978
ケースワーク	仲村優一	『ケースワーク』	1964
	バイスティック，F.P.／田代不二男・村越芳男訳	『ケースワークの原則』	1965
	岡本民夫	『ケースワーク研究』	1973
グループワーク	コノプカ，G.／前田ケイ訳	『ソーシアル・グループワーク——援助の過程』	1967
	窪田暁子	『グループワーク』	1969
	トレッカー，H.B.／永井三郎訳	『ソーシャル・グループワーク——原理と実際』	1978
コミュニティワーク	マレー，G. ロス／岡村重夫訳	『コミュニティ・オーガニゼーション——理論・原則と実際』	1963
	高田真治	『社会福祉計画論』	1979
	パールマン，R. グリーン，A.／岡村重夫監訳	『コミュニティ・オーガニゼーションと社会計画』	1980

れた。

ソーシャルワークが社会福祉援助技術総論，社会福祉援助技術論各論Ⅰ（ケースワーク及びグループワークを含む），社会福祉援助技術各論Ⅱ（コミュニティワーク及び社会福祉調査法を含む）として指定科目に位置付けられた。さらには，社会福祉士養成課程を設置する場合，最低3人の専任教員のうち1名は，社会福祉援助技術論を担当できる教員を配置することが義務付けられた。[(35)]

1997年（平成9）年には，精神保健福祉の国家資格について定めた精神保健福祉士法が成立した。

2000(平成12年）の介護保険制度の創設や社会福祉基礎構造改革により地域福祉の推進や，権利擁護制度の構築が図られるようになった。2007(平成7)年には，社会福祉士及び介護福祉士法は改正された。社会福祉士の教育内容として，総合的かつ包括的な相談援助の理念と方法に関する知識と技術が求められ，ソーシャルワークの科目でジェネラリストソーシャルワークが教授されるようになった。

さらに知りたい人のための推薦図書

田中和男・石井洗二・倉持史朗編（2017）『社会福祉の歴史 地域と世界から読み解く』法律文化社.

▷社会福祉の発展過程を明治・大正期，戦中・戦後の時間軸で捉え，現在の社会福祉の思想・実践との関連を明らかにしている。

社会福祉法人全国社会福祉協議会（2010）『全国社会福祉協議会百年史』社会福祉法人全国社会福祉協議会.

▷1908（明治41年）中央慈善協会の結成から，現在に至る社会福祉協議会の歴史のみならず，日本の福祉の100年間の動きもわかる一冊となっている。

岩田正美監修（2011）『リーディングス 日本の社会福祉 第4巻 ソーシャルワークとは何か』日本図書センター.

▷戦後日本のソーシャルワークの発展に影響を与えた，日本人研究者による文献が所収されている。日本のソーシャルワークの展開を，学ぶことができる。

注

（1） 力を添えて助けること，補佐すること。

（2） 日本社会事業大学四十年史刊行委員会（1986）『日本社会事業大学四十年史』日本社会事業大学，32.

（3） 菊池正治（2014）「第3章 日露戦後期の感化救済事業」菊池正治・室田保夫『日本社会福祉の歴史 付・史料［改訂版］――制度・実践・思想』ミネルヴァ書房，65.

（4） 全日方面委員連盟（1941）『方面事業二十年史』全日方面委員連盟，21.

（5）「第1種」は，独身であるかどうかを問わず自活ができない者，疾病その他の事故により自活ができない困窮状態にある者，「第2種」は家計に余裕がなく，事故があればたちまち生活困窮に陥る可能性のある者とされた。

（6） 奥村昭（2011）「方面委員制度の創設」清水教惠・朴光峻『よくわかる社会福祉の歴史』ミネルヴァ書房，46-47.

（7） 清水教惠（2011）「社会事業の成立」清水教惠・朴光峻『よくわかる社会福祉の歴史』ミネルヴァ書房，14-17.

（8） 1918（大正7）年に宗教大学（後の大正大学）の社会事業研究室，1919（大正8）年に東洋大学の感化救済科，1921（大正10）年に日本女子大学に社会事業部が開設された。

（9） 社会福祉法人全国社会福祉協議会（2010）「第一部　近代日本の成立と社会事業　3慈善事業から社会事業」『全国社会福祉協議会百年史』社会福祉法人全国社会福祉協議会，30-31.

（10） 三好豊太郎（1924）「『ケースウォーク』としての人事相談事業」『社會事業』8(7)，9-26.

（11） 小沢一（1925）「組織社会事業とその元則――オーガナイズド・チャリチーとケース・メソドの発達」『社会事業』9(1)，2-16.

（12） 岡本民夫（1973）『ケースワーク研究』ミネルヴァ書房，65.

（13） 厚生省五十年史編集委員会（1988）『厚生省五十年史（記述編）』財団法人厚生問題研究会，89.

（14） 恩賜財団慶福会は，大正天皇が1924（大正13）年に民間社会事業の振興のために下賜された100万円を基金として設立された。現在は「社会福祉法人恩賜財団慶福育会」となっている。

（15） （2）と同じ，36-66. この制度が日本社会事業大学の源流の一つとなっている。

（16） 池田敬正（1994）『日本における社会福祉のあゆみ』法律文化社，149-150.

（17） 石井洗二（2017）「第5章　戦前・戦中の社会福祉」田中和男・石井洗二・倉持史朗編『社会福祉の歴史――地域と世界から読み解く』法律文化社，141.

（18） （2）と同じ，101.

（19） （2）と同じ，59,111-113.

（20） （12）と同じ，68.

（21） （12）と同じ，12，85.

（22） 竹内愛二（1938）『ケース・ウォークの理論と実際』巌松堂書店，33-34. 同著作は1949年，1952年に新版を出版している。

（23） （13）と同じ，745.

（24） （13）と同じ，765.

（25） （2）と同じ，76，442-443.

（26） （9）同じ，163.

(27)　河井信介（2011）「旧・新生活保護法の制定」清水教惠・朴光峻『よくわかる社会福祉の歴史』ミネルヴァ書房，55.

(28)　井上祥明（2022）「GHQ が持ち込んだソーシャルワークの影響」『熊本大学社会文化研究』20巻，熊本大学大学院社会文化科学研究科，８.

(29)　(12）と同じ，12，110.

(30)　(２）と同じ，109.

(31)　岩田正美監修（2011）『リーディングス 日本の社会福祉 第４巻 ソーシャルワークとは何か』日本図書センター，に関連の論文が所収されている。

(32)　(13）と同じ，1183.

(33)　(９）と同じ，320.

(34)　詳しくは京極髙宣（1998）『新版日本の福祉士制度　日本のソーシャルワーク史序説』中央法規出版，第２章.

(35)　阿部實（1993）『福祉改革研究』第一法規，140-146.

参考文献

岩田正美監修（2011）『リーディングス 日本の社会福祉 第４巻 ソーシャルワークとは何か』日本図書センター.

岡本民夫編（1990）『社会福祉援助技術総論――新しい理論とモデルによる体系的アプローチ』川島書店.

北川清一（1991）『グループワークの基礎理論 実践への思索』海声社.

北島英治他編（2010）『改訂版　ソーシャルワーク実践の基礎理論』有斐閣.

重田信一・吉田久一編著（1977）『社会福祉の歩みと牧賢一』全国社会福祉協議会.

嶋田啓一郎編（1980）『社会福祉の思想と理論』ミネルヴァ書房.

高森敬久他（1989）『コミュニティ・ワーク――地域福祉の理論と方法』海声社.

■第 9 章■

総合的包括的な支援と多職種連携の実際

学習のポイント

1　ソーシャルワーク実践におけるジェネラリストアプローチについて学ぶ。

2　家族支援における家族のニーズ，尊厳保持の視点を理解する。

3　地域におけるニーズおよびニーズキャッチを理解する。

4　地域支援におけるソーシャルサポート，多職種連携，予防的支援を学ぶ。

総合的かつ包括的な支援が求められる背景

今日の社会福祉情勢において求められる，総合的かつ包括的な支援の意味を明らかにし，その理論的基盤となる考え方を示す。

□ 総合的かつ包括的な支援

今日の複雑化する社会，多様化するニーズに対するソーシャルワークとしては，ジェネラリストとしての総合的かつ包括的な支援が求められる。総合的かつ包括的な支援とは，福祉制度に明文化された基準でニーズを判断するだけではなく，人々の感じているニーズや，福祉実践者の専門的視点によって感知，把握されたニーズにも対応を広げていこうとするものである。背景には，社会の複雑化により新たな生活困難や福祉ニーズが確認され，福祉制度を基準としたニーズ対応では，ソーシャルワークの限界が明確になってきたことがある。

ソーシャルワークはその大きな役割として，社会における生活課題や福祉ニーズに対応してきた。そこには日本の福祉行政が依拠してきた，措置制度がある。措置制度は，行政がサービス実施の必要性を決定するもので，サービスを必要とする市民による申請主義が基本である。また障害者や高齢者，児童などの分野・ニーズ別に福祉制度が設計され，ニーズを持つ人々を効率的効果的に処遇するための施設ケアを中心とする，問題解決志向の強いものであった。

戦後につくられた福祉制度の対応限界に対する，新たな福祉制度・福祉実践の展開の第一段階として，1990年代の社会福祉基礎構造改革，その後の**地域包括ケアシステム**構築が進められてきた。日本社会の少子高齢化を背景に，地域における自立生活支援を重視する方向で，ケア提供の場を施設から地域へ，サービス提供のあり方を措置から契約へと転換を図るものであった。そして現在，第二段階として地域共生社会の実現に向けて，包括的支援体制の構築が進められている。

このような社会福祉の変革が進み，ソーシャルワークの理論的展開は，ジェネラリスト志向に進んだ。**ジェネラリストアプローチ**は，対象・ニーズごとの実践分野，ソーシャルケースワーク，ソーシャルグループワーク，コミュニティワークという援助技術を統合化し，活用する理論枠組みである。ミクロ・メゾ・マクロという各実践レベルの

地域包括ケアシステム
高齢者が住み慣れた地域で自分らしい暮らしを続けることができるよう，地域で支えていくシステム。それぞれの地域の実情や特性に応じて，住まい・医療・介護・予防・生活支援が一体的に提供される体制を作り上げていく。

☞ ジェネラリストアプローチ
本書第７章第４節参照

働きかけをもとに，ソーシャルワーク全体の相互作用，総合性を示す。

このような理論特性から，ジェネラリストアプローチは，地域包括ケアシステムにおける地域を基盤としたソーシャルワーク実践，地域共生社会の実現に向けた総合的かつ包括的な支援の裏付けとなる理論となった。

□ ジェネラリストアプローチにおけるシステム論と生態学的視点

ジェネラリストアプローチは，総合的かつ包括的な支援の裏付けとなる理論枠組みである。その基盤にあるのは，システム論，生態学的視点である。1970～80年代には，システム論や生態学的視点に基づくジェネラリストアプローチの研究が拡大した。

システム論に依拠したソーシャルワーク実践モデルとして，例えばピンカス（Pincus, A.）とミナハン（Minahan, A.）の実践モデルでは，**ソーシャルワーク実践が４つの基本的なシステム**☞（以下参照）からなり，それらの相互作用によって展開する[1]。

・「チェンジエージェントシステム」とは，ソーシャルワーカーは変化に向けて働きかけるもの，すなわちチェンジエージェントであり，それを雇っている機関・組織体をチェンジエージェント・システムとみなす。

・「クライエントシステム」とは，契約関係のもと，ソーシャルワーカーのサービスを受ける，または利益を受けると予想される，人や家族，組織，地域社会である。

・「アクションシステム」とは，課題を成就し，変革の目標を達成するためにソーシャルワーカーとともに対応していく人々である。

・「ターゲットシステム」とは，チェンジエージェント・システムがその変革努力の目標を達成するために影響を及ぼしていかなければならない人々である。

伝統的なアプローチでは，クライエントの抱えるニーズを実践目標，すなわちターゲットとして設定し，ニーズを充足できたことを実践効果としてきた。しかしこの実践モデルでは，クライエントシステムとターゲットシステムを必ずしも一致させる必要はない。個人や家族というクライエントの利益のために，地域の資源や組織のしくみをターゲットとして，変革の働きかけをしていくことも起こる。変革のために，地域や組織にかかわる人々を組織化してアクションシステムを形成し，協議やプランニングをする。このような変革の中心的役割を担うチェンジエージェントとして，ソーシャルワーカーが位置づけ

☞ **ソーシャルワーク実践の４つの基本的なシステム**
本書第２章第３節参照

られる。結果として，かかわる様々なシステムに変化が及び，実践の効果性は拡大すると捉えられる。

またジャーメイン（Germain, C. B.）は「生活モデル」を提起し，問題を病理の反映としてではなく，エコシステムの中の様々な要素の相互作用の結果として捉えた(2)。ソーシャルワークは人や社会が抱える様々な問題に対応してきたが，必ずしも取り除いたり，解決できるものばかりではなかった。生活モデルに基づけば，ソーシャルワーク実践はむしろ問題を抱えながら生活する人々の「支援」に焦点があたる。問題が解決できたかどうかだけで実践効果を捉えるのではなく，人の適応力が高められたかどうか，環境や社会の体制が醸成されたかどうかという点を含めて総合的に評価する。

ただし，システム論や生態学的視点は，構成要素そのものについての分析よりも，要素間の相互作用に焦点をあてるという特性がある。何が変化の起因になったのか，何によって結果が生み出されたのかは，様々な要素の影響性と捉える。そのため，実践における変化や効果についての決定要素を特定することが難しいと認識しておく必要がある。

▣ ミクロ・メゾ・マクロの相互作用

ジェネラリストアプローチは，システム論や生態学的視点の影響を受けて，要素間の相互作用に目を向ける特性がある。ソーシャルワークの相互作用を捉えるための実践視野として，ジェネラリストアプローチの実践レベルは，ミクロ，メゾ，マクロに整理される。ジョンソン（Johnson, L. C.）は，実践の目標を達成するための焦点，関心の視点として，人，社会システム，それらの相互作用を挙げている。実践の目標を達成するために働きかけ，相互作用を図り，ともに取り組む対象，すなわち関心を向ける単位として，個人，家族，小集団，組織，コミュニティを示している(3)。

☞ ミクロ，メゾ，マクロ
本書第2章第3節参照

ミクロ，メゾ，マクロ☞の境界線の認識は，それぞれ以下のような要素が含まれる(4)。

・ミクロレベルは，主に対人支援による実践である。対人支援活動の対象となる個人や家族，時には小集団のニーズが含まれる。人々が課題やニーズに対応する力をつける支援に焦点があたる。

・メゾレベルは，組織と地域のレベルの実践である。福祉機関やサービスの運営，地域福祉活動などが含まれる。組織や地域のもてる資源を活用し，福祉やサービスの水準を高めるために，ニーズの集約や合意形成などに焦点があたる。

・マクロレベルは，制度や政策の策定や計画実施など国レベルの実践である。時には世界的な動きも含まれる。国民個々のニーズよりも，全体の福祉水準，ナショナルミニマムに焦点があたる。

効果的に各レベルのニーズ充足を図るには，ミクロ，メゾ，マクロと規模が大きくなるに従って，ニーズを集約する必要性がある。ミクロレベルの個々のニーズは多種多様であり，できるだけの対応が図られるが，個別対応には限界もある。メゾレベルでは，個々のニーズを集約し，効率的な支援・サービス体制によってニーズの充足を図る。組織レベルでは集団プログラムや施設ケアサービスとして対応し，地域レベルでもチームや組織間連携，**ネットワーク**によって対応し，**アドミニストレーション**によって効果性を高める。

サービス利用者やプログラム参加者，地域住民は，これらの支援やサービスの成果を享受するとともに，参画主体とも捉えられる。加えて，組織や地域の特性や構造，文化やインフォーマルサポートなどの要素も含めて，メゾレベルの実践の目標や効果性が考えられる。ただし福祉の支援やサービスが，誰にとっても活用可能性があり，参画されるものになるためには，一般化された支援・サービスのしくみや基準が必要となる。そこでマクロレベルでは，国の社会福祉制度，政策として，そのようなしくみが構築される。

このように総合的かつ包括的な支援は，対人支援を主とするミクロ実践，組織や地域レベルのメゾ実践，国や世界レベルのマクロ実践，それぞれの実践レベルの相互作用から捉えられる。

ネットワーク
ネットワークとは，網のようにつながっている構造のこと。ソーシャルワークにおいては，地域のつながりや見守りなどのために，住民や関係機関が連携，協力し，支援や社会資源を網の目のように張り巡らせる体制を意味する。

アドミニストレーション
社会福祉の運営管理。住民の福祉ニーズや生活上の課題に対し，支援やサービス，社会資源等を適切に，効率的に提供できるよう運営管理を行うこと。ニーズ把握，サービス提供，そのしくみや体制づくり，制度や政策策定など，幅広く関連する。

家族支援の実際

様々な社会情勢の影響を受けて，日本における家族のあり方が多様化してきている。それに伴い，ソーシャルワークの家族支援も拡大している。

家族の生活課題・ニーズ

家族の中の家事や世話，生計などになんらかの課題があれば，家族で協力して取り組むことも多い。家族は一番頼りになるケア体制であり，社会的な支援を要するニーズがある場合でも，親族や周囲の自助努力に頼ってきた文化もある。

核家族化が進み，家族のあり方も多様化する中でも，自助意識が高く，外部に支援を求めることができずに，困窮や孤立にいたる状況もある。また家族内の葛藤を抱え，不適切なケアや虐待の火種を抱えているような，ハイリスクと言われる家族の様相もある。近年では，家族の複合的ニーズが顕在化してきている。**8050問題**といわれるような，老親に生計や生活を依存せざるを得ない子世代など，複世代の生活課題や，親の介護と幼い子や障害をもつ子の世話を同時期に担うようなダブルケアなど，家族だから支え合うのが当然というだけでは対応できない状況がある。

このような生活課題やニーズに対して，福祉制度利用の対象となる家族構成員に福祉サービスを適用することで，部分的にでもニーズが充足され，家族みなが生活を維持継続できるようになることも多い。しかしながら，福祉施設への入所は，家族を分離することになり，また福祉制度利用対象となる家族構成員への福祉サービス適用は，他の家族構成員のニーズを潜在化させることにもなる。家族の生活を継続する手段を確保する必要はあるものの，家族の成り立ちや歴史，家族構成員それぞれの存在を尊重した家族支援のあり方が求められる。

8050問題
80歳代の親が，50歳代の子どもの生活をみることを表す。本来，子どものほうが老親の世話をする年代であるはずが，子どものほうが不景気などの社会情勢の影響，心身の問題などを抱えているため生活力がなく，老親に生活や生計を頼らざるを得ない状態が増えてきており，社会問題と捉えられるようになった。

□ 家族理解

ソーシャルワークは，福祉サービス適用によって家族の生活継続を図るだけではなく，家族がもつ不安や葛藤に対応してきた。例えば家族のライフサイクル上，生活課題やニーズが顕在化し，支援開始となる状況がよく起こる。老親に介護が必要になってきた，障害をもつ子の自立を考える時期になった，など，家族の世代移行期への支援である。家族は自らの生活の変更を考え，新たな生活様式に適応しなくてはならないが，躊躇や葛藤により家族の取り組みが停滞し，福祉機関や支援チームからみて，問題家族と捉えられる状況も起こる。

このような問題に対して，ボーエン（Bowen, M.）の家族評価理論をもとに，家族の尊厳保持の観点から**情動システム**を理解してみたい。家族の各構成員の言動は，家族の情動システムの動きから決まってくる(5)。

ビネット9-1では，医療機関での退院支援場面を取り上げる。

① 家族の**情動反応**

この家族の状況変化には，安定を図ろうとする家族特有の情動反応がある。病院からの退院方針が示されたことで，子どもは今後の生活について，家族の不安を生成することになった。一方の親（例えば，母）は，親自身が老年期を迎える中，今後も子どもを介護する負担を考え，不安をさらに増大させる。

情動システム
家族は，家族構成員が関わり合い，価値観や感情，行動に影響を及ぼし合い，相互作用しあう。家族は構成員それぞれの情動を刺激し合い，複合体となった情動反応を共有するシステムと捉えられる。また家族構成員は，家族で共有する情動の影響を受ける。

情動反応
情動反応は，人が内と外との環境からの情報を受け，その情報を統合し，それに対して欲求や感情，行動などとして応じたもの。家族は，それぞれの家族構成員が応じている情動反応の複合体であり，相互に刺激し合って複合化したものである。

ビネット9－1　医療機関での退院支援場面

障害を持つ成人した子どもと，長年自宅で世話してきた60歳代の両親からなる家族である。子どもは，治療やリハビリテーションのために何度か入院している。両親も面会に訪れてかいがいしく世話をし，とてもよく適応していた。

今回，退院方針が提示されると，子どもはいつものように家に帰りたい様子を見せたが，両親は「自宅への退院は難しい」と言い，入院継続を訴えた。病院としては入院期間の延長はできないため，転院や施設入所を提案するが，両親は「それは困る」と言って，話は振出しに戻る。

長年両親が子どもの世話をして暮らし，家族関係は良好とみられていたのに，両親の責任を放棄するような態度変化に，病院の医療チームはとまどった。

そして，もう一方の親（例えば，父）は，不安を制御しようと，病院や支援者がいるから大丈夫と考えるようになる。家族内では，誰も対処せず不安を調整できない。すなわち，退院については「考えないことで安定する」状態である。不安が増大して家族全体が不安定化すれば，支援者もそれを察知し，対応することもできる。しかし「考えないことで安定する」ことが，この家族独自の不安対処方法であった。

② 家族の個体性と一体性

家族の個体性と一体性の観点から，この状況を説明する（図9－1）。家族の個体性とは，自立した個の存在としての生命力である。一体性とは，家族構成員が融合した一つの家族としての生命力を意味する。このバランスから家族の情動状況を捉える。

この家族には，世代移行期における親子間での認識のずれがある。子どもは，両親と暮らすこと，病院を退院したら家に帰ることは当然という様子であり，家族との一体性が高い。一方，両親から子どもを見ると，入院治療に適応している子どもの様子は，家族の一体性よりも個体性が高いように見える。また両親は自分達が年をとっていくので，子どもを自立させたいという考えもあるため，より子どもの個体性を高く捉える。

家族の世代移行期における，子どもの巣立ちと親役割の変更には，家族独自のやり方で臨む。子どもの障害の有無にかかわらず，どの家族にもある。

回 家族支援

世代移行の時期に家族は，役割変更や葛藤，不安などと取り組むことになる。子世代に病気や障害があり，より複雑になる世代移行での

図 9-1　子の個体性と一体性

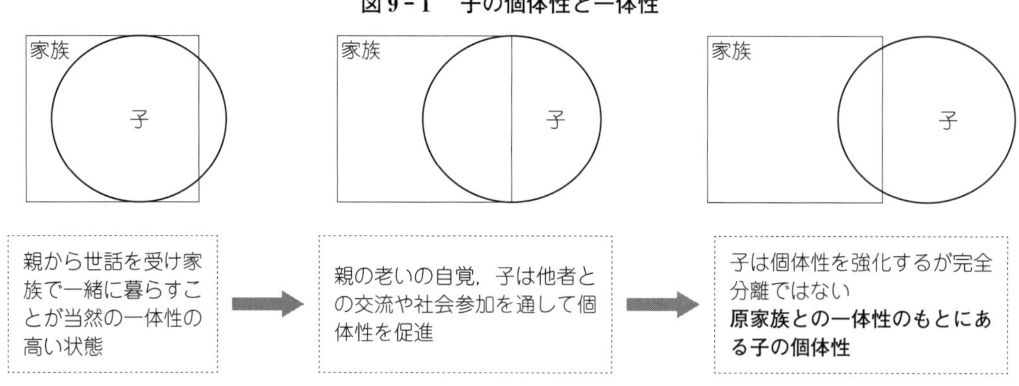

出所：筆者作成。

情動反応には配慮が必要である。家族支援としては，生活様式の変更にあたって，家族が話し合う機会を設ける必要がある。それは生活場所や生活手段を決めるだけではなく，家族の離別に関する不安に対する独自の取り組み方法について確認していく過程となる。家族の生活歴を確認しながら，家族が取り組んできたこと，その中で培ってきた強みを捉える。それは家族の生活様式が変更されても，家族の個体性と一体性のバランスは保持され，持続されることに焦点をあてる。その上で，福祉施設への入所や福祉サービスの利用など，生活様式を変更するという課題への直面化を促す。

両親が老年期に入り，子どもが成人として生活を始めるという世代移行期における，介護役割を手放すなど親役割の変更，親から巣立ちに伴う子役割の変更などについて，現実検討を行う。

このような家族の世代移行期の支援は，家族に起こる情動反応や**コーピング**などを，情動システムの観点から理論的に予測し，家族の尊厳保持を目的とする。家族支援には，起こっている問題状況への解決対応から，家族の将来を見据えた予測的対応にまで目を向けていく必要がある。複合的ニーズや複雑な生活課題を抱える家族にも，家族の尊厳と強みがある。家族保全（family preservation），家族エンパワメントという観点から，家族機能の維持強化支援が求められる。[6]

コーピング
課題やストレス状況などに対処すること，取り組むこと。人や家族が暮らしていく上では，衣食住から人間関係，社会活動などにおいて，人それぞれ，家族それぞれの様式で，様々な対処や取り組み，努力や働きかけをしている。

3 地域支援の実際

日本の社会構造の変化，ニーズの多様化や複雑化という背景を踏まえて，地域共生社会の実現が求められている。ジェネラリスト視点での総合的かつ包括的な支援を踏まえて，地域支援の考え方を示す。

□ 地域包括ケアから地域共生社会へ

地域共生社会には，制度・分野の枠や，「支える側」「支えられる側」という従来の関係を超えて，包摂的なコミュニティ，地域や社会を創る理念がある。[(7)] 日本の高齢社会において，住まい・医療・介護・予防・生活支援を一体的に提供する地域包括ケアシステムの理念を普遍化し，高齢者のみならず，生活上の困難を抱える障害者や子どもなどが地域において自立した生活を送ることをめざす。地域住民による支え合いと公的支援が連動し，地域を丸ごと支える包括的な支援体制を構築し，切れ目のない支援をめざす。

背景には，実践領域や分野を超えた横断的支援を要するニーズが顕在化してきている現状がある。例えば，社会での生きづらさを抱えひきこもり状況にあったり，生活意欲低下や病を抱えて**セルフネグレクト**と言われる状況にある人々がいる。また複世代で暮らす家庭で介護や困窮などの生活課題が絡み合い，複雑化した世帯ニーズがある。このような多様化，複雑化したニーズに，現状の福祉制度では十分対応できていない。ニーズを抱える人々に関わる対人支援実践も長期にわたり，問題解決にいたらない状況がある。

このような状況に対してソーシャルワークは，ジェネラリストの視点をもって総合的包括的な支援を進めていかなければならない。具体的な課題解決をめざすアプローチはもとより，それだけでは解決にいたらないニーズに対しても，つながり続けることをめざす**伴走型支援**も活用していかなければならない。自ら支援を申し出てこない人々の存在や，地域に潜在化するニーズを積極的に把握していく必要もある。またこのような対人支援を進めるための，地域の主体的な取り組み，地域力の強化も図る必要がある。

□ 地域におけるニーズ

福祉サービスを利用している人々に，介護や療養，生活上のニーズ

セルフネグレクト
意欲や能力の低下などにより，健康や栄養状態に関心を向けることができなくなり，自分が暮らしていくのに必要なことをしない，放棄した状態。周囲に支援を求めることもせず，生活状況が悪化していき，孤立死につながる場合もある。

伴走型支援
人が問題を抱えていても生活を継続できるよう支え，寄り添い，伴走しながら，つながり続けることを目指す支援。容易に解決しないような生活課題や問題も存在する。そのような場合でも，社会的孤立を防ぎ，課題に取り組みながら暮らす人を支える。

があることは理解しやすい。例えば，デイサービスを利用したい，家事が一人でできなくなってきたなどと，本人や家族からの申し出があると実践者も対応しやすい。しかし地域の中には多くの人びとにまだ気づかれていない，潜在的なニーズがある。いわゆる，**インボランタリークライエント**の存在である。生活上の課題や支障を感じながらも，サービスの存在や相談先を知らなかったり，病気や障害などのために自らサービスや支援を求めることが難しい人もいる。そもそも自分にニーズがあるということにすら，気づいていないこともある。

ジェネラリストアプローチでは，ミクロ・メゾ・マクロの各レベルでのニーズ把握，ニーズアセスメントが必要になる。ミクロレベルでは個々の多様なニーズに目を向ける。メゾレベルでは組織的なサービス・支援提供を見据えて，集約されたニーズを捉える。マクロレベルでは制度の基準に基づいて全体のニーズ充足を図る。ブラッドショー（Bradshaw, J.）は，**社会的ニーズ**の観点から４つの分類を示している（筆者訳）[8]。

・規範的ニーズ（normative need）：専門職が定義する
・感じられたニーズ（felt need）：クライエントの要望と同義
・表明されたニーズ（expressed need）：感じられたニーズは，サービスの申請といった行動によって要求になる
・相対的ニーズ（comparative need）：サービスを受けている人々と同じ状態で困っている人々がいるならば，彼らにも同様のニーズがあると考えられる

この分類に基づくと，ミクロ・メゾ・マクロの各レベルのニーズ対応が具体化する。ミクロレベルでの対人支援において，クライエントから表明されたニーズのみならず，表明されていないがクライエントが感じているニーズにも，実践者は敏感に対応する。ただし，自分にはニーズがあると気づいておらず，表明していない場合もある。そのような場合には，メゾ・マクロレベルでの積極的なニーズ理解と把握が必要である。

メゾレベルでは，地域に暮らす人々のニーズを相対的にみて，同様の状態であるのにサービスを受けている人とそうでない人がいるとすれば，サービスを受けていない人にもニーズがあると捉える。ニーズは，地域に潜在化，点在化していると認識した上で，積極的にキャッチし集約する[9]。マクロレベルでは，全体の福祉水準が適用されるよう，制度や専門家の判断など，規範に基づくアセスメント基準によって公平性や妥当性を考慮し，ニーズを把握，判断する。

社会的孤立や家庭内での複合化・複雑化したニーズなどが徐々に顕

インボランタリークライエント
生活上のニーズや問題があるにもかかわらず，自発的に支援を求めない，またサービスを拒否したり，支援に抵抗するクライエント。クライエントの拒否や抵抗があると，支援関係の形成が困難な上に，問題解決を図ることも難しい。

☞ 社会的ニーズ
本書第１章第４節参照

社会的孤立
地域や社会における活動や組織などへの参加、人との会話や交流、生活するのに必要なサポートなどがない、または著しく少ない状態。客観的に見て、人や社会との接触が乏しい状態。主観や感情としての孤独とは、区別される。

在化してきている今日，地域におけるニーズキャッチやアウトリーチ，専門的なアセスメントにより，今後起こりうるニーズやその不安にも目を向けていく対応が必要である。地域におけるアウトリーチは，支援や福祉サービスを拒否する人へ積極的に関わっていくことだけではなく，ニーズの潜在可能性，悪化予測の視点をもち，ニーズの掘り起こし，積極的把握に焦点があたる。それには地域ネットワーク，連携協働等によって，把握されたニーズを受け止め，対応に結びつけていく体制づくりが必要である。

◻ ソーシャルサポートネットワーク

地域支援において，ソーシャルサポートは，包括的な支援体制や地域づくりに関わる重要概念である。人は，社会の中で他者と相互に関わり合い，サポートしあって生活している。ソーシャルサポートには，情緒的，道具的，情報的，評価的など，いくつかの種類がある。

情緒的サポートは，人の気持ちに関わる，安心感や愛着などにつながる。家族や友人など，大事な人からの情緒的サポートは，ウェルビーイングに欠かせない。

道具的サポートは，人が暮らすのに必要なこと，手段である。病気など日常生活に手助けが必要なときは，多くの道具的サポートが必要となる。

情報的サポートは，人が日常生活の上で直面する問題や課題に対応するのに有用である。インターネットやテレビなどのメディアから多くの情報を得られるが，人は知人や信頼のおける人からの情報により耳を傾ける。

評価的サポートは，家族や友人，周囲の人々などからの評価が支えになるというものである。認められる，理解される，また共感してもらえるなどの体験は，人を力づけ，モチベーションを高める。一方で病気や障害などによってできることが少なくなってしまうと，自己評価に影響することもある。

このような様々なソーシャルサポートに目を向け，ニーズや課題を抱えている人々に備わっているサポート，不足しているサポート，また不足している場合の充足方法を考える。支援者自身がサポートを提供する役割も担いながら，福祉サービスや社会資源の活用を図る。

ソーシャルサポートは，サポートを担う人や体制によって，２つに区分される。福祉制度やサービス，専門家によるサポートは，フォーマルサポートと言う。高齢者や障害児・者などに対する専門的な生活支援は，ケアマネジメントやケースマネジメントによって多種のサービスや支援者を調整し，プランをまとめ，チームとして支援にあたる。また福祉サービスをこれから利用したいという人々のための“**ワンストップサービス**”の考え方が広まり，総合相談窓口の開設などの体制がとられている。

また，親族や近隣の人々などによるサポートは，インフォーマルサポートと言う。地域支援では，地域で同じようなニーズや活動のモチベーションをもつ人々を組織化する働きがある。社会福祉協議会を中心とした小地域ネットワーク活動のほか，セルフヘルプグループ，ボランティアグループ，住民参加型の活動グループなど，インフォーマルサポートグループを意図的につくることもある。

地域共生社会の実現に向け，このフォーマルサポートとインフォーマルサポートをつなぎ合わせ，連携協働を図ること，住民の共感や協働性に基づく地域の力を活用した，ソーシャルサポートネットワークの構築が求められている。(10)

ワンストップサービス
関連する手続きやサービスなどを，1か所にまとめて提供するようにしたもの。従来，福祉の担当課や相談窓口が複数個所にわたるために，相談に訪れる人の不便さがあった。総合相談窓口など，行政が関連する手続きの窓口を一本化することや，福祉機関などが様々なサービスや支援を一体的に提供することなどを指す。

多職種連携

地域支援においては，様々な機関・専門職が連携協働している。ソーシャルワークの生活支援は，ニーズや課題を抱える人々の生活状況や社会的背景に焦点をあて，社会で暮らす困難さを理解する，また課題や困難があってもそれをもちながら暮らす人々を支える特性があるが，人々の地域生活を多側面から支えるためには，保健医療，教育，司法など，様々な領域の機関・専門職との連携や協働が必要である。

特に保健医療との連携協働については，ヒューマンケアとして人々の健康的な生活に寄与するという共通の目標を掲げ，インタープロフェッショナルワーク（Interprofessional Work（IPW）；**多職種連携協働実践**）として，実践，教育，研究が展開されてきた。大塚は，利用者の目標の実現を目指す活動プロセスは，「利用者中心の問題解決プロセス」「チーム形成プロセス」「組織間・機関間・地域連携のプロセス」の三重構造からなることを示している。(11)

実際，地域支援においては，重層的支援会議，地域ケア会議，自立支援協議会，要保護児童対策地域協議会などの協議体が形成され，多機関の実践者が集合するカンファレンス，連絡会議などをとおして，実践者たちは所属組織を超えた連携協働意識を高めてきた。職種や所属機関の独自性をもちながらも，利用者の支援計画を共有し，支援方針などの合意形成を進め，支援することが定着してきている。また**多職種連携教育**（Interprofessional Education（IPE））プログラムも，保

多職種連携協働実践（IPW）
住民や当事者も含む，複数の領域の専門職が，それぞれの技術と知識を提供し合い，相互に作用しつつ，共通の目標達成をともに目指す実践活動。チームケアや機関間連携など多様な形態があるが，ヒューマンケアの共通意識をもち，職種の専門性を活かしながら，協働実践を進める。

多職種連携教育（IPE）
複数の領域の専門職がケアの質を改善するために連携し，ともに学び，お互いに学び合いながら，互いのことを学ぶこと。イギリスにおいて発生した医療ミスや児童虐待の問題などから，保健医療福祉の専門職が連携協働する学習・教育のしくみ，方法が構築された。

健医療福祉の関連学科を設置する多くの大学で取り入れられ，多分野統合的な教育を受けた学生が，実践現場に輩出され，地域包括ケア実践においても具現化されてきている。

□ 予防的支援

少子高齢社会が進行し，地域によっては人口減少が進む中で，社会的孤立や家族の対応力低下など，さらなる福祉課題が認識されてきている。地域において今後予測されるニーズの増加や，今は潜在化している課題への予防的対応が必要である。

地域にはニーズが潜在化，点在化している。対応すべき課題は，背景や要因が多様で複雑化していることも多い。そのようなニーズや課題をいかに把握，集約するのか。特に当事者が自ら支援を求めない状況，対応が遅れがちな課題，支援者からは捉えにくいニーズなどをいかに把握し対応していくのか。孤立予防や虐待防止など，早期にニーズをキャッチし対応する活動が求められている。

しかしながら予防的支援の必要性は十分認識されつつも，ソーシャルワーカーがその成果について実感し，評価をすることは難しい。予防とは問題が起こる前の対応と捉えられるので，従来のようにいかに問題が解決したかという観点では，実践の成果を捉えることができない。そこで，問題発生防止のみを予防とせず，悪化予防，アセスメントや予測，エンパワメントや準備体制づくりも含めて，予防の効果を広く捉え，総合的効果をあげることを考えなくてはならない[(12)]。

岡村は公衆衛生の予防概念に基づいて，「予防的社会福祉」の考え方を整理している[(13)]。地域福祉活動のねらいや対象範囲については，予防概念枠組みとの共通性が高い。また公衆衛生の予防概念には，カプラン（Caplan, G.）の枠組みがある[(14)]。地域レベルでの問題発生の減少をめざすことを第一次予防，発生した問題に対する早期発見・早期介入を図ることを第二次予防，介入後の機能維持や生活維持を図ることを第三次予防と定義する。予防活動はニーズや必要性に応じて循環，波及する。対応方法の種類は問題対応から支援，エンパワメントへと広がる。また問題の事後対応から社会におけるシステムや予防体制の構築へと循環していく[(15)]。

特に第一次予防についてムラゼックとハガーティ（Mrazek, P. J.・Haggerty, R. J.）は，すべての人を対象にする「普遍的（universal）」予防，リスクが高まる可能性を含んでいる集団を対象にする「選択的（selective）」予防，ハイリスク状況や徴候が見られている人に注目する「示唆的（indicated）」予防に整理している。このような観点から，問題が起こる前からきめの細かいアプローチ，ニーズキャッチについて検討の必要性もある[16]。今後，地域支援における予防的機能としては，問題が起こらないようにする未然の防止策だけではない，総合的なアプローチが求められる。

回 非常時や災害時支援

日本は自然災害の多い国である。地震や土砂災害などが起これば，人々の日常生活は奪われ，特に住まいを失った場合には生活の回復，復興まで長い時間がかかることも少なくない。回復には，被災後の避難，避難所生活，仮説住宅生活，生活再建といったプロセスを経ることになる[17]。その段階ごとにニーズも異なり，課題は解消するとは限らず，複雑化していく。近隣の顔なじみの人々から離れ，新たなコミュニティを形成しなければならないこともある。

大規模災害の場合は特に，被災地以外の地域から被災地に支援に入る。救援，復興の具体的手段とともに，被災者やコミュニティのニーズに寄り添うことが求められる。また福祉サービス利用者や，サービスを利用していなくても同様のニーズを抱えていた人々は，災害時にサービスや支援が受けられないことで日常生活の困難が増大する。

災害時要配慮者の福祉ニーズへの対応，生活の機能低下防止を含む，災害時における福祉支援体制の構築が課題である。加えて，平時からの備え，防災意識，要配慮者の把握や災害時の支援計画など，地域における予防的活動が求められる。

災害時要配慮者
高齢者や障害者，乳幼児など，防災施策において配慮を要する者。災害発生時には，社会的な支援やそれまで利用していたサービスが限定されてしまうおそれがあり，災害に関する情報把握や避難，生活手段の確保などに十分な配慮が必要である。

昨今，自然災害の他にも，新型感染症の世界的拡大，パンデミックという，人々が経験したことのない未知の状況が起こっている。人との交流や接触を遮断し，社会活動を止めるほどの状況が続き，生活は大きな影響を受けた。保健医療分野での緊急対応，福祉ニーズをもつ人々の日常生活支援継続，スティグマや差別解消のための啓発教育活動，社会的孤立や生活困難に対する予防的支援など，また社会状況の回復に向けてソーシャルワークの対応範囲は多岐にわたる。

📖さらに知りたい人のための推薦図書

ジョンソン，L. C.・ヤンカ，S. J.／山辺朗子・岩間伸之訳（2004）『ジェネラリスト・ソーシャルワーク』ミネルヴァ書房．

▷ジェネラリストアプローチの視座，相互作用，プロセスなど，基本的な考え方がまとめられている。

カー，E. M.・ボーエン，M.／藤縄昭・福山和女監訳／福山和女ほか訳（2001）『家族評価――ボーエンによる家族探究の旅』金剛出版．

▷家族理解のための，情動システムや個体性・一体性などの考え方がまとめられている。

埼玉県立大学編（2022）『新しいIPWを学ぶ――利用者と地域とともに展開する保健医療福祉連携』中央法規出版．

▷保健医療福祉における多職種連携協働について，考え方や構成要素などがまとめられている。

長谷川洋昭編著（2021）『社会福祉・医療従事者のための災害福祉論』学文社．

▷災害時支援に関する歴史やしくみ，支援のあり方などについて，まとめられている。

注

（1）　ピンカス，A.・ミナハン，A.「ソーシャル・ワーク実践のモデル」スペクト，H.・ヴィッカリー，A.編／岡村重夫・小松源助監修訳（1980）『社会福祉実践方法の統合化』ミネルヴァ書房，87-137.

もととなるピンカスとミナハンの文献は，Pincus, A. and Minahan, A.（1973）*Social Work Practice; Model and Method*. F. E. Peacock Publishers, Inc.

（2）　小島蓉子編訳・著（1992）『エコロジカル・ソーシャルワーク』学苑社，11.

もととなるジャーメインの論文は，Germain, C. B.（1973）An Ecological Perspective in Casework Practice. *Social Casework*, 54(6), The Family Service Association of America, 323-330.

（3）　ジョンソン，L. C.・ヤンカ，S. J.／山辺朗子・岩間伸之訳（2004）『ジェネラリスト・ソーシャルワーク』ミネルヴァ書房，401-403.

（4）　木戸宜子「８章　ソーシャルケアサービスの展望――質の担保・標準化に向けて」大橋謙策編集代表（2007）『日本のソーシャルワーク研究・教育・実践の60年』相川書房，149-162.

（5）　カー，E. M.・ボーエン，M.／藤縄昭・福山和女 監訳／福山和女ほか訳（2001）『家族評価――ボーエンによる家族探究の旅』金剛出版.

（6）　カプラン，L.・ジラルド，J. L.／小松源助監訳／奥田啓子・鈴木孝子・伊藤冨士江訳（2001）『ソーシャルワーク実践における家族エンパワーメント――ハイリスク家族の保全を目指して』中央法規出版.

（7）「『地域共生社会に向けた包括的支援と多様な参加・協働の推進に関する検討会』（地域共生社会推進検討会）の最終とりまとめ」2019年２月26日.

（8）　Bradshaw, J.（1972）*The Taxonomy of Social Need*., MacLachlan, G. ed., Problems and Progress in Medical Care. Oxford University Press, 71-82.

（9）　木戸宜子「第２章コミュニティソーシャルワークの展開方法　第１節個別アセスメント」日本地域福祉研究所監修／中島修・菱沼幹男共編（2015）『コミュニティソーシャルワークの理論と実践』中央法規出版，50-58.

（10）　マグワァイア，L.／小松源助・稲沢公一訳（1994）『対人援助のためのソーシャルサポートシステム』川島書店.

（11）　朝日雅也「第２章 IPW の背景と発展　第１節課題解決のパラダイム転換」埼玉県立大学編（2022）『新しいIPW を学ぶ――利用者と地域とともに展開する保健医療福祉連携』中央法規出版；大塚眞理子「第９章 IPW と IPE の展望　第１節地域と協働した IPW の展望」同前書.

（12）　木戸宜子（2017）「ソーシャルワークにおける予防の考え方――カナダ・ケベック州モントリオールにおける高齢者虐待予防実践から」『日本社会事業大学研究紀要』63，67-77.

（13）　岡村重夫（2011）『地域福祉論（新装版）』光生館，47-57.

（14）　カプラン，G.／新福尚武監訳／河村高信等訳（1970）『予防精神医学』朝倉書店.

（15）　木戸宜子（2016）「地域を基盤としたソーシャルワークにおける予防活動枠組みの構築――対人支援理論の活用を含めて」『日本社会事業大学研究紀要』62，５-15.

（16）　Mrazek, P. J. and Haggerty, R. J. (eds.)（1994）*Reducing Risks in Mental Disorders*. National Academy of Press.

（17）　大島隆代（2017）『地域生活支援の理論と方法を探る』中央法規出版.

第10章

ソーシャルワークの研究と教育と実践をつなぐ

学習のポイント

1　ソーシャルワークにおける研究の重要性を学ぶ。
2　ソーシャルワークの発展とともに研究と実践の乖離が生じたことを確認する。
3　乖離を埋める実証的実践の取り組みが EBP へとつながったことを確認する。
4　ソーシャルワークに必要なのは幅広いエビデンスの活用であることを理解する。
5　エビデンスを協働開発することが研究・教育・実践の乖離解消となることを学ぶ。

1 ソーシャルワークの研究・教育・実践の動向と在り方

◻ ソーシャルワークにおける「研究」の重要性

シカゴ大学の初代ソーシャルワーク養成課程の研究科長でありアメリカ合衆国初の女性研究科長であったアボット（Abbott, E.）は，ソーシャルワークにおける研究の重要性を説いたことで知られる[(1)]。彼女は，経験豊かなソーシャルワーカーの力を借りながら，ソーシャルワークにおける「研究（リサーチ）」を，発展させていかねばならないと訴えた。

ソーシャルワークが専門職として確立するためには，その対象問題の理解と問題解決のための実践知識と技術を研究によって科学的に整理し，蓄積して，ソーシャルワーク教育と実践に活かす必要があるとした。熟練したソーシャルワーカーの実践知を活かしながら，研究を発展させることが専門職としてのソーシャルワークの教育と実践を洗練させることになるとしたのである[(2)]。

◻ ソーシャルワーク専門職（プロフェッション）の成立要件とそれを支える研究

高齢化，少子化が急激に進む日本社会において，社会経済的な環境の変化が人びとの生活問題を多様化し複雑化してきた。

人びとのニーズを的確に把握し，利用可能な社会資源を，迅速かつ的確に探し出し，人びとに提供する。そして人びとが提供された資源を確実に利用できるように援助する。こうした働きを担う専門職が必要となる。この専門職の働きは，ソーシャルワークそのものであり，高齢化・少子化が進む社会においてソーシャルワークの展開が期待されているといえる。

このことはすでに，日本学術会議第18期社会福祉・社会保障研究連絡委員会が2003年に公表した「ソーシャルワークが展開できる社会福祉システムづくりへの提案」と題する報告書において明確に示されるとともに，ソーシャルワーカー養成の教育内容を改定し充実する必要性を訴えている。

専門職教育は，人びとの普遍的な生活問題に加え，社会経済的な環境変化がもたらす新たな生活問題に関する「知識」と問題解決を支援する「技術」を体系化し，専門職を目指す学生に系統立てて提供されるものでなければならない。知識と技術は，専門職の成立条件とされるが，専門職を成立させるためにはもう一つの条件が必要とされる。「価値」である。一般的には，知識は，問題を理解し，解決を援助する方向性を示すものである。技術は，知識によって理解し，見極めた援助の方向に向かって具体的に援助を推し進める技であり，援助を実現するために不可欠なものである。しかし，援助は，知識と技術だけでは実現しない。

援助を実現するためには，援助の方向性を示す知識と援助を具体的に進める技術に加えて，援助したいと思う気持ち，すなわちモチベーションが必要となる。そうしたモチベーションの源となるのが価値とされる。専門的価値は，ソーシャルワークが1世紀を優に超える歴史の中で培われてきた。

例えば，ソーシャルワークでは「人の尊厳」，「自己実現」，「自己決定」などが専門的援助において極めて大切なものであると考えられてきた。ソーシャルワーカーがこうした共通の認識を持つためには，多くの時間を費やし，時には犠牲を払う必要があったが，ソーシャルワーク専門職の価値となったのである。このような価値は，援助対象者と接するときに示す傾聴や受容，非審判的態度といったソーシャルワーカーの基本的な態度，姿勢として具現化され，援助へと向かわせる力となる。[(3)]問題を抱え，悩み苦しみ，解決したいと願う人を「援助したい」という「力」すなわちモチベーションをソーシャルワーカーに与えるのである。

□ ソーシャルワークの研究と教育と実践の乖離

専門職としての成立条件である知識と技術を洗練させ，豊かにするのに，研究が不可欠であることを述べた。また，研究は，専門職を援助に向かわせる力であり，人に寄り添ったコミュニケーションの原点となる価値に根拠を与えることについても述べた。そして，研究によって洗練され，根拠を与えられた知識・技術・価値が専門職としてのソーシャルワーク実践を豊かにしてきた。そして，これからもそうし続ける必要がある。

ところが，アメリカ合衆国では，いつの間にか研究は学術的なものであり，研究家（リサーチャー）が担う仕事とみなされるようになり，実践は現場のソーシャルワーカーが担う仕事とみなされるようになった。こうした役割分担が進むにつれ，研究と実践との間に乖離が見られ，研究の成果が実践に十分に活かされていないのではないかと危惧されるようになった。

1970年代になると，ソーシャルワーク実践（介入・援助）[4]の有効性に関する研究が増え始める。[5]しかし，有効性を検証する研究手法の未熟さが指摘されるようにもなった。ソーシャルワーク援助と生活問題の改善との間の因果関係（援助の有効性）を示すことのできる統制された研究があまり行われていないことが明らかとなってくる。統制群，比較群を設けた集団比較実験計画（今はランダム化比較試験：RCTと呼ばれることが多い）を採用し，より質の高いエビデンスを生み出すことができるよう研究の質向上が求められるようになった。[6][7]

こうした流れの中で，研究はリサーチャーが厳密な研究方法を用いて行うものであり，実践を担うプラクティショナーは出版された研究成果を読み，有用なものを選択して実践に活かすものであるという役割の分担がより鮮明になっていく。やがて，ソーシャルワークにおける研究の重要性が認められ，ソーシャルワークの教育課程に研究が科目として位置づけられることになる。

しかし，プラクティショナーとしてのソーシャルワーカーを目指す学生には研究成果の「賢いコンシューマー」となることが目的とされた。日本の社会福祉士や精神保健福祉士の教育課程においても，「社会調査の基礎」などの科目では，簡単な調査を計画，実施し，得られたデータを統計解析ソフトによって分析するなどの指導をしている大学もあるが，大方は研究の表面的な理解と研究成果の賢いコンシューマーの育成を教育目標としていると考えられる。

アメリカ合衆国では，現場のソーシャルワーカーからは，リサーチャーが計画実施する研究が生み出す成果が，実践で求められるものではなく，実践に活かし辛いという声が大きくなる。比較的最近でも現場のワーカーたちには，研究について「大学院（ソーシャルワーク修士）ではリサーチの授業は好きではなかった」，「リサーチと実践と密接に関連していない」，「リサーチは特定の問題や対象者に限られている」，「リサーチは特定の介入（行動的介入や認知行動的介入）に偏っており，信頼性がないし，バイアスがかかっている」といった反応があるようで，[8]調査研究に対するネガティブな感情があるようである。

□ ソーシャルワークの研究と実践の乖離を埋めるECPMそしてEBPへ

➡ EBP
エビデンス・ベースド・プラクティス。科学的調査研究から得られたエビデンスを根拠とする実践。

アメリカ合衆国では，1980年前後から研究と実践の乖離を解消しようとする取り組みが現れてくる。ミシガン大学のジャヤラトニ（Jayaratne, S.）とレヴィ（Levy, R.L.）[9]は，現場のプラクティショナーが実践に有用な研究成果を必要としているのであれば，自ら実践場面でリサーチ（研究）を行う必要があると述べた。プラクティショナー自らが，実践現場において実施する研究に裏付けられた成果は，実践において活用でき，実践の質を高めるのに貢献するとした。また，実践現場においてプラクティショナーが行う研究の成果に基づいた実践を「実証的臨床実践（エンピリカル・クリニカル・プラクティス：ECPM）」と呼び，研究と実践の乖離を解消するためには不可欠であるとした。そして，実証的臨床実践を行うソーシャルワーカーを「リサーチャープラクティショナー」と呼んだ。

先に触れた効果測定のための厳密な方法である集団比較実験計画（RCT）は，一時に多くの試験者と援助を実施する専門職を必要とし，リサーチャープラクティショナーが実践現場で行うのにはハードルが高いと考えられた。また，そうした**横断的な（クロスセクショナル）**方法としての実験研究は，伝統的に**縦断的（ロンジテューディナル）**，時系列的な援助プロセスを大切にするソーシャルワークが求める研究成果を生み出すことが難しいと考えられた。ジャヤラトニとレヴィは，当時注目を集め始めていた**単一事例実験計画**（シングルサブジェクト・エクスペリメンタル・デザイン）が1事例から調査を始めることができ，援助プロセスを時系列として捉えて分析できるために，ソーシャルワーカーが自ら実践現場で実施することのできる研究方法であるとして推奨した。

ニューヨーク州立大学のリード（Reid, W. J.）[(10)]は，ジャヤラトニとレヴィが提唱した実証的な実践が，現場や研究機関で徐々に受け入れられ，やがて「実証的臨床実践ムーブメント：ECPM」となったとしている。研究に裏付けられた実践は，アボット[(11)]がその重要性を強調した「研究」が現場のソーシャルワーカーの力を借りて花開き，発展し，研究と実践の乖離をなくす大きなムーブメントとなったと言えよう。

こうしたムーブメントの中で，かつての研究成果の「賢いコンシューマー」という考え方も進化する。ギャンブリル（Gambrill, E.）[(12)]が主張する「クリティカルシンカー」の考え方である。彼女は，研究成果を批判的（クリティカル）に検討し，実践に活かすことによって，現場における意思決定に役立てるだけではなく，実践の結果を反省的（リフレクティブ）に評価し，実践を改善するというプラクティショナーのあるべき姿を示した。

こうしたリサーチャープラクティショナーやECPM，クリティカルシンカーといった取り組みの素地があったことによって，2000年前後から医療の分野で始まったEBM（エビデンス・ベースド・メディス

横断的（クロスセクショナル）
ここでは，一時点での集団を対象とする調査を意味する。

縦断的（ロンジテューディナル）
ここでは，横断的調査とは異なり，集団あるいは個人を対象とし継続的（時系列的）に調査することを意味する。

単一事例実験計画
この研究方法は，実験（エクスペリメンタル）となっているが，統制された実験に不可欠な手続き，例えばランダム化（実験群と比較群とに無作為分配）ができないために疑似実験計画（クオザイ・エクスメリメンタル・デザイン）に分類される。詳細な手続きについては，芝野松次郎（2002）『社会福祉実践モデル開発の理論と実際』有斐閣，などを参照のこと。

ン：エビデンスに基づく医療）を，ソーシャルワークに比較的容易に取り入れることができたと言えよう。エビデンスに基づくソーシャルワーク実践（EBP in Social Work）はアメリカ合衆国において急速に進むことになる。[13][14]

2　ソーシャルワークの研究と教育と実践をつなぐ

◻ ソーシャルワーク教育における EBP への期待

ソーシャルワークの実践や研究の領域で急速に関心が高まることとなったEBPは，ソーシャルワーク教育においても比較的早くから取り入れられた。

CSWE（ソーシャルワーク教育評議会）は早くも2001年にEBPのような実証された実践知識すなわちエビデンスを理解できるように教育することを，養成機関の認可基準にしている。[15]

そして，CSWEは2006年には，NIMH（国立精神衛生研究所）と協力して，ソーシャルワーカーの養成課程における，EBP教育の推進のためにCD-ROMを制作し，シカゴ市で開催されたCSWEの会議において公表している。このようにソーシャルワーク教育におけるEBPへの期待は大きく，この頃，ギブス（Gibbs, L.）[16]やロバーツ（Roberts, A.）とイェーガー（Yeager, K.）[17]らがEBPに関連する教科書を出版している。

◻ EBP に対する批判

2000年代に入ると，ソーシャルワークでもEBM（医療におけるエビデンスに基づく実践）に倣い，ソーシャルワークにおけるエビデンスに基づく実践（EBP in Social Work）が注目され始める。EBPは，研究と実践の溝を埋めるとともに専門職としてのアカウンタビリティを社会に対して示すための究極的な方法として期待された。

しかし，やがてEBPに対する批判も出てくる。例えばRCT（ランダム化比較試験）といった厳密な研究が生み出す質の高いエビデンスに基づき，実践は行われなければならないとするトップダウンのEBPが，ソーシャルワークに相応しいのかという疑問が投げかけられたりした。ニーヴォ（Nevo, I.）とスロニム－ニーヴォ（Slonim-Nevo, V.）[18]は「エビデンスに基づく実践の神話：エビデンスを情報とする実践に向けて」と題する興味深い論文を『英国ジャーナル・オブ・ソーシャルワーク』に投稿している。

彼らは，次の2点を指摘し，EBPは本当にソーシャルワークにとって必要なのかという疑問を投げかけた。彼らの最初の指摘は，EBPがエビデンスを厳密な実験的研究によって明らかにされたエビデンス，すなわち「厳密なリサーチエビデンス」に限定している点である。

もしこのような厳密な実験デザインによって検証された限られた援助方法すなわちエビデンスのみが厳密なリサーチ・エビデンスであるとすると，援助を求める人が訴える問題を解決するのにもっとも適した援助方法を限られた厳密なリサーチエビデンスのみから探し出す（検索し，選択する）ことになり，それは容易ではないとした。

サケット（Sackett, D. L.）ら[(19)]のEBMの定義では，EBMは最も優れたリサーチエビデンスと，臨床医の臨床経験と，患者の価値とを統合して臨床での意思決定を行うことであるとし，この3つの要素が統合されるときに，臨床医と患者は診断と治療において協力し合うことになり，そのことによって治療結果と生活の質とを最適なものとすることができるとしている。この定義に鑑みると，厳密なリサーチエビデンスに限定してしまうことによってソーシャルワーカーの援助経験を通して得た知識や技術といったエクスパティーズや，援助を求める人の価値意識や倫理的配慮などの重要な情報が十分活用されなくなり，援助結果と生活の質を最適なものとすることができなくなる恐れがある。

彼らのもう一つの指摘は，EBPは文字通りエビデンスに基づく（based on：依拠する）実践であり，まさにそのことが問題となるとの点である。検索の結果，もっとも適しているリサーチエビデンスが見つからない場合は，対象とする問題に合いそうなリサーチエビデンスを選択することになってしまう。援助を求める人が訴える問題の解決に合いそうだということだけで，そのリサーチエビデンスを最善のものとし，従わざるを得なくなってしまうとしたのである。「依拠する」ということにはそうしたリスクがある。

彼らはこうした指摘を踏まえて，エビデンスに依拠し，従うのではなく，厳密なリサーチエビデンス以外のさまざまなエビデンスも情報として吟味し活用する実践，すなわち「エビデンスを情報とする実践（エビデンス・インフォームド・プラクティス：EIP）」がソーシャルワークに相応しいとした。

□ EBP に対する教員の批判とソーシャルワークに必要なエビデンス

ルビン（Rubin, A.）とパリッシュ（Parrish, D.）[20]は，CSWE のウェブサイトに掲載された認定校から専任教員3000人あまりを特定し，ウェブ調査を実施した。調査目的はソーシャルワークを教える教員が EBP をどのように捉えているかを明らかにすることであった。この調査の詳細には触れないが，EBP について２つの捉え方を示し，それがどのように受け入れられているかを分析している。

一つは，援助プロセスを重視し，そのプロセスを通して有効な援助方法すなわちエビデンスが作られると捉えるタイプ。すなわち EBP を捉える際に実践からのボトムアップを重視するタイプである。

もう一つは，研究によって実証された援助方法を実践する場合にのみ EBP と捉えるタイプ。すなわち厳密なリサーチエビデンスに基づく（依拠する）トップダウンを重視するタイプである。結果は，ボトムアップタイプを選んだ教員とトップダウンタイプを選んだ教員はほぼ同数であったが，全体の約半数が両方と答えていた。

こうした結果を見ると，ソーシャルワークでは厳密なリサーチエビデンスに完全に依拠してしまうのではなく，プロセスから得られる情報を活用し援助方法（エビデンス）を作り出すことも EBP にとっては重要とする教員がかなりいることになる。このことを考慮すると，厳密なリサーチエビデンス以外のさまざまな情報もエビデンスとして選択する際の基準とそうしたエビデンスを活用する具体的な方法が明らかにされれば，ニーヴォとスロニム－ニーヴォが提唱した EIP のような，厳密なリサーチエビデンスにのみに依拠せず，幅広いエビデンスを情報として活用する EBP がソーシャルワークには受け入れやすいと言えるかもしれない。

□ EBP に必要な広義のエビデンス

芝野[21]は，エビデンスを厳密なリサーチエビデンスに限定せず，理論・歴史研究や基礎研究の成果，実践からのフィードバック（実践知），ソーシャルワーカーの専門的な経験に基づく知識・技術（エクスパティーズ），法制度に基づく手続き（デュープロセス）などもエビデンスとして捉え，「広義のエビデンス」と呼んだ。

広義のエビデンスは広範囲なエビデンスを含んでいるが，援助に関わる情報であれば何でもよいというわけではなく，よく吟味されクリティカルに評価されたものであるとしている。そして，広義のエビデンスの中でも，一般に科学的と呼ばれる手続きが明確で妥当な調査手法によってデータが収集され，妥当な分析手続きを用いて分析された

図10－1　広義のエビデンス，リサーチエビデンス，狭義のリサーチエビデンスの関係

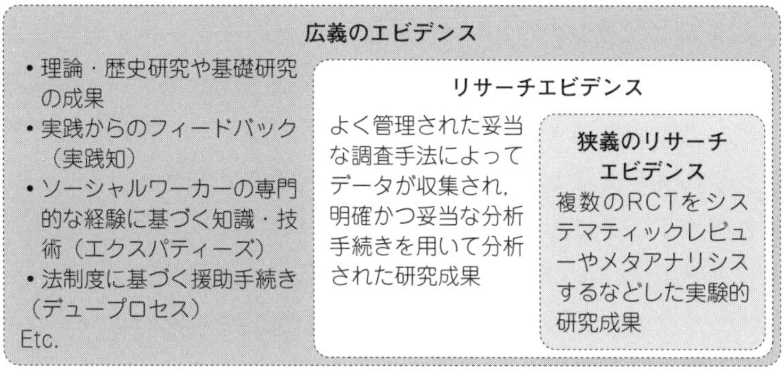

出所：筆者作成。

研究成果を「リサーチエビデンス」と呼んだ。

さらに，リサーチエビデンスの中で，たとえば援助効果の検証において複数のRCT結果をシステマティックレビューやメタアナリシスといった方法で評価した研究成果を「狭義のリサーチエビデンス」としている。図10－1は，これを複数の集合（範囲）を視覚化するベンダイアグラムを用いて図式化したものである。集合の記号で表すと，「狭義のエビデンス⊂リサーチエビデンス⊂広義のエビデンス」となる。これ以降は，エビデンスについて触れる場合には，エビデンスのレベルを区別してこの３つの名称を用いることとする。また，これまで厳密なリサーチエビデンスと呼んでいたものは，狭義のエビデンスであり，以降このことばを用いる。

□ 広義のエビデンスとしての援助方法を「つくる」，「つたえる」，「つかう」，「ためる」

ソーシャルワークの援助手法を研究開発する場合，その有効性を厳密な実験的研究によって検証することはソーシャルワークのアカウンタビリティを社会に示すうえでも大切である。しかし，EBMにおける薬の開発のように，インフラヒューマンを対象とする動物実験のように厳密な基礎研究や，大量の患者を対象とし厳密なRCTを実施する治験は，残念ながらソーシャルワークでは限りなく不可能に近い。

したがって，ごく限られた対象者に対するケース研究や単一事例実験計画法のような疑似実験計画法，あるいは後ほど触れる修正デザイン・アンド・ディベロップ（M-D&D）などによって，実践現場において開発的な研究をすることによって得られる成果としての援助手法（実践モデルとも呼ばれる）も，狭義のリサーチエビデンスではないとしても，リサーチエビデンスであると言える。

こうしたリサーチエビデンスは，ソーシャルワークの実践現場や大学院などの教育の場で研究開発され，実践や教育において活用されている。トップダウンのEBPのように，狭義のリサーチエビデンスに完全に依拠するのではなく，それ以外のさまざまなリサーチ・エビデンスを，実際の援助プロセスを通して開発・改善し，援助方法を豊富にし，それらを実践と教育において活用することが研究と教育と実践の溝を埋めることになると考えられる。

津谷と内田[(22)]は，エビデンスの流れ（用いられ方）について「つくる」，「つたえる」，「つかう」という3つの側面を示した。ソーシャルワークの場合，まず，リサーチャーとプラクティショナーなどが協働し人びとが求める援助方法を開発する。すなわち，援助手法というリサーチエビデンスを「つくる」ことになる。そして，そうした援助手法としてのリサーチエビデンスをソーシャルワーカーなどの専門職集団や社会に知ってもらう。すなわち援助手法というリサーチエビデンスを「つたえる」ことになる。さらに，それをソーシャルワーカーが実践において活用する。援助手法というリサーチエビデンスを「つかう」ということになる。

津谷と内田は直接触れてはいないが，さらに付け加えるならば，そうしたリサーチエビデンスを蓄積し，ソーシャルワーカーが，あるいはソーシャルワーカーを目指す学生が広く活用できるようにデータベース化する。すなわち援助手法というリサーチエビデンスを「ためる」ことが大切となる。いうこうしたリサーチエビデンスを「つくり」，「つたえ」，「つかい」，「ためる」といった流れをリサーチャーとプラクティショナーなどが協働することによって創り上げることができれば，研究と教育と実践の乖離を解消することにつながると考えられる。

回 研究と教育と実践をつなぐ援助方法の開発的研究

ソーシャルワークに相応しいEBPにおいて活用されるエビデンスは，リサーチャーが行う厳密な実験によって得られる狭義のリサーチ・エビデンスだけではなく，文献研究や妥当な調査手法を用いて行われた研究成果，法制度による手続きなどなど，吟味されたさまざまな情報，すなわち広義のエビデンスである。中でも現場のソーシャルワーカーと協働して開発された援助方法，実際に援助を行うプロセスのなかから得られるフィードバック情報，経験豊かなソーシャルワーカーの実践で培われた知識や技術と言ったものも，十分な吟味を経て広義のエビデンスとなる。そうした広義のエビデンスのなかのリサーチエビデンスを「つくる」プロセスは，リサーチャーとプラクティショナーなどが協働するプロセスなのである。

リサーチ・エビデンスとしての援助方法を開発する方法として注目されたのが，ミシガン大学のロスマン（Rothman, J.）とトーマス（Thomas, E. J.）（1994）[23]が考案した「デザインアンドディベロップメント（D&D）」という介入技法（援助方法）開発の手法である。

彼らは，研究と実践との乖離が指摘され，その解消が求められてきたにもかかわらず，現場のソーシャルワーカーが求める援助方法を開発する場合に，工学（エンジニアリング）の分野でよく知られた研究と実践（実用に適した物品の生産）の乖離を解消するための「リサーチアンドディベロップメント（R&D）」を取り入れることをしてこなかったと指摘した。ソーシャルワークにもエンジニアリング的発想が必要であり，有用な援助方法をR&Dする必要があるとした。

そして，ソーシャルワークにおけるR&Dを洗練させ「デザインアンドディベロップメント（D&D）」という研究開発手法を完成させたのである。

カーク（Kirk, S. A.）とリード（Reid, W. J.）[24]は，『科学とソーシャルワーク：批判的評価』という著書の中でわざわざ1章を割いてThomasらのD&Dを高く評価し，紹介している。この新たなソーシャルワーカーの役割を「モデルディベロッパー」と呼んだ。

芝野[25]は，実践現場でソーシャルワーカーが，そして教育現場で院生が活用できるように，複雑化しすぎたD&Dを4つのフェーズ（Ⅰ問題の把握と分析，Ⅱ叩き台のデザイン，Ⅲ試行と改良，Ⅳ普及・採用とカスタマイズ）に簡略化するとともに，開発した援助方法を普及させ，定着させる手続きを盛り込んだ「修正デザインアンドディベロップメント：M-D&D」を開発した[26]。

こうした開発的研究（デベロップメンタルリサーチ）は，リサーチャー（大学教員や研究所などの研究員ら）が単独で行うものではなく，実践現場のプラクティショナーや大学院の修士・博士課程に在籍する大学院生，さらには当事者である利用者や家族などと協働（コラボレート）して実施することを前提としている。そうすることによって，開発的研究の成果には多様な人びとの意見が反映され，ソーシャルワーカーが実践で活用しやすくなるとともに，教育の場においても教材として利用しやすくなると考えられる。

さらに言うと，現場のソーシャルワーカーが研究開発の協働チームに加わることによって，リサーチャープラクティショナーとしてのOJT（実践現場でのトレーニング）を体験し，実践と研究のできる人材

図10－2　研究と教育と実践をつなぐ援助方法（リサーチエビデンス）の開発的研究

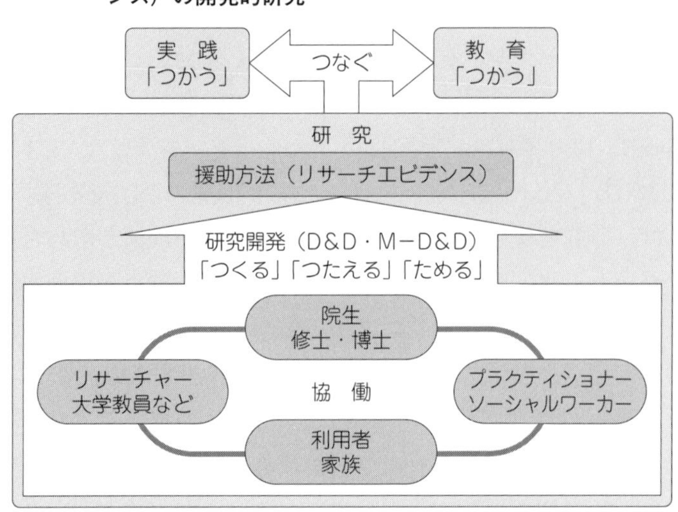

出所：筆者作成。

を育成することになる。また，学生も，ソーシャルワーカーの道へ進む場合でも，研究者を目指す場合でも，研究と実践，そして教育の溝を埋めることができるということを体験することになろう。図10－2にこの開発的研究と教育と実践の関係を図示した。

さらに知りたい人のための推薦図書

芝野松次郎（2015）『ソーシャルワーク実践モデルのD&D――プラグマティック EBP のための M-D&D』有斐閣．

▷ソーシャルワーク EBP に役立つ，リサーチエビデンス（実践モデル）を開発する手法が具体的に示されている。

注

（1）　Abbott, E. (1931) Research in the Program of Social Worker and Agency. Unpublished manuscript.

（2）　アボットは，一般的な研究を意味する「スタディ」ではなく学術的な研究・調査を意味する「リサーチ」ということばを用いているが，本章で用いる「研究」は「リサーチ」を意味する

（3）　Biestek, F. P. (1957) *The Casework Relationship*. Chicago: Loyola University Press. New York: Wiley.

（4）　実践，介入，援助，支援，治療などのことばは，専門領域や時代背景を反映して表現は異なるが，人への専門的援助という点は同義である。

（5）　援助（治療）の有効性を検証する研究方法（実験計画）としては，集団比較実験デザインがよく知られているが，今日ではランダム化比較試験（Randomized Controlled Trial：RCT）とも呼ばれる。詳細については芝野（芝野松次郎（2002）『社会福祉実践モデル開発の理論と実際－プロセティック・アプローチによる D&D』有斐閣，205-208）などを参照のこと。

（6）　以降，本章では，研究者をリサーチャー，実践家をプラクティショナーと呼ぶこととする。（8）も参照。

（7）　Mullen, E. J. and Dumpson, J. R. (1972) *Evaluation of Social Intervention*. Jossey-Bass.

（8）　McCracken S., Kinnel, E., Steffen, F., Vimont, M. and Mallon, C. "Implementing and sustaining evidence-based practice: Case example of leadership, organization, intrastructure, and consultation." In Rzepnicki, T. L., McCracken, S. G. and Briggs, H. E. (eds.) From Task-Centered Social Work to Evidence-Based and Integrative Practice. Lyceum Books, 3-14.

（9） Jayaratne, S. and Levy, R.L. (1979). *Empirical Clinical Practice*. New York: Columbia University Press.

（10） Reid, W. J. (1994) "The Empirical Practice Movement." Social Service Review, June, 165-184.

（11） （1）と同じ。

（12） Gambrill, E. (1997) *Social Work Practice: A Critical Thinker's Guide*. Oxford University Press.

（13） Gibbs, L. (2003) *Evidence-Based Practice for the Helping Professions*. Pacific Grove.

（14） Gambrill, E.D. (2004) "The future evidence-based social work practice." In Thyer, B. A. and Kazi, M. A. F. (eds.) International Perspectives on Evidence-Based Practice in Social Work. Birmingham, UK: Venture Press.

（15） Council on Social Work Education (CSWE) (2001) 2001 Educational Policy and Accreditation Standards. Aurthor.

（16） （13）と同じ。

（17） Roberts, A. and Yeager, K. (2006) *Foundations of Evidence-Based Social Work Practice*. Oxford University Press.

（18） Nevo, I. and Slonim-Nevo, V. (2011) "The Myth of Evidence-Based Practice: Towards Evidence-Informed Practice." *British Journal of Social Work*. 41(6), 1176-1197.

（19） Sackett, D. L., Straus, S. E., Richardson, W. S., Rosenberg, W. and Haynes, R. B. (1997) Evidence-Based Medicine: How to Practice and Teach EBM. Curchill Livingstone.

（20） Rubin, A. and Parrish, D. (2007) "Views of evidence-based practice among faculty in Master of Social Work programs: a national survey." *Research on Social Work Practice*, Vol. 17, No. 1, 110-122.

（21） 芝野松次郎（2015）『ソーシャルワーク実践モデルのD&D－プラグマティックEBPのためのM-D&D』有斐閣，37-38.

（22） 津谷喜一郎・内田英二（2005）『くすりとエビデンス――「つくる」+「つたえる」（EBMライブラリー）』中山書店.

（23） Rothman, J. and Thomas, E. J. (1994) *Intervention Research: Design and Development for Human Services*. Haworth Press.

（24） Kirk, S. A. and Reid, W. J. (2002) *Science and Social Work: a Critical Appraisal*. Colombia University Press.

（25） （21）と同じ。

（26） D&DおよびM-D&Dについて詳細を知りたい場合には，芝野の文献（21）を参照のこと。

Ⅲ部
ソーシャルワークの
専門的価値について知る

■第11章■

ソーシャルワークの専門的価値

学習のポイント

1　ソーシャルワークの専門的価値を学ぶ。

2　ソーシャルワークの専門的価値観と倫理の関係を学ぶ。

3　ソーシャルワークの専門的価値観が，実践にどう影響するのかを理解する。

4　ソーシャルワークの専門的価値観を反映した実践として，反抑圧ソーシャルワークを知る。

 ソーシャルワークの専門的価値観とは

□ 個人的価値観と専門的価値観

一般的に「価値観」とは，人が，何を「良い」「望ましい」「大切だ」とみなすのかに関する，宗教的，道徳的，思想的な信念や前提，態度を指す。ラテン語の「valere」が語源で，「善いもの」「善いといわれる性質」を意味し，人間の願望と望ましさの両方に絡む概念である。ある人にとって価値あるものでも，他の人にとっては無価値に思われるものもある。価値観の軸になるのは，何を一番「よいもの」「大切なもの」として生きるかである。それは親，親族，民族，政治的・経済的・文化的な環境に規定される。

たとえば，「障害を理由に働けない人への所得補償は，納税している労働者の収入よりも低く抑えられる」「出生前診断結果によって胎児の障害が疑われる場合の中絶は許容される」「喫煙者やアルコール依存症者の医療や問題解決のための費用負担は，本人の責任で賄われる」といった記述に対する反応は，あなたの価値観を顕在化させる。このように，本来価値観は，個人的・主観的なものである。

一方，専門職業集団が共通に重要だと捉える信念や原理を専門的価値と呼び，それに価値づけする専門職の主観を専門的価値観とする。どのような状態が人にとって望ましいのか，人はいかに扱われるべきか，世界はどうあるべきか，どのような行為を良しとするか，良し悪しについて，専門職集団によって確認された価値観を意味する。

□ ソーシャルワークの価値観

ソーシャルワークの価値観は，ソーシャルワークの文脈の中で共有される「人のあるべき状況」「社会の目指すべき姿」に関する信念である。つまり良い社会とはどういうもので，ソーシャルワークの役割は何かに関する信念，その信念をどのような活動を通していかに達成するかについての原則，専門職従事者にとって望ましい性質や性格特性についての考え方などを指す[(1)]。

歴史的にソーシャルワークの価値観は，ソーシャルワークがそうであり，そうであるべき重要な要素として見られてきた。それは**ソーシャルワーク専門職のグローバル定義**☞や，各国の**倫理綱領**☞などで示される，個人の価値と尊厳，人間尊重，人権，エンパワメント，社会正

☞ ソーシャルワーク専門職のグローバル定義
本書第３章参照
☞ 倫理綱領
本書第12章参照

義，多様性の尊重，集団的責任などである。

ソーシャルワークの基礎となる価値前提として，以下の３つが挙げられている[(2)]。①人間尊重（ただ人間であるだけで価値がある），②人間の社会性（独自性を貫徹するのに他者に依存する），③変化の可能性（人間の変化，成長，および向上の可能性に対する信念）。これらは人間観に相当する。社会観としては，社会正義（本章内**ビネット11－1**参照）を中心に，多様性の尊重（人種や民族に限らず，年齢，性別，文化，障害，ジェンダー等，差異を差異のまま尊重する）や，集団的責任（共同体の一員としての責任を持ち，相互依存を尊重する）などが挙げられる。

こうした専門的価値観は，世界共通で共有されていると見なされている。しかし，価値観は時代，コミュニティ，状況によって左右されるものであり，歴史的に変遷してきている。**バイスティックの７原則**は重視されてきたが，治療的関係におけるケースワークを基盤にしており，個人化されすぎていること，西欧の文化に合わせて設計されていること，最も社会的に不利な状況に置かれ，排除されている人々を考慮に入れていないことへの批判もある[(3)]。

西洋中心主義や近代主義への批判についての認識が進み，**ポストモダン**の流れを受け，「多様性の尊重」や「集団的責任」は，グローバル定義に新たに加えられたものである。このように，歴代ソーシャルワーカーの努力によって専門的価値観は発展してきたといえる。そしてこれからも，時代と文化に合わせて，望ましい社会の在り方を追求することが求められる。

バイスティックの７原則
1957年にバイスティック，F. P. が『The Casework Relationship：ケースワーク関係』で著した，援助関係形成のための７原則である。①個別化，②意図的な感情表現，③統制された情緒関与，④受容，⑤非審判的態度，⑥自己決定，⑦秘密保持を指す。援助関係は，クライエントが，自分とその環境の間に良い適応を達成するように援助する目的をもった，ケースワーカーとクライエントの間の態度と情緒の力動的相互作用と定義され，平等性や相互性のないものと定義されている。

ポストモダン
本書第７章参照

□ ソーシャルワークにとって専門的価値観の重要性

社会福祉は，人間の尊厳と価値の尊重，それを実現する社会を目指すため，価値観を帯びた制度であり実践である。どの専門職にとっても専門的価値観は重要であるが，特にソーシャルワークの使命は，何が正義で何が不正義であるかという概念と，社会の中で個人は互いに権利を持ち，義務を負うという集団的信念によって，支えられてきた[(4)]。

事実に基づいて分析し，行為の結果について正確な見通しを持てたとしても，どの結果が望ましいかを決めるのは価値観である。価値観がなければ選択はできない。「こちらが望ましい」という価値観があるから，全ての事象についての評価が可能になり，理想を持つことができ，「こうすべきだ」という義務も認識できるのである。

ソーシャルワークにとって専門的価値観は，以下の点で重要である。①ソーシャルワークの使命，②クライエント，同僚，より広い社会のメンバーとのかかわり，③介入方法，④倫理的ジレンマの解決のためのカギ。[(5)] ①ソーシャルワークの基本的目的と使命は，特に困難にある人々の尊厳と権利を守ること，それが可能な社会を実現することである。ソーシャルワークはart（技巧が必要な職業）であり，科学であるといわれる。価値観に根差し，価値観から起こされた取り組みである。②ソーシャルワーカーの価値観は関係性にも影響する。どの機関と連携し，どのようなネットワークを地域に創造するのか，クライエントの家族に対して何を求め，求めないのか，そうした一つひとつの判断の根拠になる。③どこで実践するのか，どんな介入方法を取るかも，価値観が影響する。どのタイミングで，誰に対して，どのようなアプローチを取ることが適切か，判断する基礎に価値観がある。④**倫理的ジレンマ**☞についても，どの価値観を優先するか，優先させるべきかに基づいて決断する。こうした実践の全ての局面において，価値観が基盤となる。

☞ **倫理的ジレンマ**
本書第13章参照

◻ ソーシャルワークの価値観と専門職アイデンティティ

専門職は，信仰告白（profess）を語源としており，召命の意味を含む。したがって生き方であって，たんなる仕事ではないと言われる。特にソーシャルワークは価値観を負った専門職であり，価値観は自己認識につながる。ソーシャルワークの価値観の遵守は，実践の中核であり，ソーシャルワーカーとしての**専門職アイデンティティ**形成に貢献する。

専門職アイデンティティ
専門職集団への個人の同一化であり，専門職の中で共有される特質（価値規範，態度，信念等）を自己の中に内在化させた状態，あるいはその主観的感覚を指す。ソーシャルワーカーの場合，ソーシャルワークの専門性を自己に取り込み，「ソーシャルワーカーであるという感覚」を保持していることを指す。

専門職アイデンティティを支えるソーシャルワークの価値観は，①人が本来持っている価値の尊重，②関係構築のための，オープンで誠実なコミュニケーションの重視，③多様な人々の固有の性質への敬意，④多様性，平等，インクルージョンへの献身を含む。価値観は，ソーシャルワーカーが自身をいかに形成し，自らの行動を自己省察するための，判断基準を提供する。[(6)] 何のために行為するか，どのようにアプローチするか，専門職としてどのように立つか，迷ったときに専門的価値観はよりどころとなる。

倫理綱領も，専門職アイデンティティを提示する。ソーシャルワーカーに求められる資質を明示し，専門職としての自らを再確認し，専門職として成長していく方向性を示す。ソーシャルワーカーがソーシャルワーカーであるために不可欠な要素として，専門的価値観が存在する。

ビネット11－1　社会的正義とは

抑圧され，差別され，社会から排除された集団を対象とするソーシャルワークの価値観として，社会正義が強調される。[7] 社会正義とは，平等と公正の概念を包摂する。[8] 社会の全ての構成員が同じ権利や保護，機会，義務，社会的恩恵を持つという理想の状態を正義とする。ソーシャルワーク専門職のグローバル定義や倫理原則でも，日本ソーシャルワーカー連盟の倫理綱領においても，原理として挙げられている。

社会正義の原則は，ソーシャルワークをソーシャルアクションや社会変革に向かわせる。たとえば，地域自立支援協議会で事例検討を重ねながら地域課題を見出し，サービスやシステム創出のために皆で検討すること，学校でLGBTQ+に関する知識の普及と全ての生徒が安全にいられる対策を講じること，精神障害者だけが利用できない公共交通機関の割引適用のための運動など，多様なアプローチが挙げられる。

具体的なエピソードを挙げよう。精神科病院を退院しても，精神障害者はアパートを借りるのに苦労する。不動産屋から現住所を聴かれ，精神科病院入院中だと告げると，物件を紹介してもらえないことも多い。何件も不動産屋をたずね，断られ続ける。こうした背景には，一般社会の精神障害に対する無理解がある。

そこで，市民対象の啓発プログラムとして，フェスティバルや講演会，交流イベントを開催したり，不動産屋さんへの配布を目的にパンフレットを作成したり，直接的・間接的に偏見解消のための活動を進める。障害がなければ問題なく実現できる地域生活の権利を，障害者は当たり前に享受できない。そうした状況を生み出すのが市民の差別意識であるなら，その現状を変革するためにアプローチするのがソーシャルアクションであり，それはソーシャルワーカーの役割である。

2　ソーシャルワークの価値観と倫理

□ ソーシャルワークの価値観と倫理の関係

ソーシャルワークでは，「価値観と倫理」はひとくくりにされ，時には同義で互換性の高いもののように使われている。しかし価値観とは，良いか悪いかに関する信念であり，倫理とはその信念に従うために，人がとる行動の規則である。つまり価値観は，基本となる思想や理念のことで，倫理は，価値観を反映した行為のためにどのように行動するかを表したものである。個人の尊厳や基本的人権の尊重，社会正義などのソーシャルワークの価値観を具現化するための，「こうすべき」という行動規準が倫理である。したがって価値観は，行動に移されなければ，それだけで立ち現れることはなく，倫理は，実際の行為や振る舞いに変換された価値観だといえる。[9]

ソーシャルワークにとって，「何のためにそれを行うのか」「その知識をどのように用いるのか」「その方法を使う根拠は何か」という目的や意図が重要である。その目的や意図を示すものが価値観であり，ソーシャルワーカーが実践において常に意識していなければならないものである。そうした価値観に根ざした実践の，具体的な行動規準や規範となるのが倫理である。守秘義務，自己決定の尊重，クライエントの利益優先，説明責任などが該当する。倫理綱領は，専門職として遵守すべき行動規範や義務，基準を具体的に定めている。それによって，ある専門職の社会的役割や価値観に沿った適切な行為や実践を示すのである。

□ ソーシャルワークの倫理

実践現場においてソーシャルワーカーは，クライエントの利益のために，個人としてでなく専門的役割を果たすために存在する。専門職として業務にあたる際には，個人的ないつものやり方とは異なる方法で決断や選択をしなければならない。私たちは，特定の価値観の重要性を認識しても，いかにそれを行動に移すべきかに関しては異なった解釈を持つ[(10)]。したがって，特定の共有された行動基準が必要なのである。

専門職集団に求められる，専門的な役割や行動についての説明や規範は倫理綱領として示される。それは，いかに専門職がクライエントを捉えるべきか，どういった活動が正しいか，あるいは間違っていると見なされるかに関する，倫理原則の形をとる。ソーシャルワーカーが専門職のメンバーとして期待される行動を導き，規制し，統制する。

しかし倫理綱領は，あらゆる個別の状況において，何をするのが正しいかを実践者に教えてはくれない。多様で複雑なソーシャルワーカーの役割を一つの理想にまとめることは不可能であり，倫理的実践のための万全な規範にはなりえない。現場でしばしば遭遇する，対立する倫理原則のいずれかを優先しなければならないといった現実を反映できていないという批判もある。さらに，倫理綱領が実践者よりも組織を守るためのものになっており，責任をもって業務を遂行（コミットメント）するためではなく，組織が法令や社会規範を遵守（コンプライアンス）していることを示すために使われているという批判もある[(11)]。

国際的に共有された倫理綱領だったとしても，文脈に合わせて使用される必要がある。ソーシャルワークの価値のリストと倫理原則を暗記するだけでは，倫理的実践につながらない。無批判な綱領の使用，省察のないルールへの追従は，実践者の専門性を損なうことになる。継続的な批判的省察や，同僚や管理者との議論，慎重な検討と判断が求められる。[12]

□ ソーシャルワークが抱えるジレンマ

ソーシャルワークの立ち位置は逆説的である。一方で社会から抑圧され排除された人々と共にいることをアイデンティティとする。しかしもう一方で，その同じ社会によって作り出され，雇用と報酬が保障されている。クライエントとの**パートナーシップ**が目指されるが，特に高齢者，精神障害者，子どもとの関わりでは，必要に応じて法律に基いた強制的措置を遂行する場合もある。権利擁護を最重要課題とし，クライエントのニーズ主導アセスメントをソーシャルワークの中心的義務とする。しかし，限りある社会資源を操作し，時にクライエントの希望に反してサービス提供を拒む役割を担う。[13]

目標達成を阻む現実に直面したり，社会や所属機関から与えられる役割がソーシャルワークの価値観にそぐわなかったり，クライエントと家族の求めが異なったり，クライエントと所属機関の求めが異なったり，どちらにも添えないような，引き裂かれる状況に置かれることも大いにある。自己決定の尊重と本人の保護，社会正義の推進と個人の利益の尊重など，対立する価値観の間で判断を迫られる。

さらに個人的価値観が，意識的にも無意識的にも専門的価値観と対立する。ソーシャルワーカーは，しばしばどのニーズが他のニーズより重要か，対立したり競合したりするニーズのどれを優先するか決めなければいけない。そこに個人的価値観や人生経験が影響する。個人的価値観を専門職ソーシャルワークの倫理原則より優先させれば，クライエントは傷つき，所属組織の評判が落ち，専門職も活動停止に追い込まれるかもしれない。

パートナーシップ
力の共有，対等性，相互性を特徴とし，双方向的コミュニケーションにより，共有する目標を目指して協働する動的な関係である。クライエントとソーシャルワーカーが，お互いの役割とお互いの知識（経験知と専門知識）を承認しあい，目標，計画，プロセス，責任を共有する。「クライエントのために」ではなく，「クライエントとともに」を基本とする。

□ ソーシャルワークの矛盾への対処

このようにソーシャルワーカーは，個人的価値観，社会的価値観，専門的価値観，機関の支配的な価値観といった競合する価値観や，知識や技量の限界，現実世界の制約，選択肢のなさなどと葛藤する。実践現場では，倫理と価値観に関わる多くの問題は文脈によって複雑に絡み合い，解決するのは難しい。

ソーシャルワークの価値観にそぐわない個人的価値観を持つこともある。それ自体は必ずしも問題ではない。大切なのは，葛藤やジレンマを隠したり無視したりせずに，誠実に，専門的に，取り組むことである。自分の価値観がいかに見方や思考に影響しているか，ソーシャルワークの価値観や原則にどの程度同意できるかなど，自分の価値観と前提について検証し続け，他の考え方に対してオープンでいることが重要だ。誰しも偏りがあるのだから，ソーシャルワーカーは自身の価値観とバイアスを認識しておくべきだ。葛藤が認識され，探索され，解決されれば，個人的，専門職としての成長につながる。

こうした矛盾やジレンマに対応するには，ある程度のあいまいさを許容できること，ケースバイケースで異なる優先順位を考慮し，バランスを取ることができること，倫理的ジレンマを解決するために同僚やスーパーバイザーに相談しようとする意欲が求められる。先輩ソーシャルワーカーの知識と経験を借りること，経験豊富な他の専門職との議論は，不注意な倫理違反を防ぐのに役立つだろう。

ソーシャルワーカーは，継続的に価値観の優先順位や，決断を下すための思考プロセス，望ましい実践行為のパターンを探求する必要がある。ソーシャルワーク価値観と倫理の知識を蓄積すること，実践を省察し続けること，自己覚知への取り組み，そして何よりも**スーパービジョン**の活用が有効である。ソーシャルワークは価値観と倫理について，キャリアを通して熟考しなければならない。

スーパービジョン　ソーシャルワーカーの成長と，その実践の質の向上を目的に，スーパーバイジー（ソーシャルワーカーとしての能力向上を希望する人）とスーパーバイザー（スーパーバイジーより職務経験が長く，培った専門性を伝えられる人）とが取り結ぶ関係性でありプロセスである。スーパーバイザーによる指導監督ではなく，両者のやり取りのなかで，スーパーバイジーが自ら気づき，成長するものである。

3　ソーシャルワークの価値観に基づく実践

□ 問題認識

個人の福祉と全体の福祉に関わるために，ソーシャルワーカーには個人と環境の調和を見出す能力が求められる。そのためにも，個人と社会に関わる価値観が，相互にいかに関連するか明確にしていかなければならない。日常生活のミクロな状況にも，制度，組織，社会構造の中にも抑圧は広がっている。抑圧とは，個人や集団に対して，社会に参加する能力や機会を制限することを意味する。社会に深く根差した社会的慣習や経済活動，組織のルールから生じる。力の不均衡は，行使できる力の差，アクセスできる社会資源や機会の不平等によって特徴づけられる。流動的なものも固定されたものもあり，環境の変化と，それへの人の反応によって影響される。人々の無自覚な抑圧的前提や相互作用から生じる構造的不正であるといえる。[(14)]

そうした個人の苦悩と社会構造の間のつながりを見える化すること，社会的弱者の生きづらさの上に繁栄する社会秩序を直視すること，不平等な社会関係の正当性に異議を申し立て，個人的にも構造的にも変化を要求することは，ソーシャルワークの重要な役割である[15]。例えば，一般就労から排除される圧倒的多数の障害者の現状，貧困の連鎖，多くの機会が多数派と平等には得られないマイノリティなど，多数派の見えない，見ないところに生きづらさがある。それを「意識したことがない」人は，意識する必要がなかった多数派に所属していたからだろう。そこを見逃さずに挑戦し続けることが求められている。

矛盾する立ち位置を持つソーシャルワーカーは，常に個人に対する支援と社会の統制管理の役割を担いながら，何が倫理的に望ましいか，可能かを検討する。自己決定の尊重を原則としながら，社会の要請に応えて，法に基づき，本人の自由を制限する場合もある。どの選択肢も「良い」とはいえない状況でも，その環境で最良は何かを探求する。自らの足場の矛盾に対する批判的認識も不可欠だろう。

□ 反抑圧ソーシャルワーク

一番広い意味での抑圧への挑戦は，社会的不平等と戦うこと，社会正義のために働くことである。これらは，ソーシャルワーカーが社会変革のために働くべき，大きくて複雑な課題である。このアプローチに「反抑圧的」という用語を加えるポイントは，個人の行動を不平等な政治的社会的文脈から切り離せないものとして強調するためだ[16]。

ソーシャルワークにおける反抑圧実践は，1980年代以降，ヨーロッパ諸国を中心に発展してきた。エンパワメントを目指すソーシャルワーク実践であり，**批判理論**，**フェミニズム**，マルクス主義などのイデオロギー，**交差概念**，解放の主張などを基盤に据える。児島は，反抑圧実践の認識論的前提として，①生活困難という抑圧状態の発現は，不適切な力関係の布置状況が維持される社会構造に淵源がある，②抑圧からの解放，すなわち社会正義の実現に向けて，サービス供給の改善，社会変革を志向する，③利用者と共に社会変革を目指す，④個別支援では，個々の人生経験の多様性を顧慮し，パワーの不均衡をつくる要因が利用者にどう影響しているか見定める，⑤ソーシャルワーカーは自ら抑圧をつくり出していないか省察する，⑥利用者への介入は最小限度にする，という6項目を挙げている[17]。

ソーシャルワーカーが，クライエントを無力化させる可能性もある。そうならないために，ステレオタイプ，偏見，思い込みといった，自らの意識への省察が必須である。意図せず，気づかぬままに，私たちは特定の他者に対する見方や評価基準，価値判断を受け継いで

批判理論
人の営みや社会における事象を，自然科学的に理解しようとする実証主義に対して，批判理論では，文脈の中で弁証法的に把握しようとする。特定の関心が反映され，社会的実践の中に組み込まれた理論的営みである。ただ社会を批判するだけではなく，自己自身，自己の関心のあり方への批判的省察を不可欠の構成要素とする。

フェミニズム
フェミニズムとは，女性解放思想であり，女性のための平等な権利を求め，女性が活かされる世界の創造を目指す思想であり運動として始まった。現在では対象を女性に限定しない。政治や文化，慣習に根付く性別による格差，性差別による不当な扱いに反対し，すべてのSOGI（Sexual Orientation and Gender Identity：性的指向／性自認）が平等な権利を行使できる社会の実現を目指す。

交差概念
intersectionality（交差性）とは，人種，ジェンダー，階級，セクシュアリティなど，さまざまな差別が組み合わさり相互に作用することで，単なる足し算ではない独特の抑圧が生じている状況をさす。黒人女性に対する差別と抑圧が，人種差別と女性差別の交差によって，さらに複雑に強固にされていることへの認識から，この概念が主張されるようになった。

再帰性(reflexivity)　実践を振り返る省察(reflection) と混同され，定義も明確に共有されてはいないが，再帰性 (reflexivity) は，より解放と社会変革を目指し，知識が形成される際に力と社会的文脈が及ぼす影響への認識，自己への批判的省察，知識の不確実さを強調する。

しまっている。そうした自分自身の認識と，全ての差別と抑圧の形に対して敏感でいることが求められる。

その上で，利用者が自らの人生を支配するのを阻む障壁を打ち壊すエンパワメントアプローチ，人生に関する決定過程に当事者参加を促進するパートナーシップ，ソーシャルワーク実践の中で抑圧や無力化の可能性を減らすような最小限の介入，批判的省察と**再帰性**など，差別や抑圧と戦うためにできることはたくさんある。[(18)] このような実践は，ソーシャルワークの専門性の基準と価値観に合致している。

さらに知りたい人のための推薦図書

バンクス，S.／石倉康次・児島亜紀子・伊藤文人監訳（2016）『ソーシャルワークの倫理と価値』法律文化社.

▷倫理的ジレンマ状況が多くの事例で示され，簡単な解答はないものの，どのように考えられるのか，振り返りの焦点を提示している。

ブトゥリム，Z. T.／川田誉音訳（1993）『ソーシャルワークとは何か』川島書店.

▷ソーシャルワークの古典であり，ソーシャルワークのアイデンティティを提示した。ソーシャルワークの拠って立つ基盤を示してくれる。

ペイン，M.／竹内和利訳（2019）『ソーシャルワークの専門性とは何か』ゆみる出版.

▷ソーシャルワーク専門職の本質を探究し，チームアプローチが求められる中で，ソーシャルワークの位置づけを示す。

リーマー，F.／秋山智久監訳（2001）『ソーシャルワークの価値と倫理』中央法規出版.

▷1982年に初版が出版されてから第５版（2018）まで，ソーシャルワーカーの倫理的意志決定を支える主要な教科書であり続けている。

一般社団法人日本社会福祉学会（2012）『対論社会福祉学５．ソーシャルワークの理論』中央法規出版.

▷２名の論者による対論集で，本書には，「主体性」「社会正義」「自己決定」といった，本章に関連するテーマが取り上げられている。

注

（１） Banks, S. (2012) *Ethics and values in social work, 4th edition*, Macmillan Publishers Limited.（=2016，石倉康次・児島亜紀子・伊藤文人監訳『ソーシャルワークの倫理と価値』法律文化社，10.）

（２） Butrym, Z. T. (1976) The nature of social work, The Macmillan Press.（=1993，川田誉音訳『ソーシャルワークとは何か』川島書店，55-75.）

（３） Clifford, D. and Burke, B. (2009) *Anti-oppressive ethics and values in social work*, Palgrave Macmillan, 48.

（４） Reamer, F. G. (2006) *Social work values and ethics, 3rd. ed.*, Columbia University Press, 5.

（５） Reamer, F. G. (2008) Ethics and values, NASW, *Encyclopedia of Social Work 20th ed.* Oxford University Press, 143-151.

（６） Berg-Weger, M., Deborah, A. and Birkenmaier, J. (2020) *The practice of Generalist Social Work, 5th ed.*, Routledge, 7.

（７） Beckett, C. and Maynard, A. (2009) *Values and ethics in social work*, SAGE Publications Ltd, 81.

（８） （１）と同じ，73.

（９） Scourfield, P. (2017) *Getting ready for direct practice in social work*, SAGE Publications Inc., pp. 26-27.

(10) （９）と同じ，32.

(11) （３）と同じ，58.

(12) （９）と同じ，30.

(13) （７）と同じ，86-87.

(14) （３）と同じ，18.

(15)　(3) と同じ，49.
(16)　(3) と同じ，16.
(17)　児島亜紀子（2019）「反抑圧ソーシャルワーク実践（AOP）における交差概念の活用と批判的省察の意義をめぐって」『女性学研究』26; 25.
(18)　(9) と同じ，57.

参考文献

永岡正巳（2003）「社会福祉の思想と価値」岩田正美・武川省吾・永岡正巳・平岡公一編『社会福祉の原理と思想――社会福祉原論』有斐閣.

■第12章■

ソーシャルワークの倫理

学習のポイント

1　ソーシャルワーカーの倫理綱領の必要性と成立過程を学ぶ。

2　倫理綱領の歴史と変遷，その改定の必然性を理解する。

3　2020年改定の「ソーシャルワーカーの倫理綱領」の改訂のポイントを学ぶ。特に「原理」で加えられた項目の意義について理解する。

4　社会福祉士の「行動規範」を例に，実践における倫理的課題への適用を学ぶ。

ソーシャルワーカーの倫理綱領

回 倫理綱領とは

「倫理」とは，それ自体が永遠不変のものであると考える立場と，社会的な合意や歴史の影響を受け，発展的なものと考える立場がある。現代では，後者の立場からそれを捉えることが多い。倫理綱領とは，専門職を自負する団体が，自らのアイデンティティを確立するため，社会的な立場を表明するためや，専門職としての価値観，使命感を共有することなどのために作られてきている。バンクス（Banks, S.）[1]によれば，倫理綱領には「クライエントまたはサービス利用者への保護」「実務者への指導」「専門職の資質向上」「専門職のアイデンティティの創造と維持」「専門職の規律と規制」の機能があることが述べられている。

ソーシャルワーカーは，ケアや世話といった日常的な行為から，専門職として区別され，社会的な承認を得るために長い格闘があった。1950年代から，専門職として確立するために，倫理綱領が望まれるようになる。ソーシャルワーカーの倫理綱領について言及したものとして，グリーンウッド（Greenwood, E.）の1957年に書いた論文がある。この中で，専門職の条件として，①体系的な理論，②専門的権威，③社会的承認，④倫理綱領の存在，⑤専門的文化，が挙げられている。また，ミラーソン（Millerson, G.）は1964年に，専門職としての成立に６つの条件を挙げ，(a) 専門知に基づいた技術，(b) 専門的教育と訓練，(c) 専門資格化，(d) 倫理綱領の存在，(e) 公共の福祉への寄与，(f) 専門職の組織化，を挙げている。グリーンウッドの専門的権威などは，現代から見ればクライエントとの対等関係を損なうものとして否定的に捉えられる可能性もあるが，当時のソーシャルワークが準専門職扱いであったことからすれば，権威性と社会的承認は不可分であっただろう。

1960年に全米ソーシャルワーカー協会（National Association of Social Workers：NASW）が倫理綱領を策定し，その後，1976年に国際ソーシャルワーカー連盟（International Federation of Social Workers：IFSW）が倫理綱領を策定している。またそれらは何度も改訂され，改訂の度に長文化していっている。

日本においては，1961年に日本医療社会事業協会（現・日本医療ソーシャルワーカー協会）で初めての倫理綱領が定められた。その後，社会福祉系の専門職団体の連盟が結成され，2005年に初めて**日本ソーシャルワーカー連盟**☞（Japanese Federation of Social Workers；以下，JFSW）[(2)]共通の倫理綱領が策定された。

☞ **日本ソーシャルワーカー連盟**
本書第5章第4節参照

そして2020年6月，JFSWは，2014年採択の「ソーシャルワーク専門職のグローバル定義」を受け，約6年かけて日本版の倫理綱領を策定するに至った。前回は2000年に「ソーシャルワークの定義」，2005年の倫理綱領から15年ぶりの改定に当たる。改定を重ねるたびに，定義も倫理綱領も長文化していくが，それは時代や社会の様々な課題に応える必要性に迫られてきたことがわかる。ここでは2020年版の倫理綱領を，その改定のポイントと意義とともに確認したい。資料12-1は，倫理綱領の全文である。

倫理綱領は「前文」，「原理（Ⅰ～Ⅵ）」「倫理基準（Ⅰ～Ⅳ）」の3つのパートから成り，前文の中に「ソーシャルワーク専門職のグローバル定義」を含む形になっている。ここではJFSWによる改定のポイントなどを参考にしつつ，定義との関連を踏まえながら，倫理綱領の改定のポイントを説明していきたい。

◻ 原理について（「ソーシャルワーカーの倫理綱領」）

「原理」の6点は，定義にある「Ⅰ．人間の尊厳」「Ⅱ．人権」「Ⅲ．社会正義」「Ⅳ．集団的責任」「Ⅴ．多様性の尊重」「Ⅵ．全人的存在」を説明する形になっている。前回の定義及び倫理綱領では，人間の尊厳と人権，社会正義については既に述べられてきていたが，今回新たに加わった「集団的責任」と「多様性の尊重」，「全人的存在」について注目する。また人間の尊厳，人権，社会正義についても追加された内容を考えたい。

2020年の改定の大きなポイントは，西洋中心的な価値観でソーシャルワークが主導されることから距離を取り，西洋圏以外の，「多様性」をいかに取り入れるか，人々が暮らす生活環境において「集団の有する責任」と個々人の尊厳や人権を両立させることがねらわれている。グローバル定義では最後の一文に「この定義は，各国および世界の各地域で展開してもよい」とされており，地域の実情に応じた，西欧的価値観の押しつけではない実践が望まれている。

①　用語の変更について

前回の倫理綱領では，「利用者」を使用していたが，今回から「クライエント」で統一されている。英文ではclientが当てられていたが，2000年代前半までの日本では，「クライエント」は専門職より劣

資料12－1　ソーシャルワーカーの倫理綱領

前　文

われわれソーシャルワーカーは，すべての人が人間としての尊厳を有し，価値ある存在であり，平等であることを深く認識する。われわれは平和を擁護し，社会正義，人権，集団的責任，多様性尊重および全人的存在の原理に則り，人々がつながりを実感できる社会への変革と社会的包摂の実現をめざす専門職であり，多様な人々や組織と協働することを言明する。

われわれは，社会システムおよび自然的・地理的環境と人々の生活が相互に関連していることに着目する。社会変動が環境破壊および人間疎外をもたらしている状況にあって，この専門職が社会にとって不可欠であることを自覚するとともに，ソーシャルワーカーの職責についての一般社会および市民の理解を深め，その啓発に努める。

われわれは，われわれの加盟する国際ソーシャルワーカー連盟と国際ソーシャルワーク教育学校連盟が採択した，次の「ソーシャルワーク専門職のグローバル定義」（2014年７月）を，ソーシャルワーク実践の基盤となるものとして認識し，その実践の拠り所とする。

〈ソーシャルワーク専門職のグローバル定義〉

ソーシャルワークは，社会変革と社会開発，社会的結束，および人々のエンパワメントと解放を促進する，実践に基づいた専門職であり学問である。社会正義，人権，集団的責任，および多様性尊重の諸原理は，ソーシャルワークの中核をなす。ソーシャルワークの理論，社会科学，人文学，および地域・民族固有の知を基盤として，ソーシャルワークは，生活課題に取り組みウェルビーイングを高めるよう，人々やさまざまな構造に働きかける。

この定義は，各国および世界の各地域で展開してもよい。（IFSW;2014.7）※注１

われわれは，ソーシャルワークの知識，技術の専門性と倫理性の維持，向上が専門職の責務であることを認識し，本綱領を制定してこれを遵守することを誓約する。

原　理

Ⅰ（人間の尊厳）　ソーシャルワーカーは，すべての人々を，出自，人種，民族，国籍，性別，性自認，性的指向，年齢，身体的精神的状況，宗教的文化的背景，社会的地位，経済状況などの違いにかかわらず，かけがえのない存在として尊重する。

Ⅱ（人権）　ソーシャルワーカーは，すべての人々を生まれながらにして侵すことのできない権利を有する存在であることを認識し，いかなる理由によってもその権利の抑圧・侵害・略奪を容認しない。

Ⅲ（社会正義）　ソーシャルワーカーは，差別，貧困，抑圧，排除，無関心，暴力，環境破壊などの無い，自由，平等，共生に基づく社会正義の実現をめざす。

Ⅳ（集団的責任）　ソーシャルワーカーは，集団の有する力と責任を認識し，人と環境の双方に働きかけて，互恵的な社会の実現に貢献する。

Ⅴ（多様性の尊重）　ソーシャルワーカーは，個人，家族，集団，地域社会に存在する多様性を認識し，それらを尊重する社会の実現をめざす。

Ⅵ（全人的存在）　ソーシャルワーカーは，すべての人々を生物的，心理的，社会的，文化的，スピリチュアルな側面からなる全人的な存在として認識する。

倫理基準

Ⅰ　クライエントに対する倫理責任

1.（クライエントとの関係）　ソーシャルワーカーは，クライエントとの専門的援助関係を最も大切にし，それを自己の利益のために利用しない。

2.（クライエントの利益の最優先）　ソーシャルワーカーは，業務の遂行に際して，クライエントの利益を最優先に考える。

3.（受容）　ソーシャルワーカーは，自らの先入観や偏見を排し，クライエントをあるがままに受容する。

4.（説明責任）　ソーシャルワーカーは，クライエントに必要な情報を適切な方法・わかりやすい表現を用いて提供する。

5.（クライエントの自己決定の尊重）　ソーシャルワーカーは，クライエントの自己決定を尊重し，クライエントがその権利を十分に理解し，活用できるようにする。また，ソーシャルワーカーは，クライエントの自己決定が本人の生命や健康を大きく損ねる場合や，他者の権利を脅かすような場合は，人と環境の相互作用の視点からクライエントとそこに関係する人々相互のウェルビーイングの調和を図ることに努める。
6．（参加の促進）　ソーシャルワーカーは，クライエントが自らの人生に影響を及ぼす決定や行動のすべての局面において，完全な関与と参加を促進する。
7．（クライエントの意思決定への対応）　ソーシャルワーカーは，意思決定が困難なクライエントに対して，常に最善の方法を用いて利益と権利を擁護する。
8．（プライバシーの尊重と秘密の保持）　ソーシャルワーカーは，クライエントのプライバシーを尊重し秘密を保持する。
9．（記録の開示）　ソーシャルワーカーは，クライエントから記録の開示の要求があった場合，非開示とすべき正当な事由がない限り，クライエントに記録を開示する。
10．（差別や虐待の禁止）　ソーシャルワーカーは，クライエントに対していかなる差別・虐待もしない。
11．（権利擁護）　ソーシャルワーカーは，クライエントの権利を擁護し，その権利の行使を促進する。
12．（情報処理技術の適切な使用）　ソーシャルワーカーは，情報処理技術の利用がクライエントの権利を侵害する危険性があることを認識し，その適切な使用に努める。

Ⅱ　組織・職場に対する倫理責任
1．（最良の実践を行う責務）　ソーシャルワーカーは，自らが属する組織・職場の基本的な使命や理念を認識し，最良の業務を遂行する。
2．（同僚などへの敬意）　ソーシャルワーカーは，組織・職場内のどのような立場にあっても，同僚および他の専門職などに敬意を払う。
3．（倫理綱領の理解の促進）　ソーシャルワーカーは，組織・職場において本倫理綱領が認識されるよう働きかける。
4．（倫理的実践の推進）　ソーシャルワーカーは，組織・職場の方針，規則，業務命令がソーシャルワークの倫理的実践を妨げる場合は，適切・妥当な方法・手段によって提言し，改善を図る。
5．（組織内アドボカシーの促進）　ソーシャルワーカーは，組織・職場におけるあらゆる虐待または差別的・抑圧的な行為の予防および防止の促進を図る。
6．（組織改革）　ソーシャルワーカーは，人々のニーズや社会状況の変化に応じて組織・職場の機能を評価し必要な改革を図る。

Ⅲ　社会に対する倫理責任
1．（ソーシャル・インクルージョン）　ソーシャルワーカーは，あらゆる差別，貧困，抑圧，排除，無関心，暴力，環境破壊などに立ち向かい，包摂的な社会をめざす。
2．（社会への働きかけ）　ソーシャルワーカーは，人権と社会正義の増進において変革と開発が必要であるとみなすとき，人々の主体性を活かしながら，社会に働きかける。
3．（グローバル社会への働きかけ）　ソーシャルワーカーは，人権と社会正義に関する課題を解決するため，全世界のソーシャルワーカーと連帯し，グローバル社会に働きかける。

Ⅳ　専門職としての倫理責任
1．（専門性の向上）　ソーシャルワーカーは，最良の実践を行うために，必要な資格を所持し，専門性の向上に努める。
2．（専門職の啓発）　ソーシャルワーカーは，クライエント・他の専門職・市民に専門職としての実践を適切な手段をもって伝え，社会的信用を高めるよう努める。
3．（信用失墜行為の禁止）ソーシャルワーカーは，自分の権限の乱用や品位を傷つける行いなど，専門職全体の信用失墜となるような行為をしてはならない。
4．（社会的信用の保持）　ソーシャルワーカーは，他のソーシャルワーカーが専門職業の社会的信用を損なうような場合，本人にその事実を知らせ，必要な対応を促す。
5．（専門職の擁護）　ソーシャルワーカーは，不当な批判を受けることがあれば，専門職として連帯し，その立場を擁護する。
6．（教育・訓練・管理における責務）　ソーシャルワーカーは，教育・訓練・管理を行う場合，それらを受ける人の人権を尊重し，専門性の向上に寄与する。
7．（調査・研究）　ソーシャルワーカーは，すべての調査・研究過程で，クライエントを含む研究対象の権利を尊重し，研究対象との関係に十分に注意を払い，倫理性を確保する。
8．（自己管理）　ソーシャルワーカーは，何らかの個人的・社会的な困難に直面し，それが専門的判断や業務遂行に影響する場合，クライエントや他の人々を守るために必要な対応を行い，自己管理に努める。

注１　本綱領には「ソーシャルワーク専門職のグローバル定義」の本文のみを掲載してある。なお，アジア太平洋（2016年）および日本（2017年）における展開が制定されている。
注２　本綱領にいう「ソーシャルワーカー」とは，本倫理綱領を遵守することを誓約し，ソーシャルワークに携わる者をさす。
注３　本綱領にいう「クライエント」とは，「ソーシャルワーク専門職のグローバル定義」に照らし，ソーシャルワーカーに支援を求める人々，ソーシャルワークが必要な人々および変革や開発，結束の必要な社会に含まれるすべての人々をさす。

位にある語感が含まれていると解釈されることがあり，対等関係を強調するためには「利用者」が好まれる傾向にあった。しかし今回の改定では，既に「クライエント」には否定的な意味合いがなく日本語として定着する傾向にあること，ソーシャルワークの場合には，自発的に来談し，支援を求める人だけではなく，その周辺にいる人や，**アウトリーチ**やアドボカシーの観点から介入を必要とする人も対象とすることがあるため，「クライエント」とは，専門職として対象であると認知した場合を指す用語として，今回の倫理綱領から再び使用されることとなった。

アウトリーチ
outreach 。「手を伸ばす」という語源から，ニーズがあるが表明できない人や，支援にたどり着かない人に対して，ソーシャルワーカーら支援者が出向いて支援を行うこと。直接の訪問活動や，地域や生活空間に相談場面を作ることを指すことが多い。

また新倫理綱領では，「価値と原則」が原語 principles に沿って「原理」に改められている。原理は価値（values）よりも絶対的で揺るがないものとされている。

②　旧倫理綱領を踏襲しているもの・追加修正されているもの

はじめに「Ⅰ．人間の尊厳」は，ソーシャルワークにおいて最も古くから掲げられてきた価値である。今回，社会の変化に伴い，性別，性自認，性的指向などが詳細に追加された。日本では，性に関しては未だ差別的な扱いが多くあり，人間の尊厳の中にこの性に関することを尊重する役割をソーシャルワーカーに課していることは，注目すべき点である。

「Ⅱ．人権」は，旧定義には含まれてきたが，旧倫理綱領の「価値と原則」の中では項目としては含まれていなかった。今回，改めて，すべての人が生まれながらにして侵すことのできない権利を有する存在であること，そして抑圧・侵害・略奪に対し，ソーシャルワーカーが容認せず関与すべきものとして改めて掲げられている。

「Ⅲ．社会正義」は，ソーシャルワーカーの倫理の支柱として古くから掲げられてきた。今回，新たに「無関心」が追加されている。明確な差別や排除だけではなく，無関心もまた社会正義の実現を阻むものである。

③　新倫理綱領に加えられたもの

「Ⅳ．集団的責任」は，新定義から登場し，倫理綱領でも加えられている。旧来の人権は，個人主義的に解釈される弊害があったため，人権と共同体における人々の責務が共存することが目指されている。集団的責任とは，その社会の中で，人々が環境や共同体の成員に対して責任を負い，ソーシャルワーカーがそれを助けることを目指している。

「Ⅴ．多様性の尊重」は，新定義から登場しており，2000年代以降，世界のあらゆるところで多様性の尊重が掲げられている。単一化は排除や抑圧をもたらす。また個人主義的な多様性ではなく，集団や社会にも多様性は存在する。他の文化や社会が押しつけるのではなく，環境全体から多様性を考え尊重することが求められている。

最後に「Ⅵ．全人的存在」は，新たに設けられているが，特にスピリチュアルの概念が登場したことに注目したい。スピリチュアルとは，特定の宗教観ではなく，個々人の生きる意味や，人生観，死生観を指している。2000年代に入って WHO などでも取り上げられようになり，全人的存在とは，生物・心理・社会だけで理解するのではなく，個人の深い人生観に根ざした理解をし，支援することが求められている。

□ 倫理基準について（「ソーシャルワーカーの倫理綱領」）

倫理基準は，「Ⅰ．クライエントに対する倫理責任」「Ⅱ．組織・職場に対する倫理責任」「Ⅲ．社会に対する倫理責任」「Ⅳ．専門職としての倫理責任」の４つから構成され，旧倫理綱領では「クライエント」であったものが「利用者」に改められている。

「Ⅰ．クライエントに対する倫理責任」では，特に「５．クライエントの自己決定の尊重」について大きく加筆された。「クライエントの自己決定が本人の生命や健康を大きく損ねる場合や，他者の権利を脅かすような場合」には，ソーシャルワーカーはそれをただ単に制限するのではなく，「人々相互のウェルビーイングの調和を図る」とされている。クライエントが自身に不利益になる行為をすることや，他者を害する場合には，「２．クライエントの利益の最優先」の項目とジレンマを引き起こす難題であるが，調和を目指すという一つの指針が示されている。

また新たに「12．情報処理技術の適切な使用」が設けられている。ICT の発展に伴い，他国では2000年代に入ってからは情報管理に関する事項が盛り込まれていたが，今回の倫理綱領で日本も「危険性があることを認識」し管理する必要性が唱えられている。プライバシーと秘密保持は，旧綱領では分かれていたが，今回は一つに併せられている。

「Ⅱ．組織・職場に対する倫理責任」は，旧版では「実践現場における倫理責任」であったものが変更された。「実践現場」はどこまでを指すかが不明瞭であったため，新版ではソーシャルワーカーの所属機関を想定した文言に改められている。組織と職場，あわせて同僚や他の専門職に対する関わりや敬意が述べられている。また組織内でのソーシャルワーカーの果たす役割として，**アドボカシー**の促進や組織改革も追加されている。

アドボカシー
advocacy。「権利擁護」や「代弁」などと訳される。エンパワメント概念と並んで，力を奪われた人の権利を回復したり，自ら主張しにくい人の代わりに発信し，権利を獲得すること。個人へのアドボカシーだけでなく，集団や社会への働きかけをも含む。

「Ⅲ．社会に対する倫理責任」は，２つ目の「社会への働きかけ」が，人権と社会正義の増進，社会変革と開発，というグローバル定義からの言葉が強調されている。ソーシャルワーカーが社会に対してどのように働きかけるかという観点が，より強調される傾向にある。

「Ⅳ．専門職としての倫理責任」では，「１．専門性の向上」において「必要な資格を所持し」の文言が加わった。これまでは資格について言及されてこなかったため，専門性の向上と資格取得に踏み込んだ内容となっており，「３．信用失墜行為の禁止」と併せて，専門職全体の不名誉にならないことを喚起している。また，「８．自己管理」は新規追加されているが，ソーシャルワーカー自身も労働者として自身のメンタルヘルスに注意を払い，それがクライエントに影響することの自覚を促している。

行動規範

行動規範とは

「行動規範」とは，倫理綱領に基づいた行動を実際にどのように行うべきか，振る舞いの指針を示したものである。行動規範は，JFSWでは共通のものは定められておらず，現在，日本社会福祉士会と，日本医療ソーシャルワーカー協会が独自の行動規範を策定している。ここでは，日本社会福祉士会の行動規範を取り上げて説明したい。

日本社会福祉士会の行動規範は，その前文で，「行動規範は倫理綱領を行動レベルに具体化したものであり，社会福祉士が倫理綱領に基づいて実践するための行動を示してあります」と述べている。構成は，倫理綱領の倫理基準各項目に１～７の具体的な説明が列挙されて

ビネット12－1　行動規範から考えるクライエントとの関係性

ソーシャルワーカーのA（35歳）は児童養護施設の主任をしており，高年齢になってから途中で入所してきたB子（17歳）に，特別な感情を抱いている。

① B子は，高校を卒業した後の生活の不安を抱えており，施設退所後の相談はAに担当してもらいたいと希望してきた。B子は自分に対して恋愛感情があることをAは気づいている。退所後，成人となれば，その恋愛感情に応えてもいいのではないかと思い始めた。

② Aはそれほど熱心ではないが，キリスト教系の信者である。B子の母親は社会問題にもなった宗教に熱心であり，B子をネグレクトしてきたことや，多額のお布施で生活が破綻した経緯がある。Aは，B子母に怒りを感じており，B子のためになればと，自分の宗教活動へ誘った。

③ B子は高校卒業後，不動産会社に就職し，施設も退所したが，職場での人間関係の悩みを抱えてAに相談に来た。しかし，その不動産会社は，Aの実家の売買を巡り，現在係争中である。

いる。例えば，「Ⅰ．クライエントに対する倫理責任」は，倫理基準（1．クライエントとの関係）において，「ソーシャルワーカーは，クライエントとの専門的援助関係を最も大切にし，それを自己の利益のために利用しない。」とされているところを，行動基準では更に５項が挙げられ説明されている。以下はその一部である。

（１－３）社会福祉士は，専門職としてクライエントと社会通念上，不適切と見なされる関係を持ってはならない。

（１－４）社会福祉士は，自分の個人的・宗教的・政治的な動機や利益のために専門的援助関係を利用してはならない。

（１－５）社会福祉士は，クライエントと利益相反関係になることが避けられないときは，クライエントにその事実を明らかにし，専門的援助関係を終了しなければならない。その場合は，クライエントを守る手段を講じ，新たな専門的援助関係の構築を支援しなければならない。

□ ビネットで考える

この行動規範を，**ビネット12－1**のような事例で考えてみたい。

行動規範に照らせば，**ビネット12－1**の①～③いずれも不適切であることがわかる。順にみていく。

① 倫理綱領の行動基準は，クライエントとの関係において，ソーシャルワーカーが自身の利益のために利用しないこと説いているが，ソーシャルワーカーとクライエントは，一般的には退所後であっても，専門的援助関係が続くと考えられる。また社会通念上の関係性に照らせば，不適切であると言えるだろう。個々人の事情によっては異

なる場合もあり得るが，ソーシャルワーカーの倫理や行動規範に照らせばこの事例は不可である。

②　ソーシャルワーカーは，個人の信仰に関して慎重であるべきである。クライエントが宗教を理由に不利益を被っている場合には，それを助けることも必要であるが，ソーシャルワーカーの個人的な信仰や宗教への勧誘は慎まなければならない。また，この事例に関連して，行動規範（3．受容）「3－2　社会福祉士は，自身の価値観や社会的規範によってクライエントを非難・審判することがあってはならない」，および（5．クライエントの自己決定の尊重）「5－2　社会福祉士は，クライエントが選択の幅を広げることができるように，必要な情報を提供し，社会資源を活用しなければならない」とあることも参考になる。クライエント本人のみならず，時に対立関係にある家族も支援の対象となることを考えれば，B子母に対する否定的な感情にソーシャルワーカーとして自覚的であらねばならない。またB子の宗教に関して，本人の自己決定や選択肢の幅に必要な情報提供を超えて，誘導するような関わりもあってはならないと言えるだろう。

③　利益相反とは，比較的最近になってから倫理的課題として登場するようになった。お互いの利益・不利益が関係する状況にあって，それを隠したまま専門的な関係を結ぶことは，倫理に反する。この場合は，専門職として，個人としての立場を明らかにし，支援者としては利害関係が発生する前に，担当者を変更するなどの対応が必要となる。

以上のように，行動規範は，倫理綱領の抽象度を一段下げた形で，具体的な事例に落とし込んで考える術を与えてくれる。もちろん，全ての事例に答えることは不可能であるが，ソーシャルワーカーが迷うような場合には一助を与えてくれるだろう。

さらに知りたい人のための推薦図書

井手英策・柏木一惠・加藤忠相・中島康晴（2019）『ソーシャルワーカー――「身近」を革命する人たち』筑摩書房.

▷ソーシャルワーカーには「社会変革」が要求されているが，実際にそれをどう実践するのかは難題である。変えたいという想いを，理論的にも実践的にも考えさせてくれる書である。

東洋大学福祉社会開発研究センター編（2020）『社会を変えるソーシャルワーク――制度の枠組みを越え社会正義を実現するために』ミネルヴァ書房.

▷ソーシャルワーク専門職のグローバル定義と，新倫理綱領をどのように実践に取り入れるか，特に制度的な枠組みを捉え直すために考えたい書。

注

（1）　バンクス，S.／石倉康次・児島亜紀子・伊藤文人監訳（2016）『ソーシャルワークの倫理と価値』法律文化社.

（2）　公益社団法人日本社会福祉士会，公益社団法人日本精神保健福祉士協会，公益社団法人日本医療ソーシャルワーカー協会，特定非営利活動法人日本ソーシャルワーカー協会の４つの団体から成っている。

参考文献

Greenwood, E. (1957) 'Attributes of a Profession' *Social Work*, vol 2, no 3. 45-55. Oxford Journals.

Millerson, G. (1964) 'The Qualifying Associations - A Study in Professionalization'.

一般社団法人日本社会福祉学会『対論　社会福祉学５　ソーシャルワークの理論』中央法規出版.

三島亜紀子（2017）『社会福祉学は「社会」をどう捉えてきたのか――ソーシャルワークのグローバル定義における専門職像』勁草書房.

日本ソーシャルワーカー協会（JASW）ホームページ.（http://www.jasw.jp/）.

■第13章■

倫理的ジレンマ

学習のポイント

1　倫理的ジレンマとは何かを知る。

2　ソーシャルワーカーの困難感と，倫理的ジレンマの峻別を知る。

3　倫理綱領に内在するジレンマを学ぶ。

4　人権と社会正義，多様性の尊重と集団的責任など，ソーシャルワークの価値の葛藤について理解する。

5　倫理的ジレンマの構造理解を深め，その向き合い方を考える。

 ソーシャルワーカーと倫理的ジレンマ

倫理的ジレンマとは何か

前章ではソーシャルワーカーの倫理綱領について見てきたが，倫理綱領は抽象的であり，極めて「倫理的」で，高尚な振る舞いを求められるものである。倫理綱領に従い，倫理的な行動をしていくこと，迷う場合には倫理綱領や行動規範に立ち返って反省することができれば，実践の課題はほとんど解決してしまうと言って良いだろう。

しかし，現実にはそうはならず，ソーシャルワークの現場もソーシャルワーカーも多くの困難を抱えている。ソーシャルワークは「価値と倫理」を掲げているため，ソーシャルワーカー自身の理想や使命感に基づいて仕事をしており，その中で「理想と現実のギャップ」や「机上の理論と実践の違い」に戸惑い，困難感や不全感を抱えることが多い。この困難感を「ジレンマ」と表現することがある。

ジレンマ（dilemma, ディレンマ，とも）とは，広辞苑（第７版）によれば，[(1)]「相反する二つの事の板挟みになってどちらとも決めかねる状態。抜き差しならない羽目。進退両難。」と説明されている。ある問題に対して，２つ（またはそれ以上）の選択肢があり，そのうちいずれを選んでも良くない状況，不利益が起きることが想定される中で，判断を迫られることをいう。

ここから派生して，ソーシャルワーカーとして上手くクライエントを支援したいが，現実にはそうはならない，理想と異なる現状，良い選択肢が無い中で決断を迫られる，といった意味で，ジレンマと表現されることがある。バンクス（Banks, S.）によれば，倫理的ジレンマとは，「ソーシャルワーカーが，倫理的な複数の価値の対立にかかわるかもしれず，また，どちらの選択が正しいのかが不明瞭であるような，２つの等しく歓迎されざる二者択一問題に直面したとみなした際に生じる。例えば，ソーシャルワーカーは非常に生活に困窮した状態にある人を助けるために在宅介護サービスを運用すべく基準を曲げるべきなのか，あるいはルールに固着し，本当に支援を必要とする人の申請を断るのか，ワーカーは，この個別的な利害と，すべての人に適用されるルールや基準をもつ公共の利害との間にある対立／葛藤に直面する」と述べている。

倫理的ジレンマとは，価値の対立のみならず，選択肢がいずれも好

ましくない，クライエントにとっても周辺の関係者にとっても辛い状況が予測される場合に生じる問題である。

単純に「困った状況」と，「倫理的ジレンマ」は分けて考える必要があるため，ここでは，「ソーシャルワーカーの抱えがちな困難感」と，「ソーシャルワークにおける倫理的ジレンマ」を分けて説明したい。

◻ ソーシャルワーカーの困難感とジレンマ

ソーシャルワーカーが抱えがちな，困った状況，困難感として，①他者への共感，②手段的困難，③知識・技術・能力について考えてみよう。

① 他者への共感

ソーシャルワーカーは，人ために役に立ちたい，という動機を持つ人が選択してくることが多い職業である。日常的に，ソーシャルワーカーはクライエントの悲しみや苦しみを受け止めるときには，受容，共感，傾聴，などの援助技術を総動員するであろう。しかし，それでもクライエントの苦難の直接的な助けにはならず，悲嘆を緩和することができない場合には，ソーシャルワーカー側にも反射的な悲しみや苦しみが生じる。他者への共感を職責としつつも，生老病死そのものを無くすことができない困難感は存在する。

② 手段的困難

クライエントのニーズに，受容や共感といった援助技術のみで，ソーシャルワーカー自身が単独の手段として解決できることは，それほど多くない（ほとんどないと言ってよいだろう）。ソーシャルワーカーは，社会資源，制度・政策，サービスをクライエントにつなげる仕事が大変多く存在する。

しかし，クライエントのニーズがわかったとしても，それを提供することができない，社会資源や支援する手段がない，という状態がある。クライエントが希望するニーズや価値に対する社会資源がない場合，制度・政策に矛盾がある場合などが含まれるが，よく言われる「理想と現実のギャップ」はこの手段的な困難に集中していると言えるだろう。

もうひとつは，生命そのものや，愛や安心など，クライエントが得たいと思っていても満たされない精神面は，ソーシャルワーカーで解決できないものがあり，それを供給できないことがソーシャルワーカーの困難感となる。

③　知識・技術・能力

ソーシャルワーカーはクライエントの抱える難しい課題に対して，知識や技術をもって解決を目指す専門職である。ソーシャルワーカーは，何が課題なのか，解決すべきニーズなのか，どのように説明すべきか，など，その専門的能力を試されることになる。自身の能力に困難感を感じることは，机上とは異なる現実の難しさとなる。

ソーシャルワークでは，知識が向上しても，正しさや解答が見つからない場合が生じる。クライエントやその家族，周囲の人間の価値観や利害がぶつかり合うとき，何が良い支援なのか，何を目指してくのかわからない状況が生じる。それが次に述べる倫理的ジレンマとなる。

▣ 倫理的ジレンマ

医療，保健，福祉など倫理綱領を掲げる専門職には，その倫理綱領自体に対立が含まれ，葛藤を生じさせることが知られている。特に生命倫理学（バイオエシックス）の分野で，倫理原則における葛藤の研究が明らかにされてきた。1970年代にビーチャム（Beachamp, T.L.）とチルドレス（Childress, J.F.）は「生命倫理４原則」と呼ばれる，「自律尊重 respect for autonomy」「無危害 non-maleficence」「善行 beneficence」「正義 justice」の４つの原則があることを示し，対人援助専門職の倫理に大きな影響を与えている。[(2)]

自律尊重原則は，患者・クライエントの自律性を守ることであり，自由で強制や抑圧のない環境で自己決定を尊重することである。無危害原則は，専門職がクライエントに対して害を与えてはいけないことを意味する。クライエントに対して身体・精神面で侵害しないことはもとより，専門家でなければ，物理的に身体への侵襲やプライバシーの侵害にあたる行為も多数含まれる支援があるため，専門家は危害に対してより慎重であらねばならない。次に善行（与益，恩恵，慈恵，仁恵）原則とは，クライエントの利益を最優先にすることである。対人援助は，基本的に，人のために・人の役に立ちたいと思う者が行っているが後述するように利益が何か，という難問が横たわる。

最後の正義原則は，社会的に正しいことを行うこと，公正に振る舞うことである。ソーシャルワークの場合は，特にこの社会正義に関する倫理原則は，古くから中核的な倫理原則となっている。

▣ クライエントに対する倫理的ジレンマ

倫理的ジレンマの典型は，「自律尊重原則」対「善行原則」であ

ビネット13－1　自律尊重原則と善行原則の対立

アメリカの生命・医療倫理教育に最も影響を与えた例として，コワート氏の例がある。以下はその要約である。[3]

コワート氏は25歳でガス爆発の事故により全身の65％に大やけどを負った。治療は激痛を伴う過酷なもので，予後の悪さ，人生の希望を絶たれたことなどから，コワート氏は何度も「死にたい」と治療を拒否した。しかし医療チームは彼を説得し治療を続行した。退院後，指全部と両眼を失い，全身の介助も必要で，鬱状態になり何度も自殺を図った。その後，コワート氏は弁護士資格を取得し，結婚もし，社会復帰を果たす。しかし，彼は尚も言う。「あの時の治療は自分の自律性を侵害している。今どうであれ，やはりあの時の苦しみを強いられるなら生きようとは思わない。苦痛に耐えるか否かは，私が決めることだ」。

この事例では，患者の利益を医師が考え，必死に治療に取り組み（善行原則），しかも結果としてはよい生活を手に入れたように見える。しかし，当事者は，たとえ将来においてどのような状態であったとしても，その治療時の自律性・自己決定権の侵害を問題としている。コワート氏のようにはっきりと本人の自律性がわかる場合は，何が本人の利益となるかを周囲が決めてはならず，自律尊重原則と善行原則が対立した場合は，自律尊重が優先されることが，生命倫理学や法学に大きな影響を与えた。

る。これはソーシャルワーカーの倫理綱領では，「クライエントの自己決定の尊重」と「クライエントの利益の最優先」の対立にあたる。ソーシャルワーカーは，クライエントにとって利益となると思われることを支援しようとするが，本人がそれを望まない，あるいは拒否する，という場合がある。専門職が一方的に利益となると考えるものをクライエントに押しつけることは，**パターナリズム**となることが，長らく批判されてきた。また，ソーシャルワーカーとクライエントの利益となるものの考えが異なる場合や，利益自体に不利益やリスクがセットとなって生じる場合，クライエント一人だけではなく家族など周辺の人間と利益が対立する場合など，利益そのものをどう捉えるべきか，という難題も生じる。利益をどのように捉えるかは，その時代，社会，文化によって異なり，極めて個人的で多様である。

この自己決定の尊重と利益の最優先の倫理的ジレンマに関しては，「社会福祉士の行動規範」では，「5－3　社会福祉士は，クライエントの自己決定に基づく行動が自己に不利益をもたらしたり，他者の権利を侵害すると想定される場合は，その行動を制限することがあることをあらかじめ伝えなければならない（後略）」と踏み込んでいる。明らかに他者への侵害になる場合や，不利益が多大であって不可逆性である（例えば命の危険性が伴う）場合には，ある程度，倫理綱領や行動規範に則ることで，倫理的ジレンマに解答することができる。しかし現実には，判断に迷う，程度の問題が横たわる。

パターナリズム
paternalism；父権主義，専門的権威主義，などとも呼ばれる行為や思考。親や専門家が当人のためになると思うことを一方的に押しつけることを批判する文脈で問われることが多い。一方で，その人の利益のために行われるため，実践上・政策上でも意識せずに行われていることも多い。

例えば，虐待をする親が「これからしっかり育てていく」と言い，子ども自身も「親と離れたくない」と言う場合に，子どもを保護するか在宅での親子関係の安定を支援するか，利益や自己決定をどのように判断すべきか，利益の侵害といってもどういう状況なのか，現実には明確な解答は出ない。

回 組織・職場に対する倫理的ジレンマ

ソーシャルワーカーの倫理綱領では，「Ⅱ．組織・職場に対する倫理的責任」として，自身の職務において最良の実践をすることや，同僚らに倫理的な実践を推進すること，職場を改善していくことなどが求められている。クライエントに対して，組織・職場内でよい支援を目指すためには，事例検討やチームアプローチの手法など，ソーシャルワークの方法論の中で役に立つものは多い。

例えば，医師の医療情報からのアセスメントと，ソーシャルワーカーの退院後の在宅状況を踏まえたアセスメントは異なる方針を出すこともあり，他の専門職から専門性の違いを理由に連携が取れないなどのジレンマが生じることもある。しかし両者が持つクライエントに対する倫理的責任が共通していれば，アプローチが違っていても倫理的ジレンマとはならない。

しかし，組織の目指す支援方針や，職場の同僚の態度が間違っていると感じる場合などは，ソーシャルワーカー一個人がどのように修正していくのか，ということは，実際にはほとんど我々は学ぶことがなく，個人，職場毎に任されたままになっているといえるだろう。組織の目指す方針は，社会制度や資源上の制約を受けやすく，それがクライエントにとって不利益となる方針を生み出す場合がある。また単純に，管理機能がクライエントにも職員にも抑圧的に働き，行き過ぎた支配となることもある。

例えば，クライエントのニーズがあるにも関わらず，施設定員のためにサービスを断ったり，退所期限を迫ったりすることがソーシャルワーカーの仕事として求められることもある。「自立支援」や「地域移行」の名の下に，「指導」が行き過ぎる場合や，クライエントが望まないサービス変更が実際には生じている。

組織の方針や同僚の考えが，ソーシャルワーカー個人として一致しない場合，組織・職場を改革するという課題は，倫理的責任としては重くのしかかる。一部は，組織経営やチームアプローチ，合意形成の手法により解決するだろうが，一部はジレンマとして残るだろう。

□ 社会正義に関する倫理的ジレンマ

組織・職場に対するジレンマは，制度や社会資源の不足に由来するものも多い。ソーシャルワーカー自身が，福祉国家のシステムの一つに位置づけられ，制度・政策のサービスアンカーとしての役割も持っている。少ない資源をどう配分するか，制度・政策に則り運用する面と，その立案に関わる役割がある。制度・政策に不備がある場合は，倫理基準「Ⅲ.社会に対する倫理責任」に基づき，ソーシャルアクションや社会に対する働きかけを行わなければならない。

「ソーシャルワーク専門職のグローバル定義」には「社会正義」「社会変革と社会開発，社会的結束（social changes and development, social cohesion）」と，「社会」を冠する言葉がいくつも登場している。しかし，社会正義の増進，社会変革，社会への働きかけとは，一体何を指すのか，更に言えば「社会」そのものが不明瞭なものとなる。ソーシャルワーカーは，その名の通り「社会 social」を冠した専門職であるが，「社会を変えること」と同時に，「社会を維持すること」を目指して資源を運用，配分する。これは変革と制限が同時に存在していることになる。また，その**社会において正義**☞とされること，善とされることは異なる。

☞ **社会正義**
第11章第1節のビネット11－1参照

例えば，優生保護法（1948～1996年），らい予防法（1953～1996年），精神衛生法（1950～1987年）などの法律によって，疾病や障害を持つ人の中絶や隔離が，国家によって推進され，ソーシャルワーカーもそれに関与してきた。おそらく当時も，それに関わってジレンマを抱え苦しんだソーシャルワーカーがいるであろう。しかし，当時はそれが正義であり職務であった。同様の法制度を持つ国は未だある。近年でいえば，日本の生活保護行政を巡って，「適正実施」の名の下に受給抑制とその反対運動があるが，どちらも正義を掲げる闘いである。

その「社会」によって正しさや正義は異なるのだが，倫理綱領ではある種の普遍性を持つ正義をソーシャルワーカーが成すことが期待されており，ソーシャルワーカーが倫理綱領に従って実践できるのか，ジレンマが生じる。

□ 普遍主義と相対主義，社会正義と多様性の尊重

クライエントに対する倫理的ジレンマ，組織・職場に対するジレンマ，社会に対するジレンマは，「正しさ」や「善さ」をどう考えるか，規定するかに深く根ざしている。倫理綱領で見てきたように，現在のソーシャルワークは，社会正義，人権，集団的責任，多様性の尊重がソーシャルワークの中核的要素であるとしている。これは西洋的

な社会正義や人権の価値だけではなく，地域や民族固有の価値を，更に言えばキリスト教や資本主義圏の文化だけではなく，イスラム教や共産主義などの文化を尊重した形で，その地でのソーシャルワークを取り組み，異なるウェルビーイングを目指すことになる。本来，社会正義や人権は，個別性や多様性の尊重とは距離のある概念である。このことについて，「普遍主義と相対主義」という論点から考えてみたい。

現代は，価値観が多様化している，一人ひとりを大切に，みんなちがってみんないい，といった，多様性が広く受け入れる傾向にある。多様化した価値には優越がつけられないという考え方を，相対主義という。これに対し，科学性や客観性を根拠に，共通の価値や正しさを見いだしていく立場を，普遍主義という[(4)]。ソーシャルワークはキリスト教文化や西洋圏を中心に発展してきており，西洋文明は普遍性を追求してきた側面がある。ソーシャルワークにおいても普遍的価値が議論される中で，ソーシャルワークの定義（1982年版・IFSW）では社会正義と人権が中核として掲げられた。

しかし，1990年代からは，アジア・アフリカ・オセアニアといったグローバル社会の中で，ソーシャルワークが西洋的な普遍主義を押しつけるのはなく，民族自決・集団的責任という相対主義的な多様性に折り合いをつけていく必要性に迫られる。本来は，普遍主義と相対主義は異なるものの見方であり，ソーシャルワークの定義と倫理綱領には，そもそもジレンマが生じやすいものが併存して中核に据えられているといえる。従って実践上は，「ジレンマが生じやすい」ことを前提に，どう整理していくのかを考えなければならない。

2　倫理的ジレンマのガイドライン

倫理的ジレンマは，ソーシャルワークの定義や倫理綱領に内在する以上，正解はなく単純に答えは出ない。倫理綱領や倫理基準自体も，そうしたジレンマに答えようと変化してきているが，ある程度は抽象度が高くなるため全てに答えきることはできない。倫理的ジレンマにどのように対処するかさまざまな研究があるが，以下にその方法を検討したい。

□ 倫理的ジレンマの構造理解

①　倫理的ジレンマか否かを区別する

問題の構造を把握するためには，まずその問題が「ソーシャルワーカーの困難感」か「倫理的ジレンマ」のどちらかを理解する必要がある。他者への共感からくる悲しみや，自身の知識・技術・能力不足からくる困難感は，ソーシャルワーカーとして必然のものとして受け止め，スーパービジョンや研修，上司や同僚との関係によって解消するしかない。支援の手段的困難に関しては，倫理的ジレンマの可能性もあるため，その整理をしなければならない。

②　関係者の価値観を整理する

次に，その問題が倫理的ジレンマであれば，それに関係する人々をクライエント以外も含めて整理する必要がある。家族，地域，利害関係のある人はもとより，ソーシャルワーカーとその機関も含めて，誰がその課題に関係しているのか，重要な人物を明らかにする。さらに，それぞれはどのように課題を捉えているのか，価値観を整理する。誰が，どのような希望を持っているのか，何を重視しているのか，価値観を知り整理する。

③　何がジレンマとなっているかを整理する

関係する人々の価値観が明らかになれば，次に何が倫理的ジレンマとなるのか，倫理綱領や倫理基準に照らして整理する。クライエントの利益の最優先と自己決定の尊重は，よく知られる倫理的ジレンマであるが，利益を誰がどのように捉えているのか，利益の中にある優先順位や葛藤を整理し，自己決定も複数の希望の葛藤である場合がある。倫理的ジレンマはこの段階で不確定の要素を含め，情報を収集し，複数の葛藤を明らかにする。

④　選択肢を整理する・他の選択肢を探す・それぞれの利益と不利益を知る

倫理的ジレンマを生じさせる選択肢や複数の希望をあげ，その整理を行う。さらに他に選択肢がないか，これまで検討されていない選択肢を挙げる。ここでは現実的に可能か不可能かを考えて制限するのではなく，不可能と考えられ候補にあがりにくい選択肢も，あえて新しく選択肢とならないかを検討しておきたい。それらの選択肢が，可能性の程度に関わらず，どういった利益と不利益があるのかを再検討する。当事者や関係者の価値観の問題に関わることを改めて検討することによって，不利益とするものも再考されることがありうる。

⑤　最善の利益を探す・優先順位をつける・選ばれなかった選択肢を再検討する

ビネット13－2　ホームレスの多様性と社会規範

ソーシャルワーカーのXはNPO団体で，ホームレスと呼ばれる路上生活者の支援をしてきた。Aさんは，「このままでいい」と路上生活を続けていたが，Xワーカーが年末の宿泊施設の利用を勧めたのをきっかけに，福祉サービスの利用に繋がっていった。Bさんは，簡易宿泊所と就労を転々としてきたが，かつて病気をきっかけに生活保護の申請をしたところ，窓口で断られ，路上生活に至った。Xワーカーの支援で再び宿泊施設を利用しようと希望したところ，施設の反対運動の先頭に，中学時代の同級生を発見し，ショックを受け，どこかへ消えてしまった。

2000年代以降，「地域生活」と「自立支援」は社会福祉政策の大きな潮流である。その中で，路上生活者に対し，宿泊施設の経由や生活相談・就労支援などが行われている。一方で，当事者は多様であり，サービスを利用する人もいるが，そこに複雑な心理を持つ人，施設を出て再び路上に戻る人，相談支援事業を嫌う人もいる。また，施設の建設には近隣からの反対運動が起こることも多々ある。倫理的ジレンマは，対個人だけで起こるのではなく，社会資源上の制約や，不条理なスティグマ，社会規範に個人を無理に適応させるような場面でも起こる。

前段階で明らかにされた選択肢と，その利益と不利益を検討しながら，どの選択肢を取るか決定する。この段階では優先順位をつけ，取捨選択しなければならない。それがクライエントにとって一番希望するものではなく，不本意が伴うものであるかもしれず，またはソーシャルワーカーや支援関係者が不安を抱えるものであるかもしれない。しかし優先順位をつけざるを得ない場合には，選ばれなかった選択肢を切り捨てるのではなく，この場合はどうであったか，選ばない理由を関係者が理解していることが重要である。また状況によっては，選ばなかった選択肢が再度，候補になることもあり得るため，再アセスメント，再検討することもあり得る。

以上のように，倫理的ジレンマは，構造を理解して判断するていねいなプロセスが必要である。倫理的判断には，できる限り一人で判断するのではなく，他職種やチームで考えること，クライエントら当事者の参加が重要である。この過程は，ソーシャルワークの理論や方法論が多数あるため，それらを実践で活用されたい。

□ 倫理原則の順位付け

倫理的ジレンマが生じやすい場面は，選択肢がほとんどなく，それが不可逆（いったん選択するとやり直すことができない）であり，深刻な場合が多い。特に生命に関わる場面が問題となりやすい。倫理原則に優先順位をつける研究は数多くなされているが，いずれの論者も優先順位をただ単純に適用すべきではなく，倫理的決定過程を重視すべきことを強調している。それを理解した上で，ダルゴフらの示した倫

図13－1　倫理原則の優先順位

出所：Dolgoff, R., Loewenberg, F. M. and Harrington, D. (2012) 'Ethical Decisions for Social Work Practice' 9th Edition THOMSON BROOKS/COLE, 65.

理原則の優先順位は，図13－1のようになる[5]。

「1．生命の保護の原則」は，緊急時を含めて利用者とその周囲の人々の生命を守ることである。しかし，尊厳死や延命治療の拒否なども課題も含まれており，「5．生活の質の原則」と対立する。中・長期的な展望を含めて生命と生活の質を検討しなければならない。

「2．社会正義の原則」は，全ての人が同じように扱われる権利があることを示している。国籍，信条，セクシュアリティなどで差別されず，一人ひとりが尊重されるべきことは，言葉を変えながら各国の倫理綱領で繰り返し述べられている。

「3．自己決定，自律と自由の原則」は，自己危害や他者への危害を含むような場合は尊重されがたいとされており，利益が少なく害が大きい場合の自律・自己決定は，ソーシャルワーカーによって制限されることが長らく認められてきたが，「4．危害の最小の原則」と合わせ，何を利益／害とするかには価値判断が関わってくることに注意が必要である。ソーシャルワーカーは害を最小にとどめること，また害が起きそうな可能性を避けることが求められている。しかし予見の難しさと，害の程度や価値判断が問題となる。

「5．生活の質の原則」は，QOL の推進をソーシャルワーカーとして担うことであり，個人と同様にコミュニティに対しても適用される。しかし，「生活の質」がどの状態を指すのか，繰り返される日常生活なのか，人生の転換点なのか，その場合にも価値判断は異なってくる。

「6．プライバシーと守秘の原則」は，個人に対してだけでなくグループやコミュニティに対しても適用される。しかし守秘義務は，第三者に被害が及ぶ場合にはこの限りではない。

「7．誠実さと開示の原則」は，専門職として信頼関係を作るための基本である。

□ 倫理的ジレンマへの向き合い方

実践現場でソーシャルワーカーが直面するジレンマは数多くある。それが倫理的ジレンマの場合，倫理綱領を参照するだけでは，余計に悩み，自身の困難感を深める場合もあり得るだろう。そもそも，倫理的ジレンマは「解消」するものなのだろうか。

倫理的ジレンマの文献や，実践現場の語りでは，ジレンマはそもそも「解消」や「解決」するものではないと言われることが多い。倫理的に簡単な答えがでないからこそ，苦悩を抱えながら取り組むことが倫理的ジレンマそのものなのである。ソーシャルワークでは，「より良い」ではなく，どちらがましか，「より悪くない」程度の選択肢しかないことがある。この場合，後悔や罪悪感は，程度の差こそあれ結局生じるものである。

倫理的ジレンマは，解消や解決できない現実との向き合い方であり，できるだけクライエントや関係する人々に後悔や不快感を残さないような，そしてソーシャルワーカー自身が継続していけるような，困難な過程への「付き合い方」であるだろう。その連続の中で，ソーシャルワーカーは，どうすれば「より良い」を目指せるかを試行錯誤していく。その継続が，倫理的ジレンマの一つの「乗り越え方」にはなるが，ジレンマを感じなくなることの方が危険である，と考え，「付き合い方」を継続して考えることが重要であろう。

さらに知りたい人のための推薦図書

本多勇・木下大生・後藤広史・國分正巳・野村聡・内田宏明（2009）『ソーシャルワーカーのジレンマ――６人の社会福祉士の実践から』筒井書房.

▷児童・障害・高齢・生活保護など様々な分野の実践経験を持つ著者らが，実際に経験してきたジレンマを論じている。現実の困難さとジレンマの考察を深める書。

山口裕之（2022）『「みんな違ってみんないい」のか？――相対主義と普遍主義の問題』筑摩書房.

▷多様性が重視される現代で，それでも一つの「正しさ」や「よさ」を選択しなければならない時，我々はどうしたら「よりよい」選択が出来るのかを探求する書。

注

（1） 新村出編（2018）『広辞苑　第七版』岩波書店.

（2） ビーチャム，T. L.・チルドレス，J. F. 原著／立木教夫・足立智孝監訳（2009）『生命医学倫理（第５版）』麗澤大学出版会．第１版の1979年以降（第１版時は『生命医学倫理の諸原則』）何度も改訂を重ねている。また‘beneficence’には「与益，恩恵，慈恵，仁恵」などの訳もあてられる。

（3）「医療倫理　いのちは誰のものか――ダックス・コワートの場合」（丸善出版（映像），2002年）他，コワート氏の事例はビーチャムら生命倫理学で多くの論文や教材として紹介されている。

（4）「みんなちがってみんないい」のフレーズは金子みすゞ（1903-30）の代表作「私と小鳥と鈴と」の一節であるが，1996年に小学校の国語の教科書に掲載される。この頃から「人それぞれ」が爆発的に広がったことが指摘されている（山口裕之（2022）「『みんな違ってみんないい』のか？相対主義と普遍主義の問題」筑摩書房）。

（5） Dolgoff, R., Loewenberg, F. M., and Harrington, D. (2012) *'Ethical Decisions for Social Work Practice' 9th Edition* THOMSON BROOKS/COLE, 65.

参考文献

バンクス，S.／石倉康次・児島亜紀子・伊藤文人監訳（2016）『ソーシャルワークの倫理と価値』法律文化社.

ファーガスン，I.／石倉康次・市井吉興監訳（2012）『ソーシャルワークの復権：新自由主義への挑戦と社会正義の確立』クリエイツかもがわ.

川村隆彦（2002）『価値と倫理を根底に置いたソーシャルワーク演習』中央法規出版.

本多勇・木下大生・後藤広史・國分正巳・野村聡・内田宏明（2009）『ソーシャルワーカーのジレンマ――６人の社会福祉士の実践から』筒井書房.

本多勇（2016）「社会福祉の現場における倫理的ジレンマをどう乗り越えるか」『社会福祉研究』127号，46-54.

山口裕之（2022）「『みんな違ってみんないい』のか？相対主義と普遍主義の問題」筑摩書房.

ビーチャム，T. L.・チルドレス，J. F. 原著／立木教夫・足立智孝監訳（2009）『生命医学倫理（第５版）』麗澤大学出版会.

索　引

＊側注に解説がある頁を太字で表記しています

◆ は ◆

◆ ま ◆

◆ や ◆

◆ ら・わ ◆

◆ 欧文 ◆

執筆者紹介

（執筆順，＊印は編著者）

＊木村　容子　編著者紹介参照（はじめに，第１章，第４章）
＊小原　眞知子　編著者紹介参照（第２章）
Virág Viktor　日本社会事業大学社会福祉学部准教授（第３章）
菱ヶ江　惠子　山口県立大学社会福祉学部講師（第５章）
小野セレスタ摩耶　同志社大学社会学部准教授（第６章）
荒井　浩道　駒澤大学文学部教授（第７章）
佐竹　要平　日本社会事業大学通信教育科准教授（第８章）
木戸　宜子　日本社会事業大学専門職大学院教授（第９章）
芝野　松次郎　関西学院大学名誉教授（第10章）
大谷　京子　日本福祉大学社会福祉学部教授（第11章）
石川　時子　関東学院大学社会学部准教授（第12章，第13章）

編著者紹介

木村　容子（きむら・ようこ）

2010年　関西学院大学大学院人間福祉研究科博士課程後期課程修了。
現　在　日本社会事業大学社会福祉学部教授。博士（人間福祉）。
主　著　木村容子（2012）『被虐待児の専門里親支援— M-D&D にもとづく実践モデル開発』相川書房.
木村容子・小原眞知子編著（2019）『ソーシャルワーク論』ミネルヴァ書房.
木村容子・有村大士編（2021）『子ども家庭福祉［第 3 版］』ミネルヴァ書房.

小原　眞知子（おはら・まちこ）

2005年　日本女子大学大学院文学研究科社会福祉学博士後期課程修了。
現　在　日本社会事業大学社会福祉学部教授。博士（社会福祉学）。
主　著　小原眞知子（2012）『要介護高齢者のアセスメント』相川書房.
小原眞知子・高瀬幸子・山口麻衣・高山恵理子（2017）『ソーシャルワーカーによる退院における実践の自己評価』相川書房.
小原眞知子・今野広紀・竹本与志人編著（2021）『保健医療と福祉』ミネルヴァ書房.

Horitsu Bunka Sha

ソーシャルワーク論 I
——基盤と専門職

2023年 3 月 5 日　初版第 1 刷発行

編著者　木村容子・小原眞知子

発行者　畑　光

発行所　株式会社 法律文化社

〒603-8053
京都市北区上賀茂岩ヶ垣内町71
電話 075(791)7131　FAX 075(721)8400
https://www.hou-bun.com/

編集：㈱にこん社
印刷：中村印刷㈱／製本：㈲坂井製本所
装幀：白沢　正

ISBN978-4-589-04261-3